Dieter Schneidewind (geb. 1935),
Mitglied des Vorstandes der WELLA AG

Studium der Betriebswirtschaft in Köln (Dipl.-Kfm.) und der Sozialpsychologie (Dr. rer. pol. bei René König). Ab 1960 Erfahrungen bei der Siemens AG in Programmierung, Werksverwaltung und Verkauf, Training für Japan. Ab 1969 bei WELLA AG, Gründung eines Unternehmens in Japan und Leitung bis 1978. Errichtung weiterer 15 Firmen in Asia/Pazifik, zumeist als Joint-Venture, darunter in der VR China und Süd-Korea. Vorstandsmitglied in Darmstadt seit 1978. Seit 1979 Vorlesungen an der Universität Bochum, seit 1986 dort Honorar-Professor für Wirtschaft Ostasiens. Zahlreiche Veröffentlichungen und Vorträge über internationales Management und Marketing, insonderheit des asiatisch-pazifischen Raumes. U. a. Vorstandsmitglied der Schmalenbach Gesellschaft – Deutsche Gesellschaft für Betriebswirtschaft, Mitherausgeber der Zeitschrift für Betriebswirtschaft (ZfB).

Verheiratet mit seiner japanischen Frau Harumi Schneidewind, geb. Amari, drei Kinder. Weiterhin zahlreiche Reisen in das Pazifische Becken.

Dieter Schneidewind

Das japanische Unternehmen

uchi no kaisha

Springer-Verlag
Berlin Heidelberg New York
London Paris Tokyo
Hong Kong Barcelona

Prof. Dr. Dieter Schneidewind
Am Malschen 34
D-6144 Zwingenberg

ISBN 3-540-53076-2 Springer-Verlag Berlin Heidelberg New York Tokyo
ISBN 0-387-53076-2 Springer-Verlag New York Berlin Heidelberg Tokyo

Dieses Werk ist urheberrechtlich geschützt. Die dadurch begründeten Rechte, insbesondere die der Übersetzung, des Nachdrucks, des Vortrags, der Entnahme von Abbildungen und Tabellen, der Funksendung, der Mikroverfilmung oder der Vervielfältigung auf anderen Wegen und der Speicherung in Datenverarbeitungsanlagen, bleiben, auch bei nur auszugsweiser Verwertung, vorbehalten. Eine Vervielfältigung dieses Werkes oder von Teilen dieses Werkes ist auch im Einzelfall nur in den Grenzen der gesetzlichen Bestimmungen des Urheberrechtsgesetzes der Bundesrepublik Deutschland vom 9. September 1965 in der jeweils geltenden Fassung zulässig. Sie ist grundsätzlich vergütungspflichtig. Zuwiderhandlungen unterliegen den Strafbestimmungen des Urheberrechtsgesetzes.

© Springer-Verlag Berlin Heidelberg 1991
Printed in Germany

Die Wiedergabe von Gebrauchsnamen, Handelsnamen, Warenbezeichnungen usw. in diesem Werk berechtigt auch ohne besondere Kennzeichnung nicht zu der Annahme, daß solche Namen im Sinne der Warenzeichen- und Markenschutz-Gesetzgebung als frei zu betrachten wären und daher von jedermann benutzt werden dürften.

Satz: K+V Fotosatz GmbH, Beerfelden
Druck: Schmidt u. Sohn GmbH, Mannheim 61
Bindearbeiten: J. Schäffer GmbH u. Co. KG, Grünstadt
2142/7130-543210 – Gedruckt auf säurefreiem Papier

Deshalb setzt der hervorragende Mann bei allen Dingen seine äußersten Anstrengungen ein*.

Kontemplation – Buddha-Skizze
Künstler: Koyama, Goro (früher Präsident der Mitsui Bank)
Geschenk des Aufsichtsratsvorsitzenden der Mitsui Bank, Kamiya, Kenichi an den Verfasser (März 1989)
* Kommentar des Tsang zum Buch „Das große Lernen" von Kungfu tse (Konfuzius)

Geleitwort

Es bedeutet eine große Freude für mich, daß Herrn Schneidewinds Erfahrungen über die japanischen Unternehmungen nun in Buchform in die Öffentlichkeit gelangen. Persönlich kenne ich diesen deutschen Manager, Unternehmer und Mann der Wissenschaften gut seit über 15 Jahren. In japanischen Bankenkreisen haben wir das atemberaubende Wachstum der WELLA JAPAN vom Punkt Null bis zur anerkannten Marktführerschaft im Bereich Fiseur-Artikel und zugleich einer Spitzen-Stellung im Haarbereich des Kosmetik-Fachhandels in Japan beobachtet.

Der Autor wurde von seinem deutschen Stammhaus als Geschäftsführer nach Nippon delegiert und erstaunlicherweise fühlte sich eine Reihe ausgezeichneter japanischer Manager (unter ihnen Herr Makoto Tobari) zu ihm hingezogen, was einen außerordentlichen Gewinn für seine Organisation bedeutete. Es ist wahrhaft alles andere als leicht für einen Ausländer in Japan, ein Unternehmen aus dem Nichts aus eigener Kraft zu entwickeln, das eine führende Marktposition erreicht hat, in der Spitze 800 Mitarbeiter beschäftigt und zwei hervorragend organisierte Fertigungsstätten auf mehr als 80 000 Quadratmetern Industriegelände sein eigen nennt.

Dies mag einer internationalen Öffentlichkeit zeigen, daß es durchaus für einen Ausländer möglich ist, in der japanischen Geschäftswelt erfolgreich zurechtzukommen, vorausgesetzt, daß man sich an die kulturellen Spielregeln Japans – insbesondere im Bereich der menschlichen Beziehungen – hält. Wenn japanische Mitarbeiter geschickt motiviert werden und ihre eigenen kreativen Freiräume erhalten, dann mögen sie sehr wohl ihren Beitrag leisten, um einem guten überseeischen Unternehmen zum Erfolg in unserem Markt zu verhelfen.

In diesem Sinne erfaßt das neue Buch den wesentlichen Kern japanischer Organisationen, worauf auch die Wahl des Untertitels „uchi no kaisha" hinweist; er steht für die Hingebung japanischer Manager und Mitarbeiter an ihre Arbeitgeber und Unternehmen, deren äußerster Loyalität man gewiß sein darf, so daß man sie gern erwidert.

Die nationale japanische Fernsehanstalt NHK würdigte Schneidewind-sans Ergebnisse im japanischen Geschäftsleben, indem sie ihm die längste Programm-Zeit einer einstündigen Sendung im Januar 1984 in der Haupt-Sendezeit widmete, in der besonders erfolgreiche ausländische Unternehmen in Japan vorgestellt wurden – „Nihon no Atsui Kabe ni Tsutomu" (Das Ringen um Japans dicke Mauern).

Ich wünsche diesem Buch eine aufmerksame Leserschaft in Deutschland und auch viele Übersetzungen in andere Sprachen. Für alle jene, die versuchen unseren menschlichen Hintergrund zu verstehen, darf Japan als außergewöhnlich gastfreundliches Land gelten.

Seishin itto nanigoto ka narazaran – es gibt nichts, was nicht mit festen Vorsätzen erreicht werden kann.

Tokyo, im Sommer 1990 Tsuyuki, Kiyoshi
Representative Executive Chairman
Isetan Department Stores

vormals
Stellvertretender Vorstandsvorsitzender
The Mitsubishi Bank

Vorwort

Der vorliegende Band soll einen Gesamtüberblick des japanischen Unternehmens, wenn auch in sehr knapper Form, aus betriebswirtschaftlicher Sicht geben. Die Arbeit ist für den Praktiker gedacht, bemüht sich aber um den Anschluß an die neuen wissenschaftlichen Diskussionen. Sozio-kulturelle Aspekte spielen dabei ebenfalls eine Rolle, da Japan in vieler Hinsicht Europa geistig doch noch fern steht. Gleichwohl gibt es keine Geheimnisse, stattdessen viele Gemeinsamkeiten in den methodischen und technischen Fragen.

Die vorgelegte Arbeit resultiert aus neunjährigen Erfahrungen des Verfassers als Unternehmensleiter in Tokyo, also als ein Insider im dortigen Markt; ebenso gingen Lenkungserfahrungen aus elfjähriger Steuerung vom deutschen Stammhaus ein. Es wurde deutsches und japanisches, vorzüglich jedoch angelsächsisches Quellenmaterial genutzt.

Ich danke meinen treuen Freunden in Japan, insbesondere Dr. Makoto Tobari und Prof. Akio Takeuchi, stellvertretend für viele. Dankbarkeit erfüllt mich ebenso gegenüber meinem Bochumer Mentor, Professor Dr. Willy Kraus, vor allem für zahlreiche anregende Gespräche zur Materie.

Die Textverarbeitung besorgte Frau Esther Rittel; auch hierfür herzlichen Dank!

Abschließend widme ich diesen Band meiner gesamten geduldigen Familie.

Zwingenberg, im Oktober 1990   Dieter Schneidewind

Inhaltsübersicht

Vorbemerkung	1
1. Unternehmen und Volkswirtschaft	5
2. Unternehmensziele und Entscheidungsprozesse	30
3. Mensch und Organisation	62
4. Strategisches Zentrum: Absatz und Marketing	98
5. Zugeordnete Kernfunktionen	129
6. Zur Dualität japanischer Unternehmen	164
Schlußbemerkung	197
Literaturhinweise	203
Index	211

Inhaltsverzeichnis

Vorbemerkung 1
Der Gesamtorganismus Nihon 1

1. Unternehmen und Volkswirtschaft 5
Die sozio-kulturellen Wurzeln:
Nipponismus – Shintoismus, konfuzianische Ethik und Clan-Mentalität 5
Einbettung des Unternehmens in die japanische Gesellschaft .. 11
Behördliche Lenkungsmechanismen und nationaler Konsensus . 16
Institutionelle Einbindung und politischer Einfluß 21
Sozio-kulturelle Aktivitäten 28

2. Unternehmensziele und Entscheidungsprozesse 30
Gemeinwirtschaftliche Zielsetzung 30
In search of excellence 34
Dynamik im Wettbewerb 38
Streben nach Harmonie 41
Sozialpolitische Rollen der Unternehmen 45
Die Rückkopplungsprozesse 50
Entscheidungsprozesse 53
Führung, Management, Stäbe 58

3. Mensch und Organisation 62
Das Ideal der Unternehmensfamilie 62
Zum Werdegang der kaishain 66

Formale Organisation und legaler Rahmen 69
Informelle Organisation 74
Wichtige Tugenden im Unternehmen 80
Zur Belegschaftsstruktur 85
Fähigkeit zu Wechsel und Wachstum 90
Das Unternehmen als biokybernetisches System 94

4. Strategisches Zentrum: Absatz und Marketing 98
Marktforschung und andere Determinanten der Absatzplanung 98
Absatzstrategie in Rückkopplung mit den Resourcen 100
Distributionskanäle und Distributionspolitik 102
Produkt- und Sortimentspolitik 109
Image und Kommunikationspolitik 111
Marketing Mix und Gesamtorganisation 114
Der Primat des Service 124
Verhalten zum Wettbewerber 127

5. Zugeordnete Kernfunktionen 129
Finanzierung und Investition 129
Rechnungswesen und Kostenbehandlung 133
Produktion und Logistik 137
Innovationen 153
Personalwesen und allgemeine Verwaltung 156

6. Zur Dualität japanischer Unternehmen 164
Japanische Kleinunternehmen 164
Kigyo Keiretsu: Die japanischen Unternehmensgruppen 176
Schicksalsgemeinschaft Japan 192

Schlußbemerkung 197
Uchi no Kaisha – ein ganzheitlicher Unternehmensansatz 197

Literaturhinweise 203

Index 211

Vorbemerkung

Der Gesamtorganismus Nihon

Wundersame und irreführende Geschichten kursieren in Europa und Nordamerika über Management und Methoden in japanischen Unternehmen. Tatsache ist, daß ein Teil der japanischen Unternehmen sehr erfolgreich entwickelt, fertigt und Absatz für seine Produkte auf den Weltmärkten findet.

Dahin ist die Überheblichkeit, die ein Unternehmer in der deutschen Automobilindustrie noch in den sechziger Jahren formulierte, daß die Söhne Nippons kaum je in der Lage sein würden, einen japanischen PKW zu bauen, der im Weltmarkt bestehen könnte. Heute werden ganze Märkte von Toyotas, Nissans oder Hondas dominiert. Technologische Brillanz und marktgerechtes Agieren ermöglichten diese Erfolge, die zunehmend auf weitere Branchen ausgedehnt werden.

Hinter der rastlosen Jagd nach Exzellenz und unermüdlicher Bemühung um technische oder organisatorische Verbesserung, steht in Japan der Primat des Menschlichen. Produzierende und konsumierende Menschen werden dabei im Zusammenhang gesehen; die Grenzen zwischen Betriebswirtschaft und Volkswirtschaft verlaufen fließend. Ein bestimmter Gleichklang der japanischen Seelen erleichtert Konsensus zwischen allen beteiligten Partnern am West-Pazifik: Administration, Wirtschaft und Verbraucher. Diese keineswegs einheitlichen, sondern im Detail komplexen Zusammenhänge, werden von manchem Kurzzeitbesucher Japans in Ermangelung eines tieferen Verständnisses unter dem ebenso nichtssagenden wie törichten Schlagwort von der gefährlichen „Japan Incorporation" subsumiert.

Das erreichte ökonomische Niveau eines Landes hängt mehr als von materiellen Ressourcen und Rahmenbedingungen von der Wirtschaftsgesinnung der am Arbeits-, Dispositions- und Verteilungsprozeß Beteiligten ab. Diese Wirtschaftsgesinnung wird zur Befriedigung materieller und emotioneller Bedürfnisse eingesetzt. Sie speist sich in Japan vornehmlich aus den Wurzeln des Konfuzianismus, des Shintoismus und der spezifischen Clan-Mentalität.

Das Wesen des Menschen ist, daß er lebt. Da Unternehmen aus Menschen bestehen, ist deren Wesen ebenfalls Leben. Das Hauptziel allen Lebens – und damit auch der Unternehmen – ist der Fortbestand des Lebens. Das gilt zellular für das Individuum und in der unendlichen Kette der Fortpflanzung für den Fortbestand der Gruppen wie Familien oder Unternehmen.

Die menschlichen Gruppen sind eingebettet in die belebte und unbelebte Natur, mit der sie symbiotisch verkettet sind. Chemische, physikalische, biologische und soziologische Vorgänge interagieren dabei in komplexen kybernetischen Prozessen nach Systemen von Trial and Error, Rückkoppelung, Anpassung in der Dualität von ständigem Suchen nach relativer Harmonie sowie den virulenten Tendenzen zum Chaotischen.

Die Großgruppe Unternehmen ist im Kern diesen Phänomenen unterworfen. Ihre Manager gestalten nach intuitiven Eingaben und mit dem Einsatz aller erreichbaren materiellen Hilfen dabei einen Prozeß der Entwickung, der den Menschen immer weiter von der unbelebten Materie und dem Tier hinwegentwickelt; das geschieht jedoch in dem Bewußtsein, mit beiden unlöslich verbunden zu sein. Dies erleichtert in der modernen Wirtschaft die Anwendung der Ganzheitsmethodik bei allen Projekten, die man in Angriff nimmt. Das Verständnis für ökologische Konsequenzen ökonomischen Handelns ist hierbei a priori gegeben, da die Natur auf der einen Seite den Partner der wirtschaftenden Unternehmen bildet; auf der anderen Seite steht der Partner Mensch – gewöhnlich als Mitglied einer sozialen Gruppierung. Humanität mit ihren Forderungen von moralischen Ansprüchen und ethischen Leitlinien verbindet sich untrennbar mit dem wirtschaftlichen Handeln.

Es ist deshalb wenig sinnvoll nur Strukturen, Methoden und Techniken unternehmerischen Vorgehens in Japan zu analysieren und zu erlernen, wenn damit nicht gleichzeitig ein Begreifen der sozio-kulturellen Hintergründe verbunden ist. Letztere bestimmen die Wertvorstellungen der agierenden Menschen sowie Gruppen und daraus erwächst die tragende Wirtschaftsgesinnung. Sie bildet Rahmen und Begrenzung der Freiheit der Wahlentscheidungen allen Lebens, das nicht nach streng kausalen Gesetzen abläuft und sich Freiheiten vorbehält.

Ohne massive Manipulation ist ganz und gar nicht vorauszusehen, ob eine Katze sich legen oder setzen wird und wohin sich im nächsten Augenblick ein ganzer Fischschwarm im freien Meer wendet. Ein rein rational orientiertes Unternehmen steht deshalb immer wieder irritiert vor psychologisch und sozialpsychologisch beeinflußtem Verhalten, das

Konsumentenverhalten und Aktienkursentwicklungen eine oft unerwartete Richtung verleiht.

In diesem Sinne kann in diesem Buch nicht die gesamte japanische Betriebswirtschaft und Business Administration dargestellt werden, denn beide operieren in technischen Bereichen und bei den Methoden der Buchhaltung zumeist nach den gleichen Regeln wie im nordatlantischen Raum auch. Es sollen vielmehr die abweichenden Methoden, Strukturen und Vorgehensweisen verglichen und erläutert werden. Dabei gilt es dann zu den Wurzeln des Verhaltens vorzudringen und dies in das Verständnis des Lesers zu bringen.

Einstellung zu Leben und Tod, zum Ich und den Andern, zur Bewahrung und zum Wandel, zu Realität und metaphysischer Vision bilden die Antriebe für menschliches und damit auch ökonomisches Verhalten. „Wenn die Punkte, an denen wir Menschen miteinander in Berührung kommen, nicht aufeinander abgestimmt werden, können wir nicht miteinander leben", führt der japanische Kybernetik-Ingenieur Mori (1) aus.

Ein verabschiedetes Thesenpapier der Akademie der Wissenschaften zu Berlin formulierte 1988: „In der Wirtschaft mit ihren internationalen Märkten und Verflechtungen (Auslandsmarketing, Entsendung deutscher Manager ins Ausland, Gemeinsamer Markt 1992) sind Ergebnisse vergleichender Kulturforschung anwendbar."

Ebenso fruchtbar im Hinblick auf das japanische Unternehmen ist der Ansatz Wirtschaftswissenschaft – und damit auch die Betriebswirtschaftslehre – als eine „Teildisziplin der Sozialwissenschaft" (2) (neben Psychologie, Soziologie, Politologie, Jura) aufzufassen. Gegenwärtig und zukünftig spielen japanische Unternehmen eine wichtige Rolle in der Weltwirtschaft. Zumindest das Verständnis für deren Wirkungsweisen, möglichst aber auch eine Anregung zur Übernahme spezifischer Denkweisen möchte das vorliegende Buch nahelegen.

„Internationales Management ist nicht die Lehre von den gleichen bestriebswirtschaftlichen Instrumenten zur Steuerung der gleichen Produktionsfaktoreen, die jeweils unterschiedlichen nationalen Rechtsordnungen unterworfen sind. Internationales Management ist die Lehre von der Wirkungsweise betriebswirtschaftlicher Führungsinstrumente in verschiedenen rechtlichen und gesellschaftlichen Systemen und von der Rückwirkung dieser rechtlichen und wirtschaftlichen Systeme auf die betriebswirtschaftlichen Instrumente" (3). In diesem Sinne ist verschiedentlich auch im deutschen Sprachraum (Albach, Chmielewicz, Günther, Küpper, Lück, Macharzina, Meissner, Pausenberger, Trommsdorff) das Augenmerk auf den Wandel betriebswirtschaftlicher Probleme im Zuge der Internationalisierung der Unternehmen gerichtet worden, ohne daß es zur Ausformung einer Theorie des internationalen Unternehmens/Managements gekommen ist.

Dieses Buch will versuchen, die Kräfte aufzuspüren, die das Japanische Unternehmen (Uchi no Kaisha) bewegen und zusammenhalten.

1. Unternehmen und Volkswirtschaft

In Japan wird nicht so scharf wie in Deutschland oder den USA nach Volkswirtschaft und Betriebswirtschaft unterschieden. Die Addition aller betrieblichen Leistungen und Gegebenheiten bildet die Volkswirtschaft, wobei beide von gleichen Wertvorstellungen ausgehen. Ordnungs- und Marktdynamismen durchdringen sich dabei von beiden Enden her. Das unbestrittene Ziel hierbei bilden Erhalten und Gesichtsmehrung der gesamten Volksgruppe Nippon. Auf diesem Boden bewegten sich japanische Wirtschaftspolitik und die mikro-ökonomischen Anstrengungen der Unternehmen seit dem Meiji-Umbruch von 1868. Daran ändert die Tatsache wenig, daß sich einzelne Unternehmen „unjapanisch" verhielten und verhalten, indem sie gruppen-egoistische und global-internationale Interessen vertreten.

Die sozio-kulturellen Wurzeln: Nipponismus – Shintoismus, konfuzianische Ethik und Clan-Mentalität

Im Shintoismus kristallisieren sich die Hauptelemente japanischer spiritueller Grundzüge. Hier steht die Grunderfahrung „Natur" im Mittelpunkt. Zunächst galt es den gemeinsamen Boden innerhalb der Insel-Begrenzungen zu bewahren.

Sodann wandte man sich shamanistischen Praktiken zu, um Kontrolle über die von Geistern belebte Natur zu erlangen. Die ursprünglichen Jäger wandelten sich mangels jagdbaren Wildes bald in Fischer und Ackerbauer. Die Abhängigkeit von Klima, Jahreszeiten und dem Ausfall der Ernten bewirkte ein inniges Verhältnis zur Natur. Die Enge des Raumes und die Knappheit von natürlichen Ressourcen begünstigten schon früh eine Tendenz zum sparsamen Umgang mit dem Vorhandenen und zur Miniaturisierung.

Die Ehrfurcht vor der Natur erfuhr ihre besondere Vertiefung durch die ungewöhnliche Vielzahl von natürlichen Kalamitäten, die Japan in Gestalt von Feuersbrünsten, Flutwellen, Taifunen, Bergrutschen, Vulkanausbrüchen und ganz besonders Erdbeben periodisch und plötzlich heimsuchen.

Himmelstürmende gotische Dome aus Stein konnten so nicht entstehen; an ihrer Stelle wurden elastische Holzbauten zum Beispiel bei den ineinander verzargten Balken- und Pfostensystemen der Pagoden errichtet. Der eigentliche Wohnbau der Japaner ist das Holzhaus, das Klima und Natur spüren läßt und normale Erdbeben übersteht. Die Unbequemlichkeiten kurzer feuchter, heißer Sommer sowie kalter, trockener Winter werden dabei in Kauf genommen und tragen zur Abhärtung bis hin zur Askese bei.

Als die beiden ursprünglichen Elemente des Shinto können wir Natur- und Ahnenkult ansehen. Der Naturkult zeigt sich in der Verehrung von Sonne, Bergen, Bäumen und Wasserfällen (1). Der Ahnenkult galt der Verehrung unruhiger Totenseelen, der Ahnengeister. Die Natur wird als von Millionen Göttern belebt angesehen. Das Wort kami für „Gott" kann alten Bäumen, skurrilen Felsen, einem rauschenden Wasserfall oder auch besonderen Menschen gelten. „Mensch und Natur haben ihren gemeinsamen Ursprung in den Gottheiten, die Japan geschaffen haben" (2).

Shin-to bedeutet Weg der Götter und galt bis 1945 nicht als Religion, sondern als japanischer nationaler Kult. Sein Symbol ist der Tenno, der zwischen sich und den Göttern einerseits sowie den japanischen Menschen (nihonjin) andererseits möglichst vollständige Harmonie aufrecht zu erhalten hat.

Neben dem volkstümlichen minkan shinto, einem naiven Volksglauben, der sich in landwirtschaftlichen Weihen und familiären Riten darstellt, wuchs mächtig der Mythos der herrschenden Tenno-Familie, die in ungebrochener Linie von der Sonnengöttin Amaterasu hergeleitet wurde. Damit einher ging die Vergöttlichung nicht nur des Tenno, sondern des ganzen Nippon.

Der Shinto wurde sogar offiziell als Religion negiert, „damit war die Möglichkeit gegeben, den Shinto zum verbindlichen Staatskult im Sinne der kokutai-Ideologie mit dem Tenno im Zentrum zu erklären" (3). Umgekehrt garantiert der Tenno den Gedanken eines starken reinen Nippons, das im Kern nicht von kulturellen Einflüssen aus Korea, China, Europa und den USA lebt. Alles fremde Kulturgut konnte daher gefahrlos aufgenommen werden, solange hinwiederum die Herrschaftsinteressen des Tennotums nicht angetastet wurden.

Vom Shinto wird deshalb auch gesagt, er sei der Glaube Japans an seine eigene Identität. Immer wenn Japan mit einer überlegenen Zivilisation konfrontiert wurde, dann erkannte man selbstbewußt die Chancen, die sich aus dem anhängigen Lernprozeß ergaben, ohne daß der eigenständige Nipponismus auch nur im Geringsten in Frage gestellt wurde.

Bei den Reformen der Meiji-Zeit wurde Shinto zum Staats-Shinto (kokka shinto) erklärt. Mit der politischen Schöpfung versuchte die neue Regierung, das Bewußtsein einer nationalen und kulturellen Identität zu verankern (4). So sollte die Übernahme einer überlegenen fremden Zivilisation bei gleichzeitiger Verherrlichung des Tenno und damit des Shinto als eines unbesieglichen geistigen Zentrums **Nippon** konterkariert werden. Je fortschrittlicher Japan in technologischen, ökonomischen, sozialen und wissenschaftlichen Bereichen wurde, desto notwendiger wurde der Kult der Staatsideologie für ein nationales, nipponistisches Selbstverständnis. Der Shinto wirkte als der metaphysische Kern einer als Familie empfundenen Schicksalsgemeinschaft Nippon. Damit wurde jeweils der Widerstand überwunden, der mit jedem sozio-kulturellen Wandel im menschlichen Bereich einhergeht.

Bei der Einführung des Konfuzianismus in der Nara-Zeit (um 700 n. d. n. Zeitrechnung) egalisierten so irrationale shintoistische Mythen die rationalen, konfuzianistischen Methoden der Administration und Lehren zum sozialen Miteinander, die den Blick auf die Welt außerhalb Nippons richteten und damit divergierenden Clan-Interessen Nahrung verliehen.

Die Staatstheoretiker des Meiji-Umbruchs belebten deshalb sehr bewußt das shintoistische Gedankengut und seine Verkörperung, den Tennokult, um gegenüber den Herausforderungen der Außenwelt bestehen zu können. Je stärker diese nationale nipponistische Identität leuchtete, desto geringer blieben die Drohungen eines Verlustes der eigenen Seele. Wirtschaftliche Erstarkung als Darstellung der machtvollen, ja überlegenen japanischen Volksfamilie gegenüber den anderen Völkern dieser Welt, war mehrfach in der modernen Geschichte Japans ein Resultat dieser geistig-spirituellen Grundlagen.

Materielle Machtdarstellung unterstrich kokutai, die Idee von der einzigartigen Nation Nippon. Je weniger dabei das Tennotum in der heutigen Zeit an Ausstrahlung erzeugt, umso bemühter geben sich konservative Nationalisten, die empfundene Unverwechselbarkeit des Charakters der japanischen Volksfamilie darzulegen. Zur Zeit ist nicht abzusehen, ob die junge Generation sich dem Individualismus und dem persönlichen Wohlergehen zuwenden wird. Noch wirkt der nationale Konsensus und das Wirtschaftsleben wird von den Werten der Persönlichkeiten bestimmt, die angesichts internationaler Verwirrungen fest an den besonderen Mythos ihres Nippon glauben.

Im spirituellen Bereich prägt auch der Buddhismus Japan. Ihm verdankt es Wesenszüge seiner Kultur, die auf das Heil der einzelnen Menschen zielen. Für das Saatswesen zeigten sich buddhistische Priester wie Gien (um 700) und seine Schüler wertvoll, die im Straßen- und Brückenbau, in Hafenanlagen, in der Landwirtschaft und der Pflege der sozial Schwachen wirkten. Heute ist vor allem die spezifische buddhistische Ausrichtung des Zen sehr geachtet; sie lehrt stetes Üben und Konzentration (5) als Erfolgsfaktoren, sei es beim Bogenschuß, beim Golfspiel oder blitzartigen ökonomischen Entscheidungen und Handlungen.

Weit mehr als der Buddhismus hat jedoch der Konfuzianismus das japanische Leben beeinflußt. Seine Zucht übertrug die erkennbare Ordnung in der Natur auf die anzustrebende Ordnung im Miteinander der Menschen.

Während der Buddhismus dem Jenseitigen zugewandt war, beschäftigte sich der Konfuzianismus mit dem Diesseitigen, vor allem auch mit Handel und Gewerbe. Bereits im 6. und 7. Jahrhundert nach der Zeitenwende war konfuzianisches Gedankengut von China nach Japan gedrungen; seine eigentliche Blüte erlebte es jedoch ab etwa 1600 mit dem Shogunat des Tokugawa, Ieyasu. Nicht Mönch und Pilger, sondern Gelehrter und Beamter waren die Exponenten dieser Staatsphilosophie. Insbesondere Fujiwara, Seika – aus dem alten Feudalgeschlecht Fujiwara – und sein Schüler Hayashi, Razan sorgten dafür, daß der Neo-Konfuzianismus offiziell Gesetz und Leitlinie für innere und äußere Handlungen wurde.

Sie fanden in ihm eine rationale Basis für die Ausführung der Staatsgeschäfte und die friedliche Durchführung von Geschäften, die für alle Länder akzeptierbar war. Seikas Wissen um die Notwendigkeit für solche Regeln oder Standards im internationalen Austausch mußte Ieaysu beeindruckt haben, denn er war sehr an kommerziellen Überseeunternehmungen interessiert (6).

Es ist heute interessant zu sehen, daß von den ostasiatischen Ländern die besonders reüssierten, die sich – neben den chinesischen Schriftcharakteren Kanji – an konfuzianischen Gesetzen orientierten: Japan, Korea, Taiwan, Hongkong und Singapur. Im Kontrast zum meditativen Charakter des Buddhismus legte die konfuzianische Schule des Hayashi Wert auf „das große Lernen" und „die Untersuchung der Dinge". Diese positivistische und quasi-wissenschaftliche Haltung blieb charakteristisch für Japan und belebte das Interesse am Studium der Natur und der menschlichen Gesellschaft. Persönliche Beziehungen und Loyalität wurden die Grundpfeiler einer generell feudalen Gesellschaftsordnung, die um Familie und Staat zentriert war. Die fünf Hauptbeziehungen darin – Vater und Sohn, Herrscher und Untertan, Ehemann und Ehefrau, älterer und jüngerer Bruder sowie Freund und Freund – wurden ausführlichen Regelungen unterworfen, die tief bis in die heutige japanische Gesellschaft fortwirken.

Die Beziehungen fußten auf einem paternalistischen und hierarchischen System der Unterordnungen. Loyalität, Pietät und Höflichkeit galten als oberste Tugenden, ja Pflichten; sie werden auch mit Anstand und Sitte oder dem Begriff rei umschrieben. Dies bildet ein ethisches und soziales Konzept, das adäquate Manieren und Etikette verlangt, die auf Beobachtung der traditionellen Verhaltensweisen beruhen. Während in China rei (dort li) ursprünglich als himmlisches Prinzip betrachtet wurde, neigten Japaner wie Ogyu, Sorai dazu, es als von Menschen geschaffenes Ordungssystem anzusehen. Das ermöglichte nach der Meiji-Reform dessen Modifizierung und damit Übernahme westlicher, politischer und sozialer Institutionen (7). Entscheidend blieb die Erhaltung des chu, die Betonung der Loyalität in den Bindungen zwischen höher und niedriger Gestellten. Sie trage zur Erhaltung der Harmonie im Staate bei. Harmonie in der Familie trage zur Harmonie im Dorfe bei, die ihrerseits wieder zur Harmonie in der Provinz führe. Seien aber die Provinzen in harmonischer Ordnung, dann erfreue sich auch das gesamte Reich der Harmonie.

Für andere Gruppen war in diesem chinesischen Denkgebäude kein Platz vorgesehen. So wurden in China wie in Japan homogene buddhistische Klostergemeinschaften angefeindet und Wirtschaftseinheiten sah man vorzüglich auf den Familienverband beschränkt, wie sie beispielhaft in der Landwirtschaft wirkten. Größere Unternehmen, vor allem im Handel und Gewinnstreben über einen bescheidenen Ertrag hinaus, waren verpönt. Wirtschaft war notwendig und wichtig, hatte aber völlig im Dienste des Staates zu stehen, ja war ein fundamentaler Bestandteil desselben. Damit wurde für Jahrhunderte die Gruppe der Händler (shonin) auf den letzten Rang in der Staatshierarchie – nach dem Adel, der Kriegerkaste und den Bauern – verwiesen.

Noch vor 20 Jahren stieß Matsushita, Konosuke, der Gründer eines großen Elektro-Unternehmens, auf leichtes Befremden, indem er auch die Gewinnerzielung als ein legitimes Anliegen des modernen Unternehmens darstellte. In den letzten Jahren gibt es durchaus viele japanische Unternehmen, die Gewinn-Optimierung oder gar Maximierung betreiben; doch in ihren Firmensatzungen wird als dominantes Ziel ihres Wirtschaftens allein der Dienst am Gemeinwesen herausgestellt.

Die enge Kammerung des Landes hat großen Einfluß auf die Menschen und ihre politischen Ordnungen gehabt (8). Der Blick des Menschen in den japanischen Landschaften ist meist eng durch Berge und Hügel begrenzt; zuweilen bilden auch die vielen Inseln abgegrenzte Einheiten. Innerhalb der ebenen Flächen entstanden kleine Provinzen, die jeweils ein Eigenleben führten. Noch heute herrscht im japanischen Inselbereich kleinräumiges Denken vor, soweit nicht die nationalen Energien periodisch auf große Reformen, Kriege, Großereignisse (Olympiaden, Weltausstellungen) oder generell überseeische Gegner gebündelt werden können. In normalen Zeiten jedoch führen die Landschaftskammern mit jeweils eigenen Gebräuchen, Dialekten und Speisen ein bestimmtes Eigenleben, wenngleich verzahnt mit der gesamten Inselnation.

Während Japan nach außen dem Fremden oft wie ein homogener, ja monolithischer Block erscheint, erstaunt bei längerem Verweilen im Lande der starke Cliquen-Charakter der Volksgemeinschaft. Dies gilt für große Unternehmen, die lieber eine Lizenz im Ausland als beim Nachbarn um die Ecke nehmen, ebenso wie für die vielen Sekten der Religionsgemeinschaften oder die erbitterten Fraktionskämpfe innerhalb der Regierungspartei. Aus verwandschaftlichen, regionalen oder Bindungen von Hochschuljahrgängen erwachsen die habatsu (Cliquen), die fast immer hartnäckig untereinander konkurrieren. Da es in Japan prinzipiell eine Rangfolge von Eins (Tenno-Heika) bis 123 Millionen gibt, wird in vielen Freiräumen um diese Rangfolge heftig gerungen, bis sich eine gewisse Stabilisierung ergibt. Der Einzelne begibt sich dabei gern unter die Fittiche einer Gruppe, da die Organisation dem Individuum Zugehörigkeitsgefühl, Selbstachtung und vor allem ein Bewußtsein vermittelt, daß die eigene Zukunft mit dem Erfolg seiner Organisation stark korreliert. Doch mehr als ein materieller Erfolg zählt die Kameraderie in der Arbeitsgruppe. In einem japanischen Unternehmen mit ausgeprägtem Team-Geist und stabilen Rahmenbedingungen, bemühen sich die Mitarbeiter vor allem darum, bei ihren engsten Kollegen in gutem Ansehen zu stehen. Umgekehrt gilt es vor allem Situationen zu vermeiden, derer man sich innerhalb der Gruppe schämen müßte (9). In der frühen Kindererziehung droht die Mutter den Sprößlingen nicht mit der Hölle, sondern mit der „Ausgrenzung aus Deiner Gruppe". Die gesamte japanische Gesellschaft – und das ist bereits stark in der Sprache geformt – denkt stets in den Kategorien von „wir" (uchi no) gegenüber den anderen „draußen" (soto ni). Bei Banketten herrscht nicht die bunte Reihe vor, sondern es wird nach nihongawa und doitsugawa = japanische Seite und deutsche Seite etwa gruppiert, wobei man sich an langen Tischen gegenübersitzt mit den Anführern jeweils in der Mitte. So werden Japaner von einer außerordentlich starken Clan-Mentalität geprägt. Wer etwas erreichen will – gerade auch im geschäftlichen Bereich – muß die Sympathien oder den Respekt der ganzen Gruppe erwerben; ein Einverständnis mit einem Einzelnen hilft wenig und kann eher negativ ausschlagen.

Einbettung des Unternehmens in die japanische Gesellschaft

Das Wirtschaftsunternehmen wird in Japan als integraler Bestandteil der Gesellschaft angesehen. Gleicherweise spricht die Hausfrau von Uchi no Kaisha (unser Unternehmen) wenn sie sich auf das Unternehmen ihres Mannes bezieht und ebenso der Premierminister, wenn er an die vielen Unternehmen seines Staates denkt. Ein Unternehmen ist in beiden Fällen nichts Fremdes, Abstraktes oder Unangenehmes, sondern ein eminent nützlicher, allseits Wärme spendender Organismus. Er spielt neben seiner ökonomischen genauso eine soziale und eine kulturelle Rolle in der Gesellschaft.

Der Staat sieht sehr pragmatisch, daß der Prozeß des Schaffens und des Produzierens allen anderen Aktivitäten in der Volkswirtschaft vorangeht. Er vergißt nie, daß nur der im internationalen Vergleich hohe Leistungsstandard seiner Millionen kleiner und großer Unternehmen ihm selbst den Spielraum zum Handeln und dem Volk die Höhe des Lebensstandards bestimmt. Der Blick gilt dabei keineswegs zuerst dem erwarteten Steueraufkommen der Betriebe; auch die Gewinnaussichten beim „Kommerz" sind kaum Gegenstand von Neid oder Kritik. Im Vordergrund stehen die reibungslose Versorgung der Volkswirtschaft mit Gütern und Dienstleistungen, die zu den notwendigen Einkommen führt.

Die vornehme Pflicht eines jeden Staatsbeamten besteht deshalb darin, alles zu tun, was die kleinen und großen Unternehmen blühen und gedeihen läßt sowie alles zu unterlassen, was Reif auf deren Blüten fallen lassen könnte.

Genehmigungsverfahren erfolgen deshalb zügig und bürokratische Hemmnisse werden gemeinsam von Unternehmen, Managern und Staatsdienern ausgeräumt. Auflagen für Sicherheitsvorkehrungen oder ökologischen Schutz sind im allgemeinen streng; sie dienen aber keineswegs dazu, den Fluß der wirtschaftlichen Anstrengungen einzudämmen, sondern ganz im Gegenteil dazu, dieselben optimal zu aller Wohl einzusetzen. Wo immer sich wirtschaftlich eine Initiative regt, darf sie auf das Wohlwollen der Staatsorgane, der Politiker und der gesamten Öffentlichkeit zählen.

Im Ganzen herrscht ein positives Klima für Unternehmer, die auch die Leitbilder für die gesamte Nation abgeben. Während sie in Deutschland im Ansehen einen Mittelplatz einnehmen, stehen sie in Japan ganz oben auf des Skala der Bewunderung. Die Geschichte berühmter Kaufmannsfamilien wie der Mitsui sind Schullektüre, ebenso wie die Lebensläufe herausragender Wirtschaftpioniere vom Schlage eines Iwasaki, Yataro (Gründer der Mitsubishi-Gruppe in der Meiji-Zeit) oder Matsushita, Konosuke, Gründer und bis 1989 Lenker der Matsushita Electric – auch unter den Marken Panasonic oder National bekannt. Fleiß, Mut und Innovationskraft waren ihnen gemeinsam; ebenso das Geschick, eine sehr starke Unternehmensidentität aufzubauen, die gute und schlechte Zeiten überdauern läßt.

Ihre Unternehmensgruppen sind zu nationalen Status-Symbolen herangewachsen. Matsushita, Konosuke ist schon deshalb ein nationales Idol, weil er der japanischen Hausfrau den automatischen Reiskocher gab, der ihr jeden Morgen eine Stunde Schlaf schenkt, die sie früher zur Vorbereitung des Frühstücks aufwenden mußte. Im Ganzen finden wir in Japan wenig Technik- und Wirtschaftsfeindlichkeit, obwohl gegenüber deren Gefahren und Auswüchsen durchaus gesunde Skepsis herrscht. Ihre Segnungen sind jedoch dem Großteil der Bevölkerung gerade in den letzten Jahren sehr bewußt geworden.

Kaum jemand möchte daher mutwillig das gute Funktionieren der Kaisha (Unternehmen) auf's Spiel setzen. Deshalb gibt es wenig Streiks bei den einzelnen Unternehmen, die die Produktivität gefährden. Die Arbeitszeit kann, wo immer notwendig, flexibel gestaltet werden. Selbstverständlich öffnen Kaufhäuser sonntags und hunderte von Geschäften in Tokyo halten sich rund um die Uhr für ihre speziellen Kunden bereit. Auch häufige Umzüge innerhalb Japans oder Versetzungen ins Ausland mit monatelanger Trennung von den Familien werden ertragen. Im Straßenverkehr wird wie selbstverständlich den großen Nutzfahrzeugen Vorrang vor den kleinen Privat-Limousinen eingeräumt und für erstere gilt kein Fahrverbot an Sonntagen. Alle Räder müssen für den gemeinsamen Fortschritt rollen. Darin liegt eine tiefe Einsicht in das als notwendig Erkannte. Wo die Industrie jedoch Flüsse verseucht und auch sonst über vernünftige Ziele hinausschießt, dort stößt sie auf zähen und manchmal erbitterten Widerstand der Bürger und Bauern.

Während der Meiji-Zeit wurde der Grundstein für die bis heute vorherrschende Wirtschaftsgesinnung gelegt. Die Überlegenheit der nordatlantischen Länder in ökonomisch-technischer Hinsicht, die gleichzeitig auch die Basis für eine überlegene Militärmaschinerie bildete, mußte aufgeholt werden. Bei dem Mangel an Rohstoffen, Brennstoffen und fast allen anderen natürlichen Ressourcen mußten im Export die notwendigen Devisen für den Import der Ersten verdient werden. Das bedeutete die Notwendigkeit für japanische Waren, den internationalen Produkten preislich und qualitativ ebenbürtig oder besser überlegen zu sein. Generationen japanischer Schulkinder sind mit dieser Überzeugung aufgewachsen.

Da es kaum Vorbilder in Nippon für die Industriealisierung gab, lernte man im Ausland und lud auch fremde Berater ins eigene Land ein. In vielen Fällen gründete zunächst der Staat ein Industrieunternehmen, um es dann nach den Anlaufschwierigkeiten in private Hände zu legen. Heute gibt es in Japan noch weniger staatliche Betriebe als in den USA, also praktisch gar keine; unlängst wurden selbst die nationalen Eisenbahnen – bis auf die Schnellbahnlinie Shinkangen – verstaatlicht.

Es gibt also kaum die Anonymität großer, bürokratisch verwalteter Wirtschaftseinheiten; vielmehr geben sich die japanischen Privatunternehmen große Mühe, jeweils eine eigene Unternehmens-Identität aufzubauen und zu erhalten.

Es wurde viel über die Lenkung der japanischen Wirtschaft durch den Staat berichtet, wobei insbesondere das Tsusansho = Ministry for Trade & Industry (MITI) in den Mittelpunkt des Interesses rückte. Es ist in diesem Zusammenhang jedoch klar herauszustellen, daß die kompetenten und klugen Beamten des MITI sehr darauf achteten, nicht selber einzugreifen und zu managen. Sie verstanden – und verstehen immer noch – ihre Aufgabe darin, den Unternehmen gyosei shido = administrative guidance angedeihen zu lassen. Dies geschieht in der Art eines fürsorglichen Familienvaters, der Rat erteilt und die Blicke auf Opportunitäten und langfristig interessante Entwicklungen lenkt. Dabei werden durchaus auch Anreize gegeben; letztlich bleibt jedoch die Entscheidungsfreiheit der Unternehmen und nicht wenige haben wiederholt gegenüber MITI's Druck opponiert.

Insbesondere das Management der japanischen Unternehmen gewinnt viel Motivation aus der Tatsache, daß es zwar fürsorglich beraten wird, jedoch in seinen operativen Entscheidungen absolut frei bleibt. Diese hohe Motivation übertragen sie auf die Mitarbeiter.

In der Familie beschließt der Familienrat; das gilt auch für den Begriff der erweiterten Familie beim Unternehmen. Einflußnahme von Dritten ist normalerweise nicht willkommen; das gilt vor allem für Politiker und Bürokraten, aber auch für Aktionäre, die in Japan eine traditionell schwache Rolle spielen. Besonders groß ist der – zumindest passive – Wiederstand, wenn unwillkommene Anweisungen eines Aktionärs aus Übersee erfolgen: Nur wir Japaner wissen, was für Japan richtig ist. Hinter diesem oft gehörten Gemeinplatz verbirgt sich jedoch die Auffassung, daß die „Mitglieder der Firmenfamilie" allein über ihr Unternehmen entscheiden möchten; Rat ist dabei willkommen, er muß jedoch spezifisch erbeten und auf bestimmte Felder begrenzt werden. Ansonsten richtet man sich seinen Laden nach seinem Gusto ein.

Nicht das Unternehmen mit dem höchsten Gewinn oder gar mit der höchsten Dividende genießt das beste Ansehen in der Öffentlichkeit, sondern jenes, das seine Mitarbeiter mit herausragenden Sozialleistungen versorgt. Da der Staat nur ein relativ kleines Sozialbudget fährt, eröffnet sich dort ein weites Wirkungsfeld für das Unternehmen. Eine Aufzählung kann hier sehr lang sein und den Eindruck eines großen Selbstbedienungsladens für die Firmenangehörigen bewirken.

Obenan stehen die zur Verfügung gestellten Wohnmöglichkeiten; ein Feld, auf dem ausländische Unternehmen, vor allem wenn sie erst relativ spät Marktzutritt erhielten, den japanischen Wettbewerbern im Wettkampf um erstklassige Mitarbeiter ernsthaft unterlegen sind. In diesem Zusammenhang binden auch Wohnungsbaudarlehen erhebliche Mittel der Unternehmen und limitieren deren Kreditlinien.

Als nächstes spielen die Erholungsmöglichkeiten in den dicht besiedelten Industrieballungsräumen Japans eine gewichtige Rolle. Viele Unternehmen unterhalten Ferienheime an der See oder in den Bergen, die ganzjährig von den Mitarbeitern und deren Angehörigen in Anspruch genommen werden. Doch auch in Tokyo oder Osaka gibt es zahlreiche firmeneigene Schwimmbäder, Sportplätze und Gemeinschaftshallen. Der Gedanke, nach Feierabend nichts mehr mit der Kaisha zu tun haben zu wollen, blieb Generationen von Japanern fremd. Im Gegenteil freut man sich auf gemeinschaftliche Spiele gerade an den Wochenenden. Das kann in den ziemlich wenigen großen ausländischen Unternehmen durchaus auch anders sein, aber vornehmlich deshalb, weil sich dort Arbeitsuchende versammeln, die in der japanischen Gesellschaft eine Art untypische Außenseiterrolle spielen.

Die Unternehmen leisten auch einen wichtigen Beitrag zur sozialen Betreuung; nicht wenige verfügen über eigene Hospitäler und die meisten über Fonds für Notfälle der Mitarbeiter. Brennt einem Kollegen das Dach über dem Kopf ab, sammeln die Mitarbeiter eine Summe, die bei DM 100000,– und mehr liegen kann; das Unternehmen gibt dann gewöhnlich noch einmal den gleichen Betrag hinzu und schnürt damit das Band der allgemeinen Firmensolidarität noch fester.

Da die staatlichen Renten bisher sehr niedrig sind, bleiben die Mitarbeiter auf die Firmenabfindung bei ihrem Ausscheiden für das Alter angewiesen; heutzutage werden diese Beiträge im Zusammenwirken mit Finanzinstituten oft auch in Rentenbeiträge verwandelt.

Ein weiteres wichtiges Kapitel bilden die Ausbildungs- und Bildungsmaßnahmen der japanischen Unternehmen. Diesen wird große Bedeutung von Unternehmensleitung und Mitarbeitern zugemessen. Für kyoiku = Erziehung/Ausbildung wird von Arbeitgeber- und Arbeitnehmerseite sehr viel Zeit und Geld aufgewendet. Dies reicht von rein fachlichen Unterweisungen über Mathematikstunden bis hin zu Ikebana-Zirkeln (auch für Kinder und Geschwister) und weiter zur Vervollkommnung im Go-Spiel. Auch Bildungsreisen ins Ausland werden verhältnismäßig großzügig gewährt.

Konservative Kräfte in der Wirtschaft sehen für Nachwuchsführungskräfte seit einigen Jahren wieder Trainingslager vor, in denen vermeintlich wichtige japanische Werte vermittelt werden. Dazu zählen unbedingter Gehorsam, kritiklose Disziplin, Härte gegen sich selbst und Dienst an der Gemeinschaft – etwa durch einwöchiges Abkommandieren zur Reinigung von Toiletten in Krankenhäusern. Bei der späteren Machtfülle von Managern soll dies der Arroganz vorbeugen und den Typus volks- und praxisfremder Absolventen vermeiden, wie sie gelegentlich von den französischen grande ecoles produziert werden.

Auch japanische Top-Manager legen viel Wert darauf, volkstümlich zu erscheinen. Sie tragen oft abgewetzte Aktentaschen, benutzen gelegentlich und demonstrativ die U-Bahn statt des Firmenkreuzers und lassen sich von Reportern in ihren traditionell engen Häusern mit Tusche und Pinsel im yukata ablichten, dem leichten Sommerkimono, der auch als Nachtkleidung dient. In ihrer Eigenschaft als Unternehmensvorstand dienen sie in leitender oder beratender Position gemeinnützigen Vereinen oder Komitees aller Schattierungen, wobei die dafür aufgewendete Zeit oft die im Unternehmen verbrachte übersteigt. In den Rahmen dieser Einbettung in die japanische Gesellschaft fallen auch Ausstellungen von Tusche-Malereien in einem Kaufhaus, ein Museum für moderne Malerei im Geschäftsgebäude eines Konsumgüterherstellers, eine finanzielle Beteiligung an Theateraufführungen durch einen Elektrokonzern und zahlreiche andere ähnliche Aktivitäten.

Die Unternehmen möchten so japanisch als möglich und so tief in den Herzen der Mitarbeiter verankert als erreichbar sein. Die bisher größte Bank des Landes, die Daiichi Kangyo Ginko, bezeichnet sich als „Bank mit Herz" und hat konsequenterweise rote Herzen auf die Schaufensterscheiben ihrer Filialen malen lassen. Die marmorne Kühle und zahlenfreudigen Darstellungen betont internationaler Finanzinstitute können die so wichtige sympathische Einstellung japanischer Einleger nicht erreichen.

Ein Misubishi-Unternehmen dagegen gebärdet sich nicht nur betont japanisch, sondern bildet einen Teil Japans. Der japanische Verbraucher kauft nicht nur Waren und Dienstleistungen, sondern erlebt sehr bewußt den Kaufvorgang mit allen Assoziationen, die er damit verbindet.

Geschenke an vertraute Geschäftspartner bestehen aus Eintrittskarten zu den populären Sumo-Wettkämpfen, wohlverpackten sechs glänzenden Äpfeln, drei Flaschen Reiswein oder kurzen dünnen Handtüchern für die japanische Art zu baden. Das alles ist dazu bestimmt, die vielen emotionalen Fäden innerhalb der Volksgemeinschaft Nippon zu verstärken.

Ausländische Produkte müssen in jedem Falle Kopf an Kopf mit japanischen Produkten konkurrieren, die entworfen, gefertigt und vermarktet werden, um den oft eigenartigen japanischen Verbraucher-Attitüden zu entsprechen (10).

Behördliche Lenkungsmechanismen und nationaler Konsensus

Es existiert kein zentrales Entscheidungszentrum in Japan; die Macht ist diffus verteilt und damit kaum angreifbar. Sie verteilt sich vorzüglich – wenngleich nicht nur – auf die Spitzenleute in der Bürokratie, der Wirtschaft und der herrschenden liberaldemokratischen Partei Jiminto. Sie bilden die bestimmende, bewahrende und verwaltende Elite Nihons. In einer Dualität von gegenseitiger Rivalität und Verfilzung bilden sie ein System, dessen oberstes Bestreben auf eben dessen Erhaltung ausgerichtet ist. Dies erklärt, warum das System Nippon vorzüglich konstante Wertvorstellungen und Verhaltensweisen konserviert, doch bei objektiver Notwendigkeit auch die Tätigkeit zum abrupten Wandel aufbringt. Die Wurzeln des Systems reichen viele Jahrhunderte zurück.

Rund ein Viertel dieser Elite hat die Todai (Kaiserliche Universität Tokyo) absolviert und weitere zwei Viertel sind von den Universitäten Kyodai (Kaiserliche Universität Kyoto), Hitotsubashi, Waseda und Keio graduiert.

Von diesen Bildungsanstalten streben die Besten zunächst in die Bürokratie, vorzüglich die Ministerien für Finanzen (Okurasho), Industrie und Handel (Tsusansho = MITI), Bauwesen (Kensetsusho) sowie Post (Yuseisho) und Agrarwesen (Noseisho).

Dort können sie unter materiell eher frugalen, von keiner Arbeitszeitregelung behüteten Streßsituation doch schon in jungen Jahren sehr viel Macht ausüben, ein Bedürfnis, das in einer Gesellschaft, die in einem rigiden Erziehungssystem mit vielen Anpassungs- und Unterdrückungsmechanismen heranwächst, besonders stark virulent ist. Diese Machtfülle führt in mittleren Jahren dann zu Anerkennung und hohem Ansehen. Die Ungeduldigeren treibt es dann oft in die herrschende Partei Jiminto. Die Beharrlichen bleiben treue, selbstlose Staatsdiener und bestimmen recht eigentlich die Geschicke der normalen Mitbürger.

Am Ende steht jedoch (mit ca. 55 Jahren) dann auch die materielle Anerkennung: Sie „steigen vom Himmel herab" bei ihrer frühen Pensionierung und in höchste Posten der staatlichen Institutionen, der Partei Jiminto oder am häufigsten der großen Unternehmungen auf. Bei aller Rivalität bewahren sie jedoch das oberste Gebot der gegenseitigen Hilfe und Solidarität. Dies wird durch verwandtschaftliche Verflechtungen zwischen Kaiserhaus, dem ehemaligen Hochadel, Spitzenpolitikern, Ministerialbürokratie, Hochfinanz und Unternehmensführern gefestigt; es bestehen besondere Institutionen, die entsprechende Heiraten hauptamtlich arrangieren. Diese Elite übt Macht weniger durch Gesetze, sondern durch die Verteilung von finanziellen Mitteln aus. Dazu zählen Steuervergünstigungen, die Lenkung der Geldhäuser, die Vergabe von Import- und Export- sowie Produktionslizenzen.

Das Bauministerium läßt Tausende von staatlichen Bauprojekten jährlich vergeben, wobei die Partei-Finanzierung gesichert wird. Das Postministerium bildet mit Hilfe seiner gigantischen Bausparkasse (größtes Finanzinstitut der Welt) ein weiteres Power-Center, dem das Agrarministerium kaum nachsteht, da es die Lebensversicherungen aller Bauern verwaltet, die wiederum das Stammreservoir der Jiminto-Wähler bilden, wofür letztlich der japanische Bürger mit vollkommen überzogenen Lebensmittelpreisen bezahlt. Zu diesem Bild gegenseitiger Abhängigkeiten und Einflußnahmen paßt es, daß die Erringung einer Abgeordneten-Position im Reichstag für Jiminto-Kandidaten zumindest mehrere Millionen DM kostet. Alle Gruppierungen achten eifersüchtig darauf, daß keine andere Gruppierung oder Person zu mächtig wird und damit die allgemeine Macht-Balance stört. Das erklärt die zahlreichen Wechsel innerhalb und zwischen den Mitgliedern der Institutionen sowie die kurze Verweildauer der Minister und ihrer Ministerpräsidenten in den jeweiligen Ämtern.

Neben hinreichenden Geld- und geldwerten Mitteln spielen vor allem die persönlichen Beziehungen eine außerordentlich wichtige Rolle im gesamten System, das für Außenstehende kaum zugänglich ist. Die Unternehmen bilden ein integrales Element dieses Systems, da sie letzten Endes die Mittel schaffen, die zum Wohlstand führen, den die Ministerialbürokratie an das Volk verteilt oder den Individuen beläßt. Die Politiker werden dabei wirksam durch die Schaffung entsprechender gesetzlicher Regelungen und die Artikulierung mächtiger Wünsche und Bedürfnisse der Massen.

Über je mehr persönliche Beziehungen (jin myaku = wörtlich menschliches Aderngeflecht) ein Eliteträger verfügt, desto wirksamer kann er sich in Szene setzen. An den Schaltstellen der Regulierungsmechanismen sitzt jedoch alleweil die Bürokratie, die übrigens streng darauf achtet, daß ihre Zahl nicht zu groß wird und dadurch ihre Macht verwässert. Absolut gibt es in Japan gerade halb soviel Beamte wie in der Bundesrepublik Deutschland, das heißt relativ kaum ein Viertel. Die Konzentration der wichtigsten Behörden im Raum Tokyo bewirkt eine ebensolche Konzentration der Unternehmenszentralen in dieser Stadt.

Die Etablierung eines Unternehmens in der Körperpflegeindustrie etwa in der Stadt Nagoya bedeutet eine unaufhörliche Reisetätigkeit von

Führungskräften in den Stadtbezirk von Minato in Tokyo; dort sind die Ministerien für Finanzen (Firmengründung), Industrie und Handel (Betriebsgenehmigung, Importlizenzen, Forschungs-Subventionen), Justiz (Arbeitsgenehmigung für Ausländer) und Gesundheit (Genehmigungsverfahren für jede Variante eines Artikels) in stetem Wechsel aufzusuchen. Dazu gehören noch andere behördliche Institutionen wie etwa Shutoken Seibi Iinkai (Raumordnungsplanung) oder Kosei Torihiki Iinkai (eine Art Kartellamt).

Zollfreigaben, Verfahren zu technischen Normen, Umweltauflagen Hygiene-Untersuchungen, knifflige Steuerprobleme sind alle letztlich intensiven Verhandlungen für den Nagoya-Mann in Tokyo unterworfen. Auch Großkredite sind in den dortigen Bankzentren zu verhandeln oder Bauvorhaben mit den großen Bauunternehmungen etc. etc.

Nur in Tokyo läßt sich ein Pressekreis – vor allem für die zahlreichen Fachblätter – von genügend großem Einfluß aufziehen und nur dort gibt es prestige-trächtige Lokalitäten, die den Ansprüchen der unterschiedlich hohen Diskussionspartner für die ebenso zahlreichen wie notwendigen informellen Begegnungen genügen.

Die jeweiligen Ansprechpartner bei den Behörden sind zumeist ehrgeizige und gut ausgebildete Experten mit immensem Fachwissen. Sie setzen sich für das Wohlergehen ihres Landes – wie sie es verstehen – treu und engagiert ein. Grundsätzlich sind sie für jede unternehmerische Tätigkeit aufgeschlossen, da sie dazu dienen kann, den Wohlstand der Nation zu mehren, Arbeitsplätze zu schaffen und ganz allgemein die Gesellschaft zu stützen und somit ein wichtiges Mitglied ihres staatlichen Machtbereichs zu werden. Ihr Kriterium für die Förderungswürdigkeit eines Projektes ist der vermutete zukünftige Beitrag für die Bewahrung und Fortentwicklung des japanischen Gemeinwesens, Eingriffe in exekutive Aufgaben des Managements liegen hingegen im allgemeinen nicht in ihrem Selbstverständnis. Das führt in der Konsequenz zu einer meist global, gelegentlich punktuell gelenkten, harmonie-erstrebenden, sozialen, nationalen Marktwirtschaft, eine Begriffskette, die bei einem überzeugten Marktwirtschaftler Ratlosigkeit und Argwohn erregen kann – die aber in Nippon offensichtlich gut ihre Funktion erfüllt.

Gesetze betrachtet der entscheidende Beamte sehr positiv: Passen sie in sein Konzept-Verständnis, dann beruft er sich unnachgiebig auf sie; in den anderen Fällen bilden sie für ihn nur eine interessante Diskussionsgrundlage und sind durch entsprechende Interpretationen und Erlasse wirksam zu gestalten. Grundsätzlich gilt, daß nur erlaubt ist, was ausdrücklich und im Detail genehmigt wurde. Das führt dazu, daß der betreffende Unternehmer bei jedem Handeln vorsichtshalber erst einmal bei seiner zuständigen Behörde eruiert, ob er voranschreiten oder besser zunächst Rückendeckung dort erwirken sollte. Bei gutem Verhältnis zur Behörde wird er dort respektvoll um eine Konsultation bitten und dann direkt in die Amtsräume eingelassen. Umgeben von unglaublichen Aktenbergen nimmt er an einem winzigen Besprechungstisch Platz und labt sich zunächst am reichlich von lächelnden Büromädchen angebotenen grünen Tee. Sodann erscheint nach einigen Minuten der machtvolle kacho (etwa Abteilungsleiter), zumeist Ende dreißig/Anfang vierzig Jahre. Kennt er den Besucher gut, behält er vertrauensvoll die Pantoffeln an, die er bequemlichkeitshalber im oft zwölfstündigen Dienst trägt. Er zeigt sich fürsorglich und gibt eine Fülle dienlicher Hinweise und Hilfestellungen. Doch nachdem er über mehrere Wochen recherchiert und bewertet hat, bleibt er dann in seinem Urteil und seinem Vorschlag elastisch, aber unerbittlich hart in der Sache und der Unternehmer oder sein Vertreter tun gut daran, dem als Ratschlag oder Anleitung kaschierten ministeriellen Vorschlag zu folgen – was in aller Regel auch geschieht. Das mag die Auslegung einer Fertigungskapazität, die Diversifikation in ein neues Produktgebiet, die Heraufsetzung der Pensionsgrenze der Beschäftigten, die Renovierung eines Firmengebäudes, das Angehen eines Entwicklungsprojektes oder die Aufnahme neuer Technologien betreffen.

Bei gezeigter Einsicht werden Partner zugeführt, günstige Bezugsquellen nachgewiesen, know-how-Zentren vermittelt und eventuell finanzielle Unterstützungen – meist indirekt – gewährt.

Bei Uneinsichtigkeit kann der Unternehmer einer Fülle subtiler Sanktionen begegnen: Genehmigungen lassen auf sich warten, Türen bleiben verschlossen, Importlizenzen werden verweigert und vieles andere mehr. Die japanische Wirtschaftsgeschichte der Nachkriegszeit bietet hierfür relativ wenige, jedoch dafür umso spektakulärere Beispiele, die allerdings nicht immer zum Nachteil der Unternehmer ausgingen.

Die Beamten üben auf diese Weise sehr viel Macht aus; sie führen allerdings an, daß es ihnen ausschließlich um das Wohl der Volkswirtschaft und ihrer Bürger geht. Diese zwei Haltungen ergänzen sich wie die beiden Seiten einer Münze. Die Überzeugung ihrer Überlegenheit gegenüber jedwedem Gesprächspartner ist unerschütterlich, gleich ob sie fürsorglich bemüht sind oder in subtilen Zorn verfallen.

Fremde Geschäftsleute bestehen bei hartnäckigen Verhandlungen gelegentlich darauf, die Gesetze oder Verordnungen einzusehen, die die Haltung des Gegenübers decken. Das ist ein Fehler. Noch immer sind die vom Prinzip der Geheimhaltung der Tokugawa-Zeit geprägten Beamten überzeugt, daß sie dem Volk erklären, alles sei zum Wohl des Gemeinwesens bestens geregelt. Die konkreten Bestimmungen seien jedoch so komplex und setzten soviel juristisches und administratives Wissen voraus, daß ihre Veröffentlichung wenig Sinn ergebe. Jede Unterstellung, sie würden nicht mit höchster Kompetenz und in jeweils bester Absicht auch zum Wohle der Betroffenen handeln, gilt als beleidigend. Sie fordern schlicht Anerkennung ihrer Autorität, die sie letzlich vom Tennotum als dem Symbol der japanischen Volksfamilie ableiten. Eine klare Darstellung der Sachlage und der eigentlichen Absichten des Beamten ist – da nicht sinnvoll und förderlich – abzulehnen. Die Obrigkeit darf, ja soll, immer undeutlich bleiben, was die Aura des Bedeutenden der kanryo (Elitebürokraten) unterstreicht; „Undurchsichtigkeit, die zentrales Attribut der Machtausübung in Japan bleibt" (11), merkt von Wolferen generell an.

Hinter diesem Selbstverständnis steht das konfuzianische Gedankengut, wie es in der Tokugawa-Periode verstanden wurde. „Es wurde durch den konfuzianischen Slogan über die Verwaltung des Großreiches gleich Wohlergehen des Volkes definiert. Diese späte konfuzianische Lehre sah als ihr praktisches Ziel rationale Herrschaft und volksnahen Wohlstand an" (12). Da dies alles vernünftige Zielsetzungen darstellt, stößt ein Widerstand gegen das System auf Unverständnis und der nationale Konsensus für das, was die Bürokratie dekretiert, bildet gewissermaßen eine nationale Pflichtübung. Die Menschen sagen nicht, wir sind das Volk, sondern wir sind ein Teil des Staates. Der Staat sind jedoch in Wirklichkeit die Beamten, die die Politiker zur demokratischen Legitimation des Staatswesens und die Wirtschaft in ihren Unternehmen zur Beschaffung der notwendigen materiellen Mittel benutzen. Dritte Mächte wie Rechtswesen, Medien, Gewerkschaften, Opposition und Kirchen werden im System neutralisiert oder durch nationalistische Ideologisierung zu Mitträgern.

Da der Beamte im Zweifel immer auf sein letztlich vom Tenno erteiltes Mandat verweisen kann, wird andererseits deutlich, wie wichtig die Erhaltung des Tennotums nach 1945 für die traditionelle Bürokratie war. Derzeit sind Versuche zu beobachten, den neuen Tenno Akihito wieder stärker vom Volk zu isolieren und zu mystifizieren. Es wird interessant zu sehen, wie das mündiger werdende japanische Volk sich dadurch beeindrucken lassen wird. Bis 1989 gelang es immer wieder, das Gefühl der Besonderheit des japanischen Volkes zu aktivieren und einen Konsensus herzustellen, wenn das nationale Wohl bedroht schien. Trotz schlechter Altersversorgung, krasser Diskriminierung von Minoritäten, miserabler Infrastruktur, erbärmlicher Wohnverhältnise und langer Arbeitszeiten konnte das statistische Büro des Premierministers alle Jahre wieder verkünden, daß mehr als 90% aller Japaner sich zur „Mittelklasse" gehörig fühlen und damit die Fiktion postulieren, daß Nippon ein Reich gleicher und glücklicher Menschen sei. In Wirklichkeit geht es der Mehrheit von Tagelöhnern, Frauen, Alten und Minderheitsangehörigen absolut nicht gut und das fühlen sie auch mit wachsender Verbitterung. Doch in Japan geht es allen weniger gut, die nicht mit der Hauptströmung schwimmen. Man unternimmt nichts gegen die Mehrheit einer Gruppe, auch wenn diese Mehrheit häufig genug eine manipulierte ist.

Das ganze Leben eines Japaners, auch im gewöhnlichen Alltag, folgt sozialen und kulturellen Zwängen, gestanzten Ausdrucksweisen, rituellen Bräuchen und Befolgung von Autorität gemäß der nationalen Pyramide vom Tenno an abwärts bis zur Nummer 123 000 001. Es herrschen praktisch bei fiktiver Gleichheit aller doch nur Verhältnisse im sozialen Leben von Über- oder Unterstellung, was sich in der Sprache, der Tiefe der Verbeugungen und der physischen Plazierung am Arbeitsplatz oder bei der Party ausdrückt.

Diese hierarchische Gliederung der gesamten Gesellschaft mit der Akzeptanz von Über- und Unterordnung gemäß Seniorität oder elitärer Autorität führt auch zu gleichen Meinungsäußerungen über die jeweils aktuellen Themen und Probleme.

Sobald Bürokraten, Wirtschaftsführer und Politiker etwas zu einem nationalen Anliegen erklärt haben, fühlen sich auch die Medien dazu berufen, dieses Anliegen zu stützen und kaum ein Bürger denkt dann kritisch darüber nach, sondern schwimmt unkritisch in der Masse mit. Das bildet wiederum den gerühmten nationalen Konsensus. Dies andererseits erfordert fortlaufend ein Feindbild außerhalb des Reiches, damit nationales Zusammenstehen auch bei Unbequemlichkeiten und Ungerechtigkeiten plausibel bleibt. Das führt zum Mythos der Einmaligkeit einer japanischen Rasse und zum Selbstmitleid der gesamten Nation.

An der vordersten Front stehen in diesem Prozeß seit dem Großen Pazifischen Krieg die japanischen Unternehmen. Im operativen Management-Alltag regulieren sie sich selber. Im Gesamtkonzept Nihon sind sie Regulatoren im Staatsdienst unterworfen.

Institutionelle Einbindung und politischer Einfluß

Wie auch in anderen Ländern sind japanische Unternehmen in Korporationen und Verbände eingebettet, die ihrerseits oft von Verwaltungsbeamten, aber noch häufiger von Managern beeinflußt werden.

Gewerkschaftliche Organisation im Unternehmen

Die Unternehmens- oder Betriebsgewerkschaften in Japan stellen im Grunde die klassischen Vorstellungen zu den europäischen Gewerkschaftsentwicklungen auf den Kopf.

„Die Betriebsgewerkschaft beschränkt sich auf die regulär-permanennten Arbeitnehmer (sogenannte Stammarbeiter)" (13). Dies erklärt, warum nur knapp 30% aller Arbeitnehmer in Japan gewerkschaftlich organisiert sind.

Denn die rund je 1/3 männlicher temporärer und je 1/3 weiblicher Arbeitskräfte in den japanischen Unternehmen bleiben von den Betriebsgewerkschaften ausgeschlossen. Da in den kleinen und mittleren Betrieben kaum Stammarbeiter beschäftigt werden, konzentrieren sich die Gewerkschaftsmitglieder auf die Großunternehmen, wo ihr Mitgliederanteil sehr hoch liegt. Hierbei gibt es grundsätzlich keinen Unterschied zwischen Verwaltungsangestellten und Arbeitern; dies enspricht auch der fehlenden Unterscheidung zwischen Gehältern und Löhnen oder fehlender unterschiedlicher Behandlung bei der Lohnfortzahlung im Krankheitsfall, wie sie in der Bundesrepublik Deutschland grundsätzlich praktiziert wird.

Da der größte Teil aller Verwaltungsangestellten fest (im allgemeinen Verständnis auf Lebenszeit) angestellt ist und davon bei den gewerblich Tätigen nur ein kleinerer Teil erfaßt wird, erklärt sich daraus, daß ein überwiegender Anteil der gewerkschaftlich Organisierten Akademiker sind. In der Regel sind alle Stamm-Arbeitnehmer größerer Unternehmen jeweils komplett in einer Firmengewerkschaft erfaßt. Ihr Hauptanliegen gilt der Sicherung der Arbeitsplätze und der Verteilung aller Überschüsse und Privilegien an ihre Mitglieder. Deshalb stellen sie auch ihre ganze Schaffenskraft in den Dienst des Unternehmens und beteiligen sich rege an der Stärkung von dessen Wettbewerbssituation. Je mehr Erträge pro Halbjahr erwirtschaftet werden, desto höher wird die Ausschüttung der Boni, die pro Jahr 30–40% des Grundeinkommens erreichen und gelegentlich bis zu 10 Gehältern und darüber betragen können. Ideologien von Klassengegensätzen oder einer Diktatur von Proletariern sind diesem System naturgemäß völlig fremd.

Bis zum Rang eines kakaricho (Gruppenleiter) dürfen Führungskader Mitglied einer Firmengewerkschaft sein (Gesetz v. 1. 6. 1949). Außenstehende können den Firmengewerkschaften nicht beitreten.

Die Führungskräfte dieser Gewerkschaften sind häufig um 35 Jahre alt. Sie setzen sich außerordentlich für technischen Fortschritt und Rationalisierung im Betrieb ein, bei dem auf diese Weise Innovationen viel rascher und ohne die Widerstände vonstatten gehen, die Veränderungen der Arbeitsprozesse in westlichen Industriegesellschaften begleiten.

Schon früh üben sie in langen, zähen Verhandlungen mit der Unternehmensleitung Augenmaß für eine gerechte Balance zwischen den Erfordernissen des Unternehmens und der Motivation und gerechten Beteiligung der Leistungsträger am betrieblichen Erfolg ein.

Wenn die Ertragslage des Unternehmens es gestattet, erzielen sie beträchtliche Boni für ihre Klientel, die Stamm-Mitarbeiter. Die Unternehmensleitung steht dabei im Grunde mehr auf ihrer Seite, da sie den Erfolg schaffen, als auf der Seite der Aktionäre. Diese hinwiederum zeigen keinen ausgesprochenen Dividendenhunger, da ihnen Vermögenszuwachs durch rasch steigende Aktienkurse wichtiger erscheint. Überschreiten diese Gewerkschafts-Führungskräfte die 35-Jahresgrenze werden sie rasch zu stellvertretenden Abteilungsleitern befördert, müssen die Gewerkschaft verlassen und werden von der Unternehmensleitung dann systematisch bis in die oberen Führungshierarchien befördert, wenn sie in jungen Jahren bereits geeignete Proben ihres Geschickes und Augenmaßes gegeben haben. Es überrascht daher nicht, daß viele Vorstandsvorsitzende japanischer Unternehmen in ihrer Startzeit einmal Vorsitzende der Firmengewerkschaften gewesen sind.

Die Verbindungen der Firmengewerkschaften zu den drei großen Dachverbänden sind dabei ausgesprochen lose, wobei politische und ideologische Aktivitäten in den Unternehmen ausdrücklich verpönt sind, da sie dem Ziel der Arbeitsplatzsicherung und Bonus-Erhöhung eher abträglich werden. Zudem gehören die Unternehmensgewerkschaften der Großindustrie zumeist dem Dachverband Domei an, der als politisch gemäßigt gilt.

Die Dachgewerkschaften sind den Unternehmensgewerkschaften weger ihrer ideologischen Umtriebe suspekt, die oft die anerkannte seisan kojo = Produktivitäts-Wachstumsbewegung behindern. Dabei steht nach japanischem Selbstverständnis die gemeinschaftliche und langfristige Perspektive im Vordergrund. Das Motto lautet kigyo boei (schützt den Betrieb), denn dies garantiert soziale Sicherheit auf Zukunft. Uchi no Kaisha, *unser* Unternehmen, das ist es, was allen Stamm-Mitarbeitern höher steht als jede andere gesellschaftliche Gruppierung.

Das Fehlen von streng leistungsbezogener Vergütung und straffen Akkordsystemen nimmt den Auseinandersetzungen mit dem Top-Management die Schärfe, die oft in den USA oder Europa so trennend wirkt. Für den faulenzenden „Schädling" unter den Mitarbeitern ist daher kein Platz und er wird durch geeignete Methoden in Übereinstimmung zwischen Gewerkschaft und Management aus dem Unternehmen gedrückt.

Verbände

Es gibt vier große Wirtschaftsverbände in Japan, die praktisch alle Betriebe umfassen und viele sind in mehreren, manche in allen vertreten. Trotz unterschiedlicher Zielsetzungen sind sie politisch gleicher Couleur. Um jedoch einheitlich und schlagkräftig die gleiche Marschrichtung einzuhalten, haben sie einen fünften Verband, den Sanken (Rat für Industriepolitik) gegründet.

Keidanren (Keizai dantai rengokai) vertritt die Großindustrie mit knapp tausend Unternehmen, darunter nur wenige ausländische; dazu kommen rund einhundert korporative Mitglieder, die die Industrieverbände des gesamten Reiches repräsentieren. „Dieser Verband gilt als zentrale Institution des japanischen Kapitalismus. Er befaßt sich mit allen Problemen mit Ausnahme der Sozialpolitik und vertritt die Interessen des Großkapitals" (14). Wichtige Anliegen bilden Kartell- und Preisgestaltungsfragen, nationale Kooperationen und internationale Vorgehensweisen. Der Einfluß des Keidanren ist so groß, daß kaum jemand in Politik, Wirtschaft und Administration auf die Idee käme, eine wirtschaftliche Frage größeren Stils zu lösen, ohne den Verband vorher zu involvieren oder zu konsultieren.

Neben Unternehmen der Privatwirtschaft sind auch staatliche und halbstaatliche Organisationen wie die verbliebene staatliche Eisenbahn (Shinkansen-Line), Japan Airlines, Japan Development Bank und Japan Public Highway Authority Mitglieder im Keidanren. Dies verstärkt die Verflechtung mit der Ministerial-Bürokratie und trägt zu ihrer außerordentlichen Nähe zu Politik und Regierung bei.

Dem Vorsitzenden des Keidanren sind fünf Stellvertreter, rund 130 funktionale Direktoren und weitere ca. 200 Mitglieder im erweiterten Board beigegeben, der praktisch alle prominenten Führungskräfte der wichtigsten Unternehmen Japans umfaßt.

Dieses Gremium gilt als Kern des zaikai, unter dem die Verflechtung von Japans Geschäfts- und Finanzwelt verstanden wird. Regelmäßig nehmen Kabinettsminister an den Hauptversammlungen von Keidanren teil. Über 20 Komitees kümmern sich um jeden wichtigen Aspekt der japanischen Wirtschaft. „Der Präsident des FEO (Keidanren), wird als Premierminister betrachtet, der den Vorsitz über die unsichtbare Regierung des zaikai führt" (15).

Das Pendant zu Keidanren im Kanto-Raum (um Tokyo) bildet Kankeiren im Kansai-Raum (um Osaka), der dort adäquate Funktionen wahrnimmt. Beide wirken zusammen und verhalten sich zueinander wie etwa die Parteien CDU und CSU in der Bundesrepublik Deutschland. Eine ihrer wichtigen Aufgaben bildet auch der Kontakt zu Wirtschaftsverbänden in den wichtigen Industriestaaten des Auslands. Dabei soll sich Keidanren schwerpunktmäßig mit Amerika und Kankeiren mit Europa, insbesondere Deutschland befassen; eine Rollenteilung die in Übersee allerdings nicht recht akzeptiert wird.

Institutionelle Einbindung und politischer Einfluß 25

Nikkeiren (Nippon keieisha dantai renmei) füllt die Lücke aus, die Keidanren in seinem Arbeitsprogramm gelassen hat: die Beschäftigung mit personellen und sozialen Fragen. Ursprünglich lag die Aufgabe von Nikkeiren darin, volkswirtschaftlich schädliche Streiks in der Produktions-Industrie zu verhindern. Heute liegt der Akzent mehr auf der Pflege der Partnerschaft zwischen Management und Arbeitnehmerseite.

Nikkeiren hat ganz erheblich die Arbeitsgesetzgebung Japans gestaltet und beeinflußt sie auch heute. Neben dem Arbeitsminister hört auch die Administration ernsthaft auf das, was Nikkeiren zu jeweiligen Fragen zu sagen hat.

Den jährlichen Frühjahrkampagnen (shunto) der Gewerkschaften setzt Nikkeiren die eigene abgestimmte Strategie entgegen. Teilweise kann Nikkeiren komplementär zu Keidanren gesehen werden und ihre Mitgliedschaften und Direktoren überschneiden sich zum großen Teil. Anders als beim Keidanren gehören ihm jedoch auch die nationalen Arbeitsgeberverbände und solche, die die Provinzen vertreten, an. Diese repräsentieren auch über 30000 mittlere und kleine Unternehmen.

Von den vier großen Wirtschaftsverbänden gilt Nikkeiren als der homogenste, da sein Anliegen für alle Mitglieder von gleichem großen Interesse ist. Neben seinem direkten Einfluß auf Regierung und Parlament versucht der Verband über die Medien vor allem auch die öffentliche Meinung für seine Anliegen einzunehmen. In direktem Engagement finanziert er die Zeitung Sankei Shimbun, die Fernsehanstalt Fuji Terebi und den Radiosender Bunka Hoso.

Neben die ministeriellen Aspekte der Arbeitgeber-Interessenvertretung tritt zunehmend die Ausbildung und Förderung von Arbeitnehmern und Führungskräften der unteren Ebenen. Dabei stehen nicht nur Fragen der Produktivitätssteigerung im Vordergrund, sondern es werden auch Ziele humaner Arbeitsbedingungen sowie sozialer Fürsorge aktiv in Angriff genommen.

Darüber hinaus initiiert Nikkeiren spezielle soziale Forschungsprogramme, die sich auch mit Fragen der Betriebssoziologie befassen.

Nissho (Nippon shoko kaigisho) bildet den Dachverband der japanischen Industrie- und Handelskammern. Als ältester Verband wurde er bereits 1878 vom Nestor der japanischen Wirtschaft, Shibusawa, Eiichi, zusammen mit sieben anderen Wirtschaftsführern in Tokyo gegründet. Die ursprüngliche Hauptaufgabe war es, ein Gegengewicht gegen die erfahrenen ausländischen Kaufleute zu bilden, die nach der Öffnung Japans in immer weitere Gebiete der japanischen Wirtschaft eindrangen.

Auf strikt regionaler Basis arbeiten in ganz Japan über 450 Industrie- und Handelskammern. Jedes Unternehmen mit mehr als 20 Mitarbeitern hat das Recht, Mitglied in einer regionalen Kammer zu werden. Insofern berücksichtigt Nissho mehr als alle anderen Verbände die Interessen der mittelständischen Unternehmen, obgleich auch die Großunternehmen zu seinen Mitgliedern zählen. Ersteren leistet er wertvolle Beratungs- und Vermittlungsdienste.

Neben den nationalen Fragestellungen gilt seine besondere Aktivität der Förderung des Exports, weshalb besonders enge Kontakte zum Tsusansho (Ministry of International Trade and Industry = MITI) bestehen. Aber auch andere Ministerien und gelegentlich der Premier-Minister nehmen an Nissho-Versammlungen teil.

Besondere Interessengebiete von Nissho liegen weiterhin auf den Gebieten Technologie, Standards für Industrie und Handel, Tourismus, regionale Strukturpolitik, Preisstabilität und Schlichtung bei Schiedsgerichtsverfahren.

Nissho sorgt für die Koordinierung und wirtschaftsrelevanten Statistiken und publiziert grundlegende Beiträge zu ökonomischen Fragen.

Keizai Doyukai, das Kuratorium zur Entwicklung der Wirtschaft Japans, gilt im Gegensatz zu Keidanren als neoliberal. Sein Anliegen ist ein Aufbrechen von Verkrustungen im japanischen Wirtschaftsgefüge. Wörtlich übersetzt heißt Keizai Doyukai „Vereinigung von Kameraden in der Wirtschaft"; in Englisch wurde jedoch die Bezeichnung Japan Committee for Economic Development gewählt. Keizai Doyukai versteht sich nicht als „Pressure Group" in der Wirtschaft. Ursprünglich wurde er (1946) von relativ jungen Wirtschaftsführern gegründet, die modernes ökonomisches Gedankengut erarbeiten und verbreiten wollten. Ein Hauptanliegen bildet die zeitgemäße Gestaltung der japanischen Wirtschaftsstruktur.

Er sieht in der Regierung den Koordinator für harmonischen Ausgleich zwischen allen Beteiligten am Prozeß von Investitionen, Gütererstellung und Güterverteilung der Volkswirtschaft. Gleichzeitig bekämpft Keizai Doyukai Tendenzen zu weiterer Lenkung und Kontrolle der Wirtschaft durch die Regierung. Es werden sogar Überlegungen zu Mitbestimmungsformen der Arbeitnehmer angestellt unter dem etwas provokanten Schlagwort revised capitalism.

Anders als bei den drei anderen Verbänden sind nicht Verbände oder Unternehmen Mitglieder im Keizai Doyukai sondern über 1500 Einzelpersonen. Die Gründungsmitglieder der ersten Stunde gingen recht kritisch gegen alte Vorstellungen vor; inzwischen sind sie — mittlerweile Top-Management-Mitglieder wichtiger Unternehmen — konservativer in ihren Einstellungen geworden. Ihre Namen sind zum großen Teil identisch mit den Führungspersönlichkeiten der anderen großen Wirtschaftsvereinigungen. Sie heben jedoch die soziale Verantwortung der Geschäftswelt gegenüber der Gesellschaft hervor, wobei sie sich nicht nur auf Forschungsprojekte beschränken sondern auch bei verschiedenen Vorhaben aktiv werden, wie zum Beispiel der kooperativen Zusammenarbeit von Mitarbeitern und Management.

Politische Wechselwirkungen

„Die Liberal-Demokratische Partei (Jiminto) als herrschende konservative Partei behandelte das big business bevorzugt und schuf so den Eindruck, daß die Verwaltung der nationalen Anliegen in Übereinstimmung mit den artikulierten Wünschen der Geschäftswelt durchgeführt wird. Mitglieder des Parlaments, die von Interessengruppen nominiert und unterstützt werden, agieren tatsächlich als Repräsentanten solcher Gruppen und sind entsprechend organisiert" (16).

Keidanren gilt als wichtigster Geldbeschaffer für die Jiminto. Ein Reichstagsmandat zu erringen kostet in Japan viele Millionen Mark und zwingt die Bewerber, sich Sponsoren in der Industrie zu verpflichten. Es heißt in Japan oft, daß kein Premierminister gewählt werden könne, der nicht die Billigung des zaikai – repräsentiert durch Keidanren – erhalte. Dem steht gegenüber, daß viele Spitzenpolitiker, insbesondere die ministrablen, aus der Administration kommen und ihre Verbindungen und Wurzeln dort aufrechterhalten. Die Staatsbürokratie konfrontiert die Wirtschaft jedoch in großem Ausmaß mit einer Fülle von Verordnungen, die kaum ein Unternehmen voll überblicken kann, so daß sich hierdurch eine beträchtliche Abhängigkeit ergibt. Van Wolferen meint, die „privaten Firmen in der japanischen Version des Kapitalismus sind nur halb autonom" (17).

Durch die Dichte der persönlichen Kontakte und Verpflichtungen im Dreieck Administration, zaikai und Politik auf wenigen Quadratkilometern im Zentrum Tokyos werden viele Entscheidungen, die den Staat und die Wirtschaft Japans betreffen, auf informelle Weise herbeigeführt. Zwar ist die im Ausland oft apostrophierte „Japan Incorporation" eine Fiktion, jedoch steht jedes ausländische Unternehmen in Japan ganz oder teilweise außerhalb der persönlichen und gruppenspezifischen Interessen der tragenden Elite Nippons, innerhalb derer die Macht hin wiederum sehr balanciert ist und deren Hauptinteresse der Erhaltung ihrer Strukturen gilt. Sie sieht im Ergebnis im Wohle des Staates nicht unbedingt immer das Wohl der Individuen des japanischen Volkes.

Sozio-kulturelle Aktivitäten

Japanische Unternehmungen bilden einen integralen Bestandteil des japanischen Staates; neben oder über den Familien bilden sie seine Urzellen. Sie stehen auf dem Boden japanischer Traditionen der Kultur, sozialen Werte und Verflechtungen. Weder „das Glück des kleinen Mannes" noch der Bilanzgewinn von Unternehmen waren kaum je das Anliegen der staatstragenden Eliten Japans, die einander auch personell – zum Beispiel durch Heiraten – durchdringen.

Der japanische Staat strebt nach nationalem Gesicht und einem hohen Rang – möglichst der namba wan (Nummer 1) – nach außen und sozio-kultureller Identität nach innen. Sein Stolz sind kulturelle Einrichtungen, prachtvolle Museen, Hotels und andere Prestigeobjekte sowie die teure Ausrichtung von Olympiaden oder Weltausstellungen. Alle Unternehmen sind aufgerufen, hierzu durch aktives Engagement beizutragen.

Auf nationaler Basis liegen Parks, Schulen, Universitäten, Museen, Kindergärten, Altersheime und Schwimmbäder zumeist direkt oder indirekt in privaten Händen, das heißt in den Händen von Unternehmen und deren Führern.

Auch die Shinto-Prister leben hauptsächlich von Zuwendungen, die sie anläßlich der zahlreichen Zeremonien im Unternehmens-Leben erhalten. Nicht nur das neue Jahr, die Gründung einer Tochterfirma oder die Einweihung eines Verwaltungsneubaus, sondern auch die Inbetriebnahme einzelner Generatoren oder Fertigungslinien werden von zeremoniellen Ritualen nach traditionellen Mustern durch Shinto-Prister begleitet.

Kaufhäuser veranstalten Ausstellungen von Zubehör für die Teezubereitung, Handelsfirmen zeigen Bilder von Expressionisten und Industrieunternehmen sponsern den Auftritt von bekannten Solisten und Orchestern für Aufführungen klassischer Musik. Diese Aktivitäten dienen dem Image der Unternehmen und symbolisieren ihre Verantwortung für den kulturellen Standard der Gemeinschaft.

Auch feierliche Zeremonien etwa bei der Einstellung von Berufsanfängern oder Firmenjubiläen sind von kulturellen Symbolen bis hin zu festlicher Kleidung umrankt.

Unternehmen mit hohem Geltungswert führen regelmäßige Kurse in Kalligraphie, Teezubereitung oder Blumenstecken für ihre Mitarbeiter und deren Angehörige durch. Sie organisieren Hochzeiten, Bestattungszeremonien oder Bildungsreisen im Inland und nach Übersee. Nicht nur die Mitarbeiter und Führungskräfte, auch die jeweilige Gemeinde und letztlich die gesamte Nation, sind daher stolz auf ihre Unternehmen und betrachten sie als Uchi no Kaisha (unser Unternehmen). Unternehmen sind somit ein integraler, wichtiger und voll akzeptierter Bestandteil der Gesellschaft.

Der Anthropologe de Vos (18) vermutet dazu, „daß die Sozialisierung des Japaners in seinem Betrieb der Entfremdung moderner Industriebetriebe entgegenwirkt und zur Befriedigung führt". Für den schutzbedürftigen japanischen Arbeitnehmer bietet sein Unternehmen (Uchi no Kaisha) Familienwärme, Prestige, Gottesdienst, Wettbewerbsarena, Erwerbsquelle und Sozialfürsorge in einem.

Tatsächlich findet der Japaner unter seinem Unternehmensdach viele Dinge, die er in seiner zumindest nach europäischen Begriffen dürftigen Wohnbehausung in der Regel nicht genießen kann: gute Lage, temperierte Räume, Kunstwerke, weite Räumlichkeiten, Tee-Service, freies Telefonieren, Musikberieselung, nette Kollegen und vieles mehr. Das Schlagwort „in Hütten schlafen, in Palästen arbeiten" ist daher in Japan wohlbekannt.

Der japanische Arbeitnehmer ist jedoch auch stolz auf seine Vorstandsmitglieder, oft ältere Herren, die in der Gesellschaft einen geachteten Platz einnehmen und häufig kulturellen Aktivitäten nachgehen, Ehrenämter bekleiden oder sich als Kunstmäzene profilieren. So modifiziert sich in Japan der Erwerbsbetrieb oft zur Kulturdeterminante.

2. Unternehmensziele und Entscheidungsprozesse

Einerseits sind die Unternehmensziele in Japan durchaus nicht immer kompatibel mit denen des nordatlantischen Raumes, andererseits gilt dies auch für Entscheidungsfindungen und die Lenkung der entsprechend gerichteten Prozesse. Eine andere Kultur ist hier zu teilweise anderen Lösungen gekommen.

Gemeinwirtschaftliche Zielsetzung

Fast alle Firmensatzungen japanischer Unternehmungen enthalten einen Passus, der betont, daß man sich zum Wohle der japanischen Menschen und des Vaterlandes einsetzen will.

Im Grunde paßte der Kommerz mit seinen Möglichkeiten der Vermögens-Akkumulation nicht in die soziale feudale Ordnung, wie sie zu Beginn der Tokugawa-Zeit bestand. Da Handel und Wirtschaft jedoch wichtig für die Feudalherren (daimyo) waren, bedeutete der offizielle Verweis der Händler in die niedrigste der vier Standesklassen praktisch wenig. In der Realität wurden einflußreiche Handelsherren auf die Ebene der Nobilität gehoben und durften zum Beispiel zwei Schwerter tragen. Da Japan sich nach außen abgeschlossen (1603 bis 1867) hatte, war nationaler Reichtum zur Feindabwehr nur von geringer Bedeutung.

Das änderte sich drastisch mit dem Anbruch der Meiji-Zeit. Japan erkannte die Notwendigkeit wirtschaftlicher und industrieller Stärke, um militärisch den großen Weltmächten gewachsen zu sein. Schiffahrt, Stahlgewinnung und ganz allgemein Ingenieurkunst wurden zu nationalen Anliegen, samt den verbundenen Aktivitäten wie Kohleförderung und Exportwirtschaft (z. B. Textilfabriken), um Devisen für die nowendigen Rohstoffe- und Know-how-Importe zu erlösen.

Alte Handelshäuser wie Mitsui erhielten staatswichtige Bedeutung und neue Firmen wurden vom Staat gegründet und dann zu geringen Preisen an energische Unternehmer (wie Iwasaki, Yataro, Pionier von Mitsubishi) überlassen. Insbesondere die herrschende Militärclique in den dreißiger Jahren betrachtete dann die Großkonzerne (zaibatsu) als ihre Erfüllungsgehilfen für die Kriegswirtschaft; wobei sie oftmals ihrer Unzufriedenheit mit deren unpatriotischen Profitstreben Ausdruck gaben.

Nach dem großen Pazifischen Krieg 1945 wurde klar, daß kriegerische Handlungen ein untaugliches Mittel geworden waren, um eine führende Rolle in der Welt zu spielen. Den Unternehmen wurde die Aufgabe zugewiesen, Japans Sicherheit durch ein Bestehen in den Weltmärkten zu erarbeiten und gleichzeitig die Versorgung der Bevölkerung durch geschickte Veredlungsprozesse auf den ressourcenarmen Inseln zu übernehmen.

Zu diesem Zwecke erhielten die Unternehmen entsprechende Lizenzen und Steuerförderungen von der Regierung. Der Gewinn, den sie dabei erwirtschafteten, stellte gewissermaßen als Maßstab einen Anreiz hierzu dar; die Gewinn-Erzielung bildete jedoch nicht primär das Ziel ihres Wirtschaftens.

Die Ministerial-Bürokratie bezog und bezieht immer noch ihre Legitimation aus ihren Anstrengungen, den japanischen Staat machtvoll und angesehen nach innen und außen darzustellen; diesem Ziel ist auch persönliches Glücksstreben unterzuordnen. Demonstrativ wohnen deshalb große Wirtschaftsführer in bescheidenen Häusern und der unlängst verstorbene Chairman des Keidanren, der machtvolle Doko, Toshiwo, pflegte mit den öffentlichen Verkehrsmitteln sein Stadtbüro aufzusuchen.

Die Einschätzung der offiziellen Einstellung zwischen den beiden Weltkriegen hat sich mindestens rudimentär bis heute erhalten: „Ein Land wie Japan, absolut der Förderung imperialer Großartigkeit verpflichtet, bewies wenig Toleranz oder Mitgefühl für die Armen, Schwachen oder Unglücklichen aller Art; die Abhilfe ihrer mißlichen Lage würde einen Wettbewerb mit Ressourcen hervorrufen, die für die grundsätzlichen expansiven Ziele des Staates bestimmt waren" (1).

Gespräche mit Beamten der relevanten Ministerien (Finanzen, Landwirtschaft, Internationaler Handel und Industrie) lassen auch heute erkennen, daß sie glauben zu wissen, was gut für Staat und Volk ist und sie zögern nicht zu versuchen, ihre Bevormundung gegenüber den Bürgern durchzusetzen, solange diese nicht massive Empörung oder gar Widerstand artikulieren. Ein Schlüsselwort zum Verständnis der Machtspiele in Japan ist ikaku = Einschüchterung.

Dieses Mittel setzen die Beamten zielgerecht gegen die Wirtschaft ein, um sie auf einen Kurs zu bringen oder dort zu halten, der den nationalen Interessen – wie die kanryo sie verstehen – dient. Einem sowjetischen Botschafter in Tokyo (Trojanowski) wird das Wort zugeschrieben, Wirtschaft und Gesellschaft in Japan seien so raffiniert gelenkt, daß selbst Lenin davon nur habe träumen können. Dieser Spruch gibt allerdings insoweit ein falsches Bild, als Japans Ministerialbürokratie in ihrem Pragmatismus und ihren engen Verflechtungen mit big business an wichtige Voraussetzungen des Funktionierens einer kapitalistischen Wirtschaft prinzipiell keine Hand legt: privates Eigentum, freier Wettbewerb, Marktwirtschaft und Gewinnerzielung.

Hingegen gilt seit der Meiji-Zeit, daß „Regierungsbeamte sich niemals mit Kaufleuten in einen Wettbewerb zur Verfolgung von Profiten einlassen sollten" (2). Auch hier liegt ein bemerkenswerter Unterschied zur Nomenklatura in den kommunistischen Staaten der Nachkriegszeit.

Zur Beschreibung der Nachkriegswirtschaft wird generell der Passus „New Capitalism" benutzt (3). Zwar kann von keiner Sozialisierung der Wirtschaft gesprochen werden, insbesondere nicht in der Landwirtschaft und der Kleinindustrie sowie dem Handelssektor, doch befinden sich die großen Wirtschaftskonglomerate (wie Mitsubishi, Mitsui, Sumitomo etc.), genannt kigyo keiretsu, weitgehend in dem Besitz institutionalisierter Kapitalformen bei Banken, Versicherungen, Treuhandschaften und halbstaatlichen Organisationen.

Mehr als im nordatlantischen Bereich stellen japanische Wirtschaftsführer bei Investitionsentscheidungen und Gewinnbetrachtungen nationale Ziele in den Vordergrund. Dabei sorgen sie sich um ein großes Innovationspotential, ihr öffentliches Ansehen sowie das ihrer Unternehmen und stellen langfristige Überlegungen in den Vordergrund ihres Handelns.

Wie alle Japaner betrachten sie sich selbst nur als ein Glied in der Kette langer Geschlechterfolgen der Nation. Hier treffen sie sich mit den Anliegen der Regierung. Stellen sie sich außerhalb des generellen Konsensus und verfolgen persönliche oder firmenegoistische Ziele, dann können sie schnell zur Korrektur gezwungen werden, die nicht selten das Ende ihrer Karriere bedeutet. So ergab sich während des „Öl-Schocks" 1973/74, daß die Handelsgesellschaft Mitsubishi Waren gehortet hatte, um spekulative Ziele zu realisieren. Medien und öffentliche Meinungen wurden daraufhin so sensibilisiert, daß ihr Präsident im Fernsehen öffentlich um Entschuldigung bitten mußte. Heute ist die Handelsgesellschaft Mitsubishi vom langjährigen ersten auf den vierten Platz zurückgefallen.

Die Leitlinien für die japanische Wirtschaft werden alljährlich in einem Weißbuch der Economic Planning Agency = EPA (keizai kikaku cho) niedergelegt. Der Generaldirektor dieser staatlichen Behörde hat Kabinettsrang.

Das jährlich veröffentlichte Weißbuch „Economic Survey of Japan" listet eine Fülle von gesamtwirtschaftlichen Kennzahlen auf und zeigt dabei die relevanten Trends. Es fehlen auch nicht zahlreiche Vergleiche mit den hochindustrialisierten nordatlantischen Wirtschaftsnationen. Sodann werden im Vorwort und in der Schlußfassung Ratschläge auf makroökonomischer Basis gegeben, die sich vor allem auf die Empfehlungen an die Regierung konzentrieren, bestimmte monetäre und fiskalische Maßnahmen zu ergreifen.

Das individuelle Unternehmen kann aus dieser Lektüre eine Idee gewinnen, wie die aktuellen Trends in der Welt verlaufen und was in Japan an Maßnahmen ins Haus steht, um sich darauf mit seiner eigenen Politik einzurichten. Es handelt sich also keineswegs um eine Planung im strengen Sinne, wie sie etwa der französischen planification oder gar den Fünfjahresplänen der Ostblockstaaten unterliegt.

Den Inhalt bilden die üblichen, staatlichen Ziele von ausreichendem Wachstum, Vollbeschäftigung und Preisstabilität. Im einzelnen werden dann Investigationsschwerpunkte genannt, Strukturänderungen sowie eine Verbesserung der Management-Qualität gefordert und internationale Wettbewerbsfähigkeit angestrebt.

In diesem Sinne vermerkte der EPA-Chef A. Fujiyama 1966 befriedigt, daß „die Rolle der Regierung in der Entwicklung und Stabilisierung der nationalen Wirtschaft zunehmend und immer weiter anwächst" (4).

Die Elite-Beamten gehen schlicht davon aus, daß Verbraucher und Wirtschaft mit ihnen einig seien, was zum Wohle der Nation notwendig sei. Während die Bürger zwar generell nicht zufrieden sind, allerdings mit Freude relativen Fortschritt sehen, bleiben sie doch weitgehend apathisch und resignieren gegenüber dem übermächtigen Establishment. Die Meinungen zwischen Industrie, Politik und Bürokratie stimmen zwar bezüglich des Erhalts der allgemeinen Machtverteilung sowie bestimmter nationaler Zielrichtungen überein, in vielen wichtigen Fragen gibt es jedoch sehr kontroverse Dispute und die Beziehungen haben alles andere als einen glatten oder gar monolithischen Charakter.

Eine Reihe Friktionen und Grabenkämpfen zwischen rivalisierenden Gruppen kennzeichnet den Alltag solcher Beziehungen. Es wird vehement gefeilscht und mancher Kompromiß muß geschlossen werden. Letztlich stehen jedoch alle Beteiligten in der Tradition der konfuzianischen Ethik, die das Wohl und die Harmonie der Gemeinschaft betont.

Es bleibt abzuwarten, ob die Beschäftigten in den Unternehmen, die gleichzeitig die Konsumenten der von ihnen produzierten Leistungen darstellen, in der bisherigen nationalen Disziplin verbleiben. Manche Beobachter wollen derzeit beobachten, daß hier eine Reihe von Lockerungen stattfindet.

In search of excellence

Luhmer (5) spricht von dem „in seinen Ausmaßen tatsächlich erstaunlichen traditionellen Bildungswillen des japanischen Volkes...". Der konfuzianisch ausgerichtete Staat wurde von weisen und geachteten Beamten gelenkt. Der Weg zu diesem Amt führte durch eisernes Lernen und rigorose Prüfungen. Folglich besaß die schulische Ausbildung schon immer einen hohen Stellenwert. Die alten philosophischen Meister, die hierzu Grundlagen gelegt hatten, wurden verehrt. Es galt sie zunächst genau zu kopieren; und zwar möglichst immer das Schwerste und Vollkommenste vorneweg.

Als der Verfasser einmal vor japanischen Abteilungsleitern einen Vortrag über ein kompliziertes Thema der Maschinen-Programmierung mit der wohlgemeinten und beruhigend klingenden Einleitung „Das Thema sieht ja recht schwierig aus, ist im Grunde aber doch recht einfach" begann, da schlugen ihm Unwillen und Verdruß entgegen. Später lernte er, daß für die bildungswilligen Japaner eher gilt „den lieb' ich, der Unmögliches begehrt". Das Schwierigste und Beste gilt als gerade gut genug. Bevorzugt erziehen japanische Eltern − und insbesondere Mütter − ihre Kinder zur Erreichung der Nummer-Eins (namba wan)-Position. Dies beginnt bei den rund 2,0 Mio. Kindergarten-Besuchern und erzeugt von den frühestens Ausbildungsjahren an einen enormen Leistungsdruck bei den Kindern, die nicht alle die kaiserlichen Universitäten besuchen, hohe Regierungsbeamte werden, als Präsidenten Unternehmen vorstehen und im Alter noch den Nobelpreis nach Japan holen können.

Obgleich viele in der Zweit- oder Drittklassigkeit enden mögen, wird doch alle die Verfolgung der höchsten Ziele gelehrt. In knapp der Hälfte aller japanischen Haushalte steht ein Piano und die kleinen Lernenden klimpern Bach und Beethoven, aber selten simple Kinderlieder. Wer eine Schallplatte mit klassischer Musik verschenkt, muß darauf achten, daß der Dirigent von Karajan heißt, weil er als namba wan in Japan gilt − auch wenn K. Böhm in den Mozartinterpretationen vielleicht etwas sensibler zu Werke ging.

Immer wagen sich die japanischen Künstler und Ingenieure an die schwierigsten Aufgaben und ihr Mut, manchmal auch Naivität, werden gelegentlich reich belohnt. Die entsprechenden Entscheidungen im Gruppen-Konsensus fördern einen entsprechenden Wagemut, den ein Einzelner nicht immer auf sich nehmen möchte.

So ergibt sich in japanischen Unternehmen oft ein gutes Klima für Innovationen. Der Einzelne steht der Veränderung zumeist ablehnend gegenüber, da er nicht weiß, ob der technische Fortschritt seine persönliche soziale Stellung im gesamten Räderwerk nicht abwertet. Das erklärt die zögerliche Einführung von moderner Bürokommunikation in Westeuropa, während sie in Japan enthusiastisch und ohne Zögern – nicht durch Einzelne oder von oben – sondern unter Mitwirkung oder gar der Initiative der betroffenen Gruppen realisiert wird.

„Der Dynamik der wirtschaftlichen Entwicklung steht die Tendenz zur Statik der sozialen Beziehung in den Betrieben gegenüber" (6). Inzwischen gibt es ernsthafte Manager, die die Fähigkeit zum Wandel als fünften oder sechsten Produktionsfaktor ansehen. „Wir machten geltend, daß innovative Firmen nicht nur ungewöhnlich gut darin sind, kommerziell entwicklungsfähige neue größere Geräte zu produzieren; innovative Firmen sind besonders gewandt darin, kontinuierlich auf Wandel jeglicher Art in ihrer Umgebung zu antworten" (7).

Dieser Wandel technologischer oder funktioneller Art wird in Japan locker vorgenommen und ergreift zumeist innerhalb recht kurzer Zeit die ganze Nation, wobei die traditionellen Wertvorstellungen und Verhaltensmuster beibehalten werden und somit soziale Ängste vermieden werden können.

Hierzu gehören ebenso die Fähigkeit und der Mut zu experimentieren und Risiken einzugehen. Wenn sich eine Frage oder eine Chance ergibt, dann wird in guten japanischen Unternehmen einer kleinen Projekt-Gruppe die Aufgabe gestellt, das neue Projekt anzupacken, eine Lösung auszudenken, sie mit simplen Prototypen experimentell abzuchecken und innerhalb weniger Monate zu realisieren. Genau dies berichten Peters und Waterman über die wenigen US-amerikanischen Unternehmen, denen sie den Titel excellent company zuerkennen. Sie beklagen, daß Großunternehmen zu viele MBA-Träger beschäftigen, die sich bravourös auf bürokratische Abläufe, Prozesse und das Instrumentarium gehobenen Managements verstehen, aber kein Gefühl für das Informelle, Intuitive und Neue entwickeln, kurz – die eigentliche Kunst des Managements nicht beherrschen.

Die Jagd nach der excellence braucht aber die einfache Basis unter den Füßen; Gedanken, die praktisch umgesetzt werden können, gleichgültig wie unkonventionell; Nutzen für den Konsumenten und guten Service dazu für ihn; vor allem aber rasche Umsetzung, an der alle Teile des Unternehmens enthusiastisch mitwirken müssen.

Erstklassige Unternehmen in Japan (und anderswo) entwickeln deshalb eine Unternehmenskultur, deren Stolz es ist, immer an der Spitze der Entwicklung zu marschieren. Das gilt neben der Entwicklung an neuen Produkten ebenso für die Abläufe in Fertigung, Verwaltung, Logistik und Kunden-Service. In diesem Zusammenhang gewinnt das Wort hinshitsu (= Qualität) einen beinahe sakralen Charakter in Japan. Alles, womit sich das Unternehmen beschäftigt, muß erstklassig sein. Die Mitarbeiter erscheinen bereits mit teuren meist maßgeschneiderten Anzügen im Geschäft. Die Armbanduhren werden als Präzisionssymbole von bekannten Herstellern getragen und sind sündhaft teuer.

Bei den Arbeitsgeräten und Werkzeugen wird nicht gespart; nur das Beste erhält eine Chance zum Einsatz. Das gilt noch sehr viel stärker für Maschinen und maschinelle Ausrüstungen, die auf dem letzten Stand von Wissenschaft und Technik gewünscht werden. Da gibt es nicht den Stolz des alten Werkmeisters, der dank besonderer Pflege eine gut funktionierende Maschine von vor fünfzig Jahren etwa in einem deutschen Betrieb präsentiert. Nein, mitleidlos wird eine noch nicht ausgepackte neue Maschine abgestoßen, wenn inzwischen eine neuere auf dem Markt erschienen ist.

Selbst Angestellte mittlerer und unterer Ränge legen sich für ihr oft nur gelegentliches Spiel eine Golfausrüstung zu, die sie laufend auf dem neuesten Stand halten und die leicht DM 5000,– und mehr kostet. Es löste einen gewaltigen Schock in Nippon aus, als vor einigen Jahren bekannt wurde, eine namhafte Handelsfirma habe (absichtlich oder fahrlässig) Markenartikel aus Hongkong eingeführt, die dort – wenn auch perfekt – nachgestellt worden waren. Der geringere Preis und die praktisch gleiche Funktionsfähigkeit galten nichts im Vergleich zu der Beleidigung, die *nicht* originäre Qualitätsprodukte dem japanischen Ego zufügten.

Diese Einstellung gilt bei allem, was als wesentlich angesehen wird und sie kontrastiert deutlich mit der Vernachlässigung des „Drumherums", wie zum Beispiel billigen Gebrauchsgütern in Haushalten oder Werkhallen, die die wertvollen Anlagen umgeben.

Jeder raschen Umsetzung einer neuen Entwicklung oder deren Übernahme von draußen folgt ein nie endender Prozeß der Verbesserung und Verfeinerung. Nichts ist so perfekt, als daß es nicht noch eine Möglichkeit der Verbesserung gibt.

Eines der meistbenutzten Worte in der japanischen Berufswelt – gleich ob es sich um handwerkliche, ablaufbedingte, informative oder zwischenmenschliche Prozesse handelt – ist kaizen.

Das Konzept des kaizen steckt Japanern so sehr im Blut und gehört zur selbstverständlichen Alltagsphilosophie, daß es nur wenig in grundsätzlicher Literatur über japanisches Management auftaucht. Kaizen heißt wörtlich „Verbesserung" oder „Richtigstellung". In dem Buch „Kaizen" von Imai (8) lautet der Untertitel „Der Schlüssel zu Japans auf Wettbewerb eingestellten Erfolg" (The key to Japan's competitive success).

Kaizen bedeutet nicht große Innovationssprünge, sondern die nimmermüde Verbesserung in winzig kleinen Schritten nicht nur in vertikaler, sondern auch in horizontaler Richtung. Kaizen ist ein prozeßorientierter Weg, der nicht primär direkte Resultate zum Ziel hat.

Wichtige Begriffe und Konzepte des kaizen sind das Vorschlagswesen, das selbstverständlich alle Mitarbeiter im Unternehmen erfaßt. Hierzu gehören TQC (Total Quality Control) und QCC (Quality Control Circles); dabei gilt vor allem die Qualitäts-Entwicklung der Mitarbeiter als wichtig. Ein anderes Schlagwort ist visible management und das bedeutet, für alle liegen die Ziele und der Weg zu ihnen offen, z. B. auf sichtbar angebrachten Tafeln (kanban). Cross-Functional Management, manageable margin (spontane oder automatische Korrekturen, wenn Prozesse die Kontroll-Limits überschreiten) und warusaga-kagen (die Korrektur von Prozessen, die zwar noch tolerabel laufen, die sich aber bei Nichtbeachtung zu ernsthaften Problemen entwickeln können) bilden weitere wichtige Konzepte. Bekannte Begriffe in diesem Zusammenhang sind auch just in time oder jidoka (autonomation = automatische Stops bei fehlerhaftem output).

Vieles basiert schlicht auf gesundem Menschenverstand, wie das Setzen von Prioritäten, das Einrichten von Kontroll-Punkten, Instandhaltungs-Checklisten oder standardisierte Arbeitsabläufe. Entscheidend aber bleibt bei allem der hellwache, mitdenkende, über alle Begrenzungen schauende und aktive Mitarbeiter, der in search of excellence (in der Verfolgung des Vorzüglichen) täglich kleine Fortschritte einleitet oder durchführt.

Diese Haltung steckt tief in den Japanern. Symbolisch dafür mag die bekannte Tee-Zeremonie sein; der einfache Akt des Tee-Aufbrühens und Einschenkens ist hier in eine strenge Folge von Abläufen gegliedert mit zahlreichen Handlungen, die samt dem genau definierten Zubehör makelloser Beschaffenheit ein fast einstündiges Erlebnis hoher sensueller Qualität vermitteln. Der Teemeister Okakura (9) bemerkt hierzu: „Das Meisterstück ist ein Teil von uns selbst, so wie wir ein Teil des Meisterstücks sind".

Excellence liegt eben nicht nur in der kolossalen Größe eines Wolkenkratzers, den ein Architekt in genialem Wurf geschaffen hat. Auch eine Teeschale in ihrer perfekten Glasur und der Harmonie ihrer Farben und Proportionen kann in Japan excellence ausdrücken und mit mehreren hunderttausend Mark bezahlt werden. Kaizen bildet einen ständigen Quell der Motivation und der Freude für engagierte japanische Mitarbeiter: Die Möglichkeiten für die Verbesserungen sind praktisch unendlich. Mit Fantasie und in guter Zusammenarbeit lassen sich täglich Abläufe und Aggregate näher an das Optimum heranführen. Das dient dem Image und damit letztlich der Ertragskraft des eigenen Unternehmens aber auch der ganz persönlichen Befriedigung und Verwirklichung.

Perfektion und Qualität sind in Japan zu einer quasi-religiösen Wertvorstellung geronnen. Der japanische Ingenieur Mori (10) führt in diesem Zusammenhang aus: „Wir müssen allmählich begreifen, daß wir auf ein ungeheures Ausmaß an Leiden zusteuern, wenn wir weiterhin versuchen, unser menschliches Verlangen nach Veränderung lediglich durch quantitative Steigerung, das heißt materielles Wachstum, zu befriedigen. Es gibt eine Grenze, jenseits derer materielles Wachstum unmöglich ist. Wir müssen uns bemühen, nach qualitativer Veränderung (Wachstum) zu streben – die unbegrenzt möglich ist."

Dynamik im Wettbewerb

Da bereits die Kinder auf das Erreichen einer namba wan-Position trainiert werden, ist das gesamte Leben zwischen Kindergarten und Pensionierung vom Wettbewerb geprägt. Das Streben nach excellence findet in Gruppen statt; diese Gruppen konkurrieren außerordentlich heftig miteinander. Selbst bei harmlosen Firmen-Sportfesten stehen die Gruppen geschlossen hinter ihren delegierten Wettkämpfern mit Schlachtgesängen und aufreizendem Trommelklang. Selbst auf eine teure, selbstbezahlte Reise zu einem Fußball-Turnier nach Übersee werden zwei junge Mitarbeiterinnen mitgenommen, um die Blessuren zu pflegen und durch ein aufmunterndes Lächeln die letzten Reserven der Wettkämpfer zu mobilisieren.

Viel gezielter wird die Dynamik der Kleingruppe noch auf die Ziele des Unternehmens gelenkt. Nach alter Erfahrung leisten die meisten Menschen in der Gruppe weit mehr, als wenn sie auf sich allein gestellt sind. Insbesondere durchschnittliche Elemente können in der Gruppe weit über sich hinauswachsen. Die kumulierte Kraft einer Gruppe kann weit mehr als die Addition ihrer Teilkräfte sein. Dieses Phänomen ist kein japanisches, aber es wird in Nippon besonders kultiviert und gepflegt. Arbeit findet immer im Team statt. Die Brillanz des Einzelnen wird in Nippon nicht herausgestellt und sie zählt nur insoweit, als sie zum Gruppenerfolg beiträgt. Sie verpflichtet allerdings jederman, in der Gruppe selber sein Äußerstes beizutragen. Zum äußeren Zeichen dessen bindet man sich in Zeiten gesteigerten Wettbewerbs die hachimaki (= Stirnbinde) um, die einen bis zum Opfer gehenden Einsatz verspricht.

Aus der Gruppen-Solidarität heraus schöpfen auch die Mitglieder einen hohen Kampfgeist, die als Einzelne jämmerlich kraftlos dastehen würden.

Der Japaner ist von Hause aus ein schwacher Verkäufer. Seine gesamte Bildung steht dem Aufdrängen von Meinungen oder Diensten entgegen.

Er befindet sich deshalb zumeist nicht allein im Feld, sondern trifft sich morgens und abends mit seiner Gruppe und seinem Vorgesetzten. Dazwischen lebt er von der Dynamik seiner Gruppe, die sich morgens nach einem kraftvoll skandierten Wahlspruch auf ihre Kunden stürzt. Er sagt dann Dinge und nimmt Demütigungen auf sich, die er als Individuum nicht ertragen könnte oder möchte. Für die Gruppe jedoch streift er seine Scham- oder Zorngefühle ab und arbeitet verbissen auf das gemeinsame Ziel hin.

Ähnlich sieht es beim Arbeitsprozeß im Betrieb aus. Den feinen Mann zeichneten in Ostasien seine Schriftgelehrtheit und seine Muße aus. Körperliche Arbeit, insbesondere wenn sie mit Schmutz verbunden war, genoß kein Prestige. Auch hier werden in der homogenen Gruppe in Japan alte Klischees überkommen und jeder greift beherzt zu, um den Erfolg der Arbeitsgemeinschaft sicherzustellen. Schamgefühl in diesem sozialen Kontext würde nur Drückebergerei erzeugen; die Gruppe muß als Ganzes funktionieren. Da moderne Arbeitsprozesse geschlossene Regelkreise bilden, kommt es nicht so sehr auf die gute Einzelleistung an, sondern darauf, daß der Gesamtprozeß im Betrieb ohne Stockungen optimiert wird.

Der japanische Betrieb organisiert Gruppen unter der Berücksichtigung informeller Kriterien. In seiner Stamm-Belegschaft gibt es Schichten von Mitgliedern gleichen Eintritts ins Unternehmen, vergleichbarer Ausbildung, desselben Lebensalters und daher mit einer gewissen Gleichstimmung. Sie entwickeln miteinander eine natürliche Spontaneität und eine Annäherung der Auffassungen und Verhaltensweisen, die vergleichsweise leicht auf harmonische Verhältnisse in der Gruppe abzustimmen sind. Solche familienähnlichen Beziehungen werden durch kontinuierliche Kommunikation vertieft; in japanischen Betrieben wird ständig telefoniert, wobei sowohl ein sozialer Austausch als auch ein solcher von betrieblichen Informationen gleich wichtig sind. Das fördert die Entwicklung einer – zumindest in Nuancen – spezifischen Gruppen-Moral.

Diese erlaubt es, nach außen aggressiv und ohne persönliche Hemmungen aufzutreten. Die Mitglieder scheuen sich deshalb, diese – etwa für einen längeren Auslandsaufenthalt – zu verlassen, da sie bereits nach wenigen Monaten von den sublimen Änderungen der Gruppen-Moral entfremdet werden. Dies erklärt auch, warum in zusammengewürfelten Kolonnen von Gelegenheitsarbeitern oder ausländischen Firmen, die nach ganz anderen Prinzipien arbeiten, Arbeits-Moral und Effizienz gerade in Japan sehr zu wünschen übrig lassen. Die bekannte hohe Arbeitsintensität japanischer Mitarbeiter muß ständig gepflegt werden und ist keineswegs a priori vorhanden.

Die Mitglieder der japanischen Arbeitsgruppen gewinnen ihr Selbstverständnis kaum aus individuellen Leistungen oder speziellem Wissen, sondern aus der Identifikation mit den Wert- und Zielvorstellungen ihrer Gruppe. Dabei wird nicht selten eine eigene Sprache im Betrieb oder sogar seinen Untergruppen entwickelt.

In Japan, Deutschland oder den USA bildet die Selbstverwirklichung im Leben eine hohe Motivation für die Menschen. Diese Selbstverwirklichung wird auch in westlichen Ländern — wenn auch keineswegs ausschließlich — am Arbeitsplatz gefunden. Ein Unterschied liegt aber in dem, was unter Selbstverwirklichung zu verstehen ist: In Deutschland oder den USA ist es in der Regel das eigene individuelle Erfolgserlebnis, während es in Japan tendenziell das Ergebnis oder den Sieg der eigenen Gruppe bedeutet. Die enge Identifikation mit der Gruppe ermöglicht Stolz auf das gemeinsam Erreichte. Gemeinschaftlich erlebte Freude zählt doppelt — ebenso wie sich erfahrenes Leid gemeinschaftlich besser ertragen läßt.

Während im chinesischen Kulturkreis die hohe Leistungsbereitschaft aus dem Schoße der Familie kommt, gilt dies in Japan für unser Unternehmen (Uchi no Kaisha). Die Gruppe bildet den Gradmesser des Verhaltens. Eine Nichterfüllung der Gruppen-Erwartungen erfüllt jedes Mitglied mit Schamgefühl.

In Japan beginnt die Kinder-Erziehung mit der vorwurfsvollen Frage bei einem abweichenden Verhalten, das nicht den Gruppen-Erwartungen entspricht: hazukashiku nai desuka? (schämst Du Dich nicht?); und sie begleitet den gesamten Lebensweg, solange man Mitglied einer Gesellschaft bleibt, die unvermeidlich aus Kleingruppen komponiert ist. Die Verhältnisse sind dabei auch reziprok; die Gruppe empfindet Scham für das abweichende Verhalten eines ihrer Mitglieder. Die alte Rechtsprechung bestrafte deshalb auch die Gruppen-Gemeinschaft in cumulo und ihr Führer besaß deshalb ein Recht darauf, auf die Anpassung aller Mitglieder hinzuwirken.

Die Gruppe tritt in Japan praktisch an die Stelle eines fordernden individuellen Gottes. Für den Einzelnen gelten nicht die abstrakten Kategorien des „Gut und Böse". Was gut für die Gruppe ist, wird generell als gut betrachtet. Konfuzius forderte, um des Familienoberhauptes willen notfalls auch objektiv böse Taten zu begehen. Abweichungen von solchen normativen Forderungen hatte die Gruppe mit der gefürchteten Isolation eines Individuums zu sanktionieren. Dieses kann dabei sein Schamgefühl durch dynamische Taten zum Nutzen der Gruppe nach außen abbauen. Spannungen innerhalb der Gruppe können nach außen auf errichtete Feindbilder kanalisiert werden. Hofstätter formuliert dies so: „Wir notieren daher als eine bessere Möglichkeit der Gruppe die Verwandlung interner Rivalität in außengerichtete Aggressivität" (11).

Die scheinbare Ruhe und Gelassenheit, ja Passivität, bilden nur eine Komponente japanischen Verhaltens. Auf der anderen Seite steht, wie der Vulkanismus unter der Oberfläche, eine beträchtliche Dynamik. Wenn bei lokalen Tempelfesten Schreine von der Bevölkerung in drachenhaften Verwindungen unter lautem rhythmischem Geschrei herumgewirbelt werden, dann ahnt man etwas von diesen dynamischen Kräften. Ein japanischer Manager wies den Verfasser bei einem Besuch des Vergnügungsviertels von Shinjuku, einem Stadtteil Tokyos, auf den dynamischen Aspekt des Treibens dort hin.

Zehntausende von Menschen, die nach einem langen Arbeitstag und einem gemeinsamen Abendessen in einer Kneipe nun aufgeräumt die Straßen durchfluten, von einer kleinen Bar zur andern, von einem Spielsalon zur Sauna mit Massage. Dies alles unter einem hohen Geräuschpegel und mit unverkennbarer Vitalität. Er erläuterte dies als einen Beweis für die unheimliche Dynamik, zu der japanische Werktätige fähig seien; keine Klage über vergeudete Ausgaben oder fehlende physische Erholung für den nächsten Arbeitstag.

So gehen fünf junge Mitarbeiterinnen aus der Buchhaltungsabteilung auf eine einwöchige Reise nach Übersee. In dieser Zeit sehen sie Rom und London mit ihren Kunstdenkmälern, kaufen Berge von Modeartikeln für sich selbst und Geschenke für alle Nahestehenden in Mailand und Paris ein, besuchen die Oper in Wien und nehmen an einer Party in der Nähe Frankfurts teil, die bis in den Morgen währt. Die letzte Nacht vor der Abfahrt dient keineswegs der Erholung, sondern wird im Spielkasino von Bad Homburg verbracht. Sie alle stehen für die unbändige Dynamik einer Nation.

Streben nach Harmonie

Menschen vulkanischen Temperaments benötigen besonders ausgearbeitete Mechanismen, Organisationsformen und Rituale, um ein Equilibrium der Kräfte und damit den Betriebsfrieden allzeit zu sichern.

Die einzelne Unternehmung wird als ein eigenständiges organisches Organisationsgebilde in (labilem) Gleichgewicht angesehen. Die Firmeneigner und ihre Manager haben das Stigma der Unersättlichkeit ihres Profithungers mit sich zu tragen. Es darf aber auch mit gleichem Realismus angenommen werden, daß die Bedürfnisse der einzelnen Mitarbeiter im Grunde unermeßlich sind. Zwischen allen den beteiligten „hungrigen Wölfen" gilt es zu vermitteln und Verständnis herbeizuführen. Die

Weisheit gebietet es für alle, das relativ kurze Leben in Frieden und Harmonie zu verbringen. Weisheit und Gerechtigkeit erfordern es deshalb gleichermaßen, möglichst viel von den erwirtschafteten Gewinnen an die Stamm-Belegschaft – und nicht primär an die Aktionäre – weiterzugeben.

Obgleich die oberen Führungskräfte schöne eigene Büros besitzen, verbringen sie doch 90% ihrer Zeit im Großraumbüro an einem Schreibtisch zwischen ihren Mitarbeitern. Der japanische Fabrikleiter trägt die gleiche Uniform wie seine Werkleute und nimmt sein Mittagessen mit ihnen in der gleichen Kantine ein. (Auch im letzten Krieg trugen japanische Offiziere keine Rangabzeichen, die sie von den gewöhnlichen Soldaten unterschieden hätten).

Das heutige Unternehmens-Management müht sich, nach den frugalen Vorbildern der Samurai zu leben und zu wirken. Vieles konnte die Bevölkerung den Samurai vorwerfen, in keinem Fall jedoch persönliche Habsucht oder ein Leben im Luxus. So leben auch einflußreiche Vorstände großer japanischer Unternehmen in relativ bescheidenen Häusern mit einem zurückhaltenden Lebensstil. Ein erheblicher Teil der Einkommen muß für Prestige-Konsum (aufwendige Einladungen und Geschenke), soziale Verpflichtungen (Beiträge zum Studium des Neffen, Spenden bei Unglücksfällen von Mitarbeitern) und Abzahlungen von moralischen Schuldverpflichtungen (an den früheren Professor oder hilfreichen Politiker in einer bestimmten Situation) aufgewendet werden.

Dies alles führt dazu, daß bei Befragungen 90% aller Japaner antworten, sie fühlten sich als zur Mittelklasse gehörig, obgleich dies nach den Vermögens- und Einkommensverhältnissen eine glatte Fiktion darstellt; diese trägt allerdings zur Befriedigung der Volksgemeinschaft Nippon bei.

Ein eigentliches Harmonie-Konzept läßt sich in Japan nicht erkennen. Die japanische Gesellschaft im Alltag lebt auch nicht in permanenter Harmonie. Dennoch besteht ein allgemeiner Konsens darüber, daß Harmonie eine Essenz des Zusammenlebens der japanischen Menschen sein sollte. Die Silbe wa steht für Harmonie und „japanisch": wa ga kuni = unser Land, washoku = japanisches Essen, washitsu = japanisches Zimmer, wagaku = japanische Musik, wakon = alter japanischer Geist und viele andere mehr. Diese Worte berühren das Gefühl der Verbundenheit der Einzelnen und der Gruppen mit der gesamten Volksgemeinschaft, in der alle miteinander respektvoll umgehen, ohne gleichgeschaltet zu sein.

Der japanische Harmonie-Begriff kommt ohne Symmetrie aus. Gerade ihre asymmetrische Anlage bewirkt in den Gärten von Kyoto Ruhe und Ausgeglichenheit. Die Natur kennt ja praktisch kaum rechte Winkel und parallele Linien. Die moderne Naturwissenschaft sieht denn auch in den Vierecken und Ellipsen der klassischen Geometrie nur Sonderfälle, während bei Wolkenformationen, Laubwerk von Bäumen, der menschlichen Lunge oder auch organisatorischen Gebilden wie einer Unternehmung, komplexe Fraktale vorliegen, die sich mit der herkömmlichen Mathematik nicht beschreiben lassen.

Harmonie ist ebenfalls kein statischer Zustand. Statt eines starren, zu Ende geformten Zustandes erweist es sich, daß sie stetigem Wandel unterworfen ist. Dies entspricht dem Wechsel der Jahreszeiten und dem steten Werden und Vergehen in der Natur. Nach altem Familien-Konzept ist auch das Unternehmen hierarchisch nach Seniorität geordnet. Im Strome der Zeit kommen dabei auch die Unteren später zu ihrem Recht, wenn sie der immerwährende Wandel langsam nach oben trägt, während die Senioren ruhig aus den aktiven Positionen ausscheiden.

Als lebender Organismus gilt auch für das Unternehmen der Primat der Erhaltung und nicht die vorrangige egoistische Verfolgung von gegenwärtigen Interessen Einzelner.

Entsprechend konfuzianischer Auffassung lebt der einzelne Mensch nicht isoliert, sondern ist horizontal mit den Lebenden und vertikal mit denen vor und nach ihm untrennbar verbunden. „Alles individuelle Streben gilt (deshalb) nur so weit, als es in Harmonie mit der sozialen Ordnung steht (12).

Wie bei der Tee-Zeremonie, wo niemand durch Titel oder Kleidung aus der teilnehmenden Gruppe herausragt, fügen sich auch die Vorgesetzten in die allgemeine Harmonie ein. Für Japan ist Organisation niemals etwas Schematisches, sondern sie leitet sich von „organisch" her und deshalb gleicht jede Gruppe einem lebenden Organismus. In ihm sind alle Teile praktisch notwendig und in diesem Sinne auch gleichberechtigt. Das bedeutet keine Gleichmacherei, denn zum Beispiel besitzt im menschlichen Körper jedes Organ seine wichtige Funktion und zwar an seinem ihm bestimmten Platz, so daß keine Verworrenheit etwa zwischen dem sensorisch steuernden Gehirn und dem geräuschempfindlichen Ohr auftritt. Je loyaler der Einzelne an seinem Platz steht, desto reibungsloser funktioniert seine Gruppe.

Japaner können und wollen – wie alle Menschen – nicht mehr als ein bestimmtes Maß an Regelung und Autorität ertragen und deshalb mögen sie es, wenn gerade herausragende Personen sich als Individuen bescheiden, unauffällig und tolerant verhalten. Während ihnen technische Spezifikationen oder logistische Abläufe kaum exakt genug beschrieben werden können, bevorzugen sie es bei den zwischenmenschlichen Spielregeln – wie Verordnungen, Stellenbeschreibungen und Büroordnung – wenn breite Ermessensspielräume ermöglicht werden.

Vielfalt im Detail läßt bei rechter Beobachtung des Harmonie-Prinzips dennoch keine Willkür oder Anarchie zu.

Der Harmoniebegriff in einer japanischen Unternehmung orientiert sich an den Regeln der Natur, die trotz mancher Eruptionen ständig um Herstellung und Erhaltung von Gleichgewicht bemüht ist.

Als Teil der Natur sollen auch alle Menschen mit ihr und untereinander in einem Einklang leben. Das bedeutet naturgemäß eine weise Akzeptanz von Ungleichheiten und den Verzicht auf Versuche, eine künstliche Symmetrie zu erzeugen. Nicht nur die bewunderten Gärten von Kyoto, sondern auch Organigramme japanischer Konzerne kommen deshalb ohne sichtbare klassische Geometrie aus. Die Kunst der Harmonie für die Führungskräfte liegt daher nicht in dem Bemühen, Gegensätze zu beseitigen, sondern sie in polaren Paaren zu formieren, die einander im Rhythmus anregen.

Simple Logik und eine Unversöhnlichkeit von Gegensätzen sind der japanischen Lebensphilosophie unsympathisch und wesensfremd. Wie bei seinem Schriftsystem denkt der Japaner auch bei unternehmerischen Organisationsformen in der Ganzheitsmethode. Abgegrenzte Funktionsbereiche bilden dabei höchstens Momentaufnahmen, die von den Erfordernissen der unmittelbaren Zukunft wieder obsolet gemacht werden können. Dann gilt es vielmehr unbekümmert um Kompetenzabgrenzungen helfend beizuspringen. In diesem Verständnis symbolisiert Harmonie im Unternehmen die Schönheit menschlichen Zusammenlebens. Deshalb muß es eines der vornehmsten Anliegen von Führungskräften im Unternehmen sein, Harmonie anzuregen, zu schaffen und zu erhalten.

Für die metaphysisch eher schwachen Japaner bildet die Gruppenharmonie geradezu einen Religionsersatz. Zeremonien im Unternehmen, mit quasi-liturgischem Charakter und Gemeinschaftserlebenisse mit formalisiertem Gepränge, treten an die Stelle von Prunkgottesdiensten. Die vielen Beratungen bis zum allgemeinen Konsensus erinnern an die rituellen Palaver auf den Inseln des Südpazifiks, die ja ebenfalls wie ein befreiendes soziales Bad empfunden werden können.

Eine harmonische Atmosphäre in der Arbeitsumgebung gilt als ideale Arbeitsbedingung und rangiert vor dem materiellen Einkommen weit oben in der Bewertungsskala von Unternehmen.

Entsprechend zielt die Unternehmensleitung in Japan mehr auf Integration, Identifikation, Motivation und Loyalität der Mitarbeiter hin, als vordergründig auf hohe, kurzfristige Bilanzgewinne. Zwischenmenschlicher Respekt, aufrichtiges Aufeinanderzugehen und eine warme Arbeitsatmosphäre bilden deshalb kein weltfremdes Ideal, sondern sie vermögen die zwischenmenschlichen Verhältnisse konkret und damit auch die Unternehmens-Resultate langfristig zu verbessern (13).

Auffällig sind – bei objektiv geringem materiellen Wohlstand – eine Fröhlichkeit und Glücklichkeit im Unternehmensalltag in Japan, die sich in Deutschland so nicht immer beobachten läßt.

Sozialpolitische Rollen der Unternehmen

Ziele und Aufgaben der japanischen Unternehmung werden bis heute teilweise anders als in den Industriestaaten nordatlantischer Prägung verstanden. Unternehmensführung und betriebliche Sozialpolitik sind in Japan schwer unterscheidbare Begriffe. Das Resultat – wenn nicht gar das Ziel – unternehmerischen Handelns in Westeuropa / Nordamerika ist die Akkumulation produzierter Ware (für den Markt), die Akkumulation des Anlagevermögens (als Zeichen des Wertzuwachses des Unternehmens) und die Akkumulation von Finanzmitteln (letztlich Gewinne der Kapitaleigner und Ausweis der Tüchtigkeit des Managements).

Diese sehr materiell bestimmte Veranstaltung geschieht in einem abstrakten rechtlichen Rahmen; davon leitet sich auch die juristische Bezeichnung Firma ab. Konsequenterweise hat die deutsche Betriebswirtschaftslehre bis in die jüngste Zeit hinein die Unternehmung als organisatorisches Modell mit Hilfe abstrakter juristischer, finanzieller, technischer und mathematischer Modelle erklärt. In ihnen kommt der Mensch überwiegend als Produktions-, Kosten- und Marktfaktor vor, obgleich anerkannterweise alles Wirtschaften ihm selber gilt und dient.

In gleicher Weise wird die Beziehung zwischen dem Lohnempfänger, dem Unternehmen und den staatlichen Organen in ökonomischen und juristischen Kategorien gesehen. Der Staat hat im Prinzip eine rechtliche Fürsorgepflicht gegenüber den arbeitenden Menschen zu erfüllen. Sowohl ein Japaner, der lange in Deutschland gearbeitet hat als auch ein Deutscher, der lange in Japan gearbeitet hat, werden später in der Bundesrepublik die staatliche Rente erhalten.

Das ist in Japan noch immer anders. Der Staat stellt kalt und selbstbewußt eine Reihe von Ansprüchen an seine Bürger; die Bürger haben jedoch nicht viele Ansprüche an den Staat zu stellen, der z. B. bis heute nur sehr geringe Renten überweist.

Anstelle des Staates übernehmen die Unternehmen soziale, versorgungstechnische und kulturelle Aufgaben in Nihon. Mit einigem Aufwand an Selbstmitleid empfindet sich die japanische Nation als besonders schwer geprüfte Schicksalsgemeinschaft, die gegenüber allen Widrigkeiten nach außen fest zusammenhalten muß. Außer in Zeiten nationaler Anstrengungen bleibt dies jedoch eine abstrakte Angelegenheit; die eigentlichen Schicksalsgemeinschaften bilden die Familie (ie) und Kaisha (die Unternehmung).

Japaner sind immer eher Mitglieder einer Gruppe als Individuen. Bekanntlich unterscheidet die japanische Sprache nicht zwischen Singular und Plural! Die schlimmste Strafandrohung für ein japanisches Kind sind nicht Schläge oder die spätere Hölle, sondern der Ausschluß aus „Deiner Gruppe".

Das japanische Kind spielt meistens mit der Mutter, oft mit weiblichen Verwandten und relativ selten mit gleichaltrigen Freunden. Es wird weitgehend zur Unselbständigkeit erzogen – sehr im Gegensatz zur individuell betonten westlichen Erziehungsweise. Den großen Bezugspunkt des japanischen Knaben bildet die Mutter und mit deren Milch saugt er das lebenslange Gefühl der Abhängigkeit ein. Im späteren Leben benötigt er dann laufend das Gefühl, daß sich jemand um ihn sorgt und kümmert, daß jemand ihn beschützt und seine Fehlhandlungen entschuldigt und kompensiert.

Während in christlichen Ländern das Individuum in der Zwiesprache des Gebetes Trost und Hilfe bei Jesus oder der Mutter Maria suchen kann, richtet sich das Anhänglichkeitsgefühl des Japaners auf seinen Vorgesetzten, der somit auch eine Mutterrolle zu spielen hat. Mit allen intimen Problemen innerhalb und außerhalb der Kaisha wird er auf diesen zugehen. Die überwiegende Zahl seiner menschlichen Beziehungen bleibt vertikal ausgerichtet, was die Ausbildung hierarchischer Strukturen erleichtert. Der Chef hilft durchaus bei Eheproblemen; er nimmt an Trauerfeierlichkeiten, Ehrungen und Hochzeiten teil. In neun Jahren als Firmenchef (shacho) darf man durchaus mit 90 Hochzeitseinladungen – zumeist als Ehrengast und mit der Hauptrede des Tages – rechnen. Das bedeutet rund 500 Stunden Aufwand und 90 erhebliche Geldspenden zur Ausrichtung der Feier, denen 90 empfangene, meist unpraktische Geschenke gegenüberstehen.

„Der sehnlichste Wunsch des japanischen Arbeiters war seit jeher jener nach Geborgenheit" (14).

Die Kaisha, wörtlich übersetzt „soziales Beisammensein", bietet diese Nestwärme. So wie auch bei Fehlverhalten und Streit Familienbande nicht schnell in Frage gestellt werden, hält das Unternehmen (Kaisha) und die Mitarbeiter ein enges Band gegenseitiger Loyalität, ja Zuneigung zusammen. Fehler bei der Arbeit oder auch mangelnde Geschicklichkeit und Begabung bilden keinen Grund zur Ausgrenzung oder gar Entlassung. In der Familie kümmert sich die Mutter doch gerade um ihre schwächsten Kinder am meisten! Bei völliger Hingabe können diese Mitarbeiter (im Japanischen das aus dem Englischen abgeleitete Wort memba) in der Gruppe dennoch zu einer guten Gesamtleistung beitragen.

Hier ist zu erkennen, daß betriebliche Sozialpolitik eine andere Qualität als die in einem Unternehmen nordatlantischer Prägung gewinnt.

Die Mitglieder der Stamm-Belegschaft stellen ihre gesamte Zeit, Bildung und Anstrengung in den Dienst der Kaisha. Diese hinwiederum zeigt Loyalität und teilt praktisch alle Möglichkeiten und den größten Teil der Einkünfte mit ihnen. Neben der Abdeckung der grundsätzlichen materiellen Lebensbedürfnisse bietet die japanische Unternehmung also auch die Befriedigung mentaler und emotionaler Bedürfnisse, vor allem denen nach Fürsorge und Geborgenheit. Wie in der Familie abends bei Tisch die Tagesereignisse besprochen und die kommenden Aktivitäten gemeinsam erläutert werden, so sammelt die japanische Führungskraft ihre Mitarbeiter, so oft und so lange wie möglich um sich, insbesondere außerhalb der offiziellen Arbeitszeit. Eßgelage, Trinkszenen und Spielereien gehören dabei zum regelmäßigen, der Besuch von Bars, Kabaretts und Erosstätten zum gelegentlichen Repertoire.

Ebenso wie in der Familie niemand den Eltern Egoismus unterstellt, wenn sie für eine Sache der Gemeinschaft eisern sparen, so akzeptieren japanische Mitarbeiter willig Härten, die ihnen die Chefs auferlegen. Sie müssen allerdings gelegentlich beweisen, daß sie besondere Einkünfte des Unternehmens den Mitarbeitern zugute kommen lassen. Dabei handelt es sich nicht um gewährte Gaben, sondern die berechtigte Zuteilung von gemeinsam erarbeiteten Ergebnissen. Japanische Führungskräfte – zumindest bis unterhalb der Vorstandsebenen – kümmern sich wenig um den Ausweis eines geringen Ertrags in der Gewinn- und Verlustrechnung, sondern möchten stattdessen vor der Jahreswende ihren Mitarbeitern möglichst viele Vergünstigungen zuschanzen. Konfuzius sagte im übrigen: Unrecht, das der Vater um der Familie willen und die Familie um des Vaters willen begeht, ist wohlgetan.

Gewinne gehören in die Zukunftssicherung des Unternehmens und die materielle Sicherung der Mitarbeiter; Herausgabe an Steuerbehörden oder Aktionäre gilt es daher möglichst zu beschränken.

Deshalb fühlt sich der japanische Stamm-Mitarbeiter auch durch härteste Belastung bei temporär geringer Vergütung ebensowenig ausgebeutet wie ein Sport-Team, das ohne materielle Zuwendung hart und spartanisch für die nächste Meisterschaft trainiert. Es kommt wesentlich für die Führungskräfte darauf an, für Motivation zu sorgen und Befriedigung glaubwürdig in Aussicht zu stellen.

Die meisten Menschen sind im Grunde leistungswillig und Wettbewerbsstreben ist eine der natürlichsten menschlichen Verhaltensformen, gleich ob im physischen, modischen oder geistigen Bereich. Der japanische Chef erweckt deshalb eine frische und aggressive Leistungsbereitschaft in seiner Mannschaft, die er im Vergleich zu Nachbarabteilungen oder idealerweise Rivalität zu Wettbewerbsunternehmen setzt. Je höher er dabei die Ziele ansetzt, umso mehr schmeichelt er der Selbstachtung der Mitarbeiter.

Das schlägt sich bei Planzielen nieder. Wenn in Deutschland Akkordsätze mit 100% angesetzt werden, so lassen sich doch bei besonderer Anstrengung auch 120% erreichen. In Japan bilden 100% jedoch zumeist eine Größe, die selbst bei größter Anstrengung kaum erreicht werden kann. Wenn die Anstrengungen jedoch groß genug waren, ist die Unternehmensleitung dann permissiv und nimmt keine kleinlichen Abzüge vor. Der Mitarbeiter erfährt so Verständnis und Solidarität. Seine Kaisha bleibt der wichtigste soziale Bezugspol für ihn. Religionen (Buddhismus), Ersatzreligionen (Marxismus), Gewerkschaften (nur für ihre direkten Eliten wirksam) und der Staat (unnahbar, kühl, stolz) identifizieren sich nicht mit ihm, wie das seine Chefs tun. Im eigenen Unternehmen erfährt er Wärme und Geborgenheit, hier findet er ein Stück Heimat. Entsprechend sind auch die Zuwendungen des Unternehmens an die Mitarbeiter nach den Bedürfnissen gestaffelt:

Grundgehalt (nach Alter und Ausbildung)	deckt notwendigen Konsumaufwand – kazokusei seizonkyu –
Boni (nach Unternehmenslage und -gewinn)	decken Anschaffungen – shoyo seido –
Neben-Vergünstigungen (steuerunschädlich)	decken individuelle Prestigebedürfnisse und „kleine Gelüste" – kosaihi –
Kindstaufen, Hochzeits- und Sterbehilfen (bis zum Grabstein)	decken allgemeine soziale Bedürfnisse – fukuri kosei seido –
Gemeinsame Partys	decken Gemeinschaftsbedürfnisse, bauen Spannungen ab
Sportliche Veranstaltungen, berufliche Gruppenwettbewerbe	fördern Identifikation mit Unternehmung und Corps d'Esprit
Aufwendige Selbstdarstellungen des Unternehmens (teure Firmenuniform, Fernseh-Sponsortätigkeit, aufwendiges Verwaltungsgebäude, karitative Spenden etc.)	decken das Corporate Image und wecken Stolz und Identifikation mit dem Unternehmen

Demgegenüber liegen die staatlichen Sozialleistungen – mit Ausnahme der Gesundheitsfürsorge – weit hinter denen etwa der Bundesrepublik

Deutschland zurück. Die Renten sind kümmerlich. Die 65 Jahre alte Witwe eines Dipl.-Ing., stellvertretender Abteilungsleiter der weltgrößten Schiffsbauwerft Ishikawajima-Harima, gestorben im Alter von 56 Jahren, erhält derzeit rund DM 450,– pro Monat in Tokyo.

Eine staatliche Unfallversicherung gibt es nicht. Kuren oder ein Müttergenesungswerk sind unbekannt. Abschreibungen oder sonstige Förderungen für den privaten Wohnungsbau existieren nicht. Auch die steuerliche Absetzbarkeit von Fahrten zur Arbeitsstelle oder für eigene Fortbildung sind kaum vorgesehen. Die Altersabfindung der Firmen ist mit 35% zu versteuern.

Von rund 900 Hochschulen sind kaum ein Dutzend staatlich. Alle anderen verlangen zwischen DM 15 000,– und 200 000,– Aufnahmebeiträge neben den regelmäßigen Gebühren. Kein Gedanke an Bafög oder Schülergehalt für Bedürftige; keine Steuererleichterungen für die Väter der in der Ausbildung Befindlichen.

Die Krankenversicherung in Massenspitälern ist frei (3,5% der Lohnsumme werden dafür einbehalten). Die Zustände dort sind für Westeuropäer kaum erträglich. Alle Zusatzleistungen sind horrend teuer.

Der Staat hält es mit der Logik, daß nur Kuchen verteilt werden kann, der zuvor gebacken wurde. Die Bäckereien sind jedoch nun einmal die wirtschaftlichen Unternehmungen, sie erstellen die Leistungen. Ergo können und sollen sie dort – je nach Leistungsfähigkeit – vergeben werden.

Mit gleicher Logik gelten Aufmerksamkeit und Förderung des Staates vorzüglich dem generellen Funktionieren der Wirtschaft, die sich aus den privaten Unternehmen zusammensetzt. Dies gilt als die nachhaltig sicherste Form sozialer Absicherung.

So gehen die Angehörigen in das Firmenschwimmbad und verbringen Urlaub in Firmenheimen. Firmendarlehen ermöglichen den Erwerb von Appartments, soweit man nicht ohnehin in Firmenwohnungen lebt.

Das heißt, man kann in des Wortes doppelter Bedeutung von der Firmen-Familie sprechen.

Wer bewilligt die Mittel für diesen sozialen Aufwand? Antwort: Der Vorstand des Unternehmens. Gemäß dem Willen des Gesetzgebers ist er ungemein stark. Es gibt über ihm keinen Aufsichtsrat. Der Vorstand beruft die Jahreshauptversammlung der Aktionäre ein, leitet und manipuliert sie. Sie selbst beruft nur die Mitglieder des Vorstandes – von diesem selber vorgeschlagen – und setzt dessen Gesamtvergütungsrahmen fest. Titel, Aufgabenbereiche und Vergütungen im einzelnen regeln die Vorstände selbst, die auch aus ihrer Mitte den Vorsitzenden (shacho) wählen. Da sie auch über die Ausgabe neuer Aktien – im genehmigten Rahmen des vierfachen Aktienkapitals – befinden, bedienen sie sich selbst zu Vorzugskursen und lassen davon auch allen mittleren Führungskräften zukommen, was die allgemeine Identifikation mit dem eigenen Unternehmen weiter festigt. Im Grundsatz hält man das Aktienkapital jedoch gering, da Dividenden teurer als Zinsen sind und sich die Kreditinstitute weit weniger als Großaktionäre in die Unternehmensführung einmischen können.

In Kenntnis dieser Strukturen wird dann klar, warum bei gutem Geschäftsgang so viele Mitarbeiter privat telefonieren, geschäftlich essen und um die Welt reisen können, auch wenn dies seit einigen Jahren kaum noch steuerlich abzugsfähig ist.

Die betrieblichen Möglichkeiten ersetzen deshalb in Japan weitgehend staatliche Sozialpolitik und gewerkschaftlichen Druck.

Rückkoppelungsprozesse

Solange man traditionelle Maßstäbe an gefordertes Verhalten anlegt, genügen Prozesse der Anpassung. Sind diese Maßstäbe nicht ohne weiteres anwendbar, dann sind Entscheidungen erforderlich.

Drucker postuliert, der beste Weg zu einem geeigneten Maßstab zu kommen, sei das Umschauhalten nach etwas Ähnlichem, wobei die Rückkoppelung vor der Entscheidung liege (15).

Andererseits werden die Gültigkeit und die Wirksamkeit einer Entscheidung durch Rückkoppelung, angesichts des tatsächlichen Verlaufs der Ereignisse danach, überprüft. Dabei haben wir es sowohl in den Naturwissenschaften als auch bei der Erläuterung wirtschaftlicher Prozesse nicht mit einfachen linearen Rückkoppelungen, sondern viel häufiger mit nichtlinaren Rückkoppelungen zu tun (16).

In der Geschichte der klassischen Naturwissenschaften wurden lange Zeit einzelne Phänomene herausgegriffen und klar analysiert. Dabei geriet die Erkenntnis in den Hintergrund, daß alle Dinge in dieser Welt miteinander vernetzt sind.

Solange Prozesse nicht durch Rückkoppelung und Anpassung gesteuert sind, führen sie zum Chaos hin. Das sogenannte Murphy-Prinzip geht davon aus, daß zum Beispiel in einem Unternehmen grundsätzlich alle Dinge, die schiefgehen können, tatsächlich auch schiefgehen, wenn man sie einfach laufen läßt.

Die Aufnahme gegen unendlich tendierender Informationen wurde erst durch die modernen informationsverarbeitenden Maschinen möglich. Darüber hinaus zeigten die modernen Naturwissenschaften, daß den verschiedensten Wirklichkeitsbereichen wie Physik, Chemie, Technik, Biologie sowie Wirtschaft und Gesellschaft gemeinsame Strukturen und Prozesse zu eigen sind. Nur ihre sinnvolle Regelung verhindert das Abgleiten in chaotische Zustände. Das Ineinandergreifen von Information und Regelung nennt man bekanntlich Kybernetik.

Die buddhistische Lehre fußt auf den beiden Kernsätzen, daß alles mit allem in Wechselbeziehung steht und daß alles sich in ständigem Wandel befindet.

Daraus resultiert das Konzept des Kreislaufs, der ebenfalls ein zentrales Thema der Kybernetik bildet. Ziel der Kybernetik bildet es, Steuerungs- und Kontrollmechanismen zu entwickeln und einzubauen, um Abläufe in die gewünschte Richtung zu lenken.

Am Anfang aller Kontrollen stehen die Informationsflüsse. Diese können sowohl vorwärts „feedforward" als auch rückwärts „feedback" gerichtet sein. Bei der „Vorkoppelung" trifft eine Ursache auf eine bestimmte Bedingung, woraus eine Wirkung resultiert, die ihrerseits wieder zu einer neuen Wirkung führt und so fort.

Bei der „Rückkoppelung" verbinden sich ebenfalls Ursache und Bedingung, um in einer Wirkung zu resultieren. Doch statt daß diese Ursache weitere Ursachen produziert, wirkt der neue Effekt auf die alte Ursache zurück, die ihrerseits wieder eine neue Wirkung produziert, die wiederum auf die alte Ursache wirkt und so fort.

Es handelt sich um vorwärts und rückwärts gerichtete Kreisläufe.

Wenn wir einem telefonierenden Japaner zuhören, dann hören wir regelmäßige Rückkoppelungssignale wie „aha", „ho", „naruhodo", die dem Sprechenden auf der anderen Seite klarmachen, daß man ihn hört und zu verstehen versucht.

Europäische Verhandlungskommissionen erläutern japanischen Experten exakt ihr Projekt. Sie sind wenig erbaut, wenn sie alles am nächsten Tag wieder anderen Experten mit leicht veränderter Fragestellung noch einmal vortragen müssen und dieses Procedere sich dann noch mehrfach wiederholt. Der Verdacht, daß es sich hier um eine schikanöse Maßnahme handele, ist gegenstandslos; die japanische Seite will ein Maximum an Informationen erzielen, die dem geplanten Projekt in vielen Richtungen gerecht werden und die Auswirkungen einer neuen Unternehmung auf die verschiedensten Bereiche untersuchen.

Da das Unternehmen als ein kybernetischer Prozeß innerhalb der umfassenden kybernetischen Veranstaltung der gesamten Volkswirtschaft angesehen wird, gilt es nach außen und innen intensiv zu kommunizieren, damit alle relevanten Fakten bekannt werden und das neue Projekt mit möglichst vielen Stellen, so auch den Regierungsstellen, abgestimmt wird.

Ein ausländischer Manager in Japan, der pünktlich um 17.30 h Feierabend macht und nicht an den abendlichen informellen Begegnungen, den samstäglichen Hochzeitsveranstaltungen und den sonntäglichen Golf-Zusammenkünften teilnimmt, bleibt außerhalb dieses Zirkulationsprozesses und die entsprechenden Entscheidungen laufen dann an ihm vorbei. Dies erklärt auch, warum eine Führungskraft in Nihon ungern länger als vier bis fünf Tage Urlaub an einem Stück nimmt.

Vor allem aber rührt hieraus die Begeisterung, mit der EDV-Anlagen in Japan installiert und moderne Bürokommunikationssysteme eingeführt werden. Für die Programmierung mit ihren Entscheidungsbäumchen, die an jeder Gabelung ein Ja oder Nein abfordern und dann die „Neins" in die Rückkopplung verweisen, scheinen japanische Mitarbeiter geradezu prädestiniert zu sein.

Noch mehr entspricht die Technik der „Fuzzy-Logic" der japanischen Mentalität. Sie erobert zur Zeit Wissenschaft und Praxis der Steuerungs- und Kommunikations-Techniken in Japan; wiederum wird eine Technik aus den Vereinigten Staaten von Amerika in Japan breiträumig erfaßt und weiterentwickelt. Zwischen den „Jas" und „Neins" der Entscheidungsbäumchen stehen dabei eine Reihe von Zwischenstufen wie: fast, beinahe, ziemlich nahe, recht weit, etwas entfernter, weit weg etc. Das entspricht den Bedingungen der Natur in der Wirklichkeit, in der immer die Zwischentöne mit ihren abgestuften Nuancierungen vorherrschen. Computer-Programme nach der Fuzzy-Logic vermögen damit künftig eine Vielzahl von ungenauen Informationen zu verarbeiten, was mehr als die extremen Standpunkte des „Ja" oder „Nein" den Empfindungen und Äußerungen der Menschen entspricht. In Programmen für Börsenabläufe, Waschmaschinen oder Videokameras wird die neue Technik bereits eingesetzt. Fuzzy-Logic wird in Informations- und Ingenieurwissenschaft sicher bald zu einer neuen japanischen Domäne ausgebaut werden.

Hier liegt wohl auch der Schlüssel zum Verständnis dafür, das grundlegende wissenschaftliche Erkenntnisse des Westens unbefangen und behende auf vielen unerwarteten Gebieten dann praktisch in Japan umgesetzt werden. Ein einmal erkanntes Prinzip läßt sich auf vielen Gebieten anwenden. In kaum einem anderen Land wird so viel Kinderspielzeug angeboten und benutzt, das auf Computer-Anwendung beruht oder mit den Kontroll- und Steuermechanismen von Robotern arbeitet.

Hierzu sagt Mori (17): „Kybernetik und Robotertechnik befassen sich mit dem Problem, Maschinen und Prozesse so zu steuern, daß sie in der gewünschten Weise funktionieren. Der Buddhismus, wie er von Shakyamuni* gelehrt wird, befaßt sich mit dem Problem, dem Einzel-

---

*Einer der vielen Namen Buddhas.

nen und der Gesellschaft als Ganzes zu ermöglichen, sich in der gewünschten Weise zu entwickeln."

In der japanischen Gesellschaft wie in der japanischen Unternehmung finden wir infolgedessen sowohl reichhaltige Datenbanken mit Informationen als auch überall eingebaute Kontrollen, sogenannte CheckPoints. Von hier aus ist es nur noch ein weiterer Schritt bis zur Errichtung vollautomatischer Fertigungsstraßen. Mensch und Maschine bilden ein gemeinsames System, das interdependent ist. An dieser Stelle muß natürlich der Hochmut eines Abendländers zurückstehen, der dem Menschen eine isolierte erhobene Stellung zuweist, von der aus er alle Dinge mit seinem freien Willen lenken kann.

Es ist zwar richtig, daß wir ein Auto zu einem bestimmten Ziel lenken. Es ist jedoch ebenso wahr, daß uns das Auto eine Reihe von bestimmten Handgriffen und Verhaltensweisen aufzwingt, ohne die wir nie am Ziel ankommen würden. In die Rückkoppelungsprozesse, die einander aufschaukeln und infolgedessen wir immer schneller fahren möchten, um rascher ans Ziel zu gelangen, sind negative Rückkoppelungs-Mechanismen einzubauen, um die Fahrt vernünftig und sicher zu gestalten.

Die Japaner zeichnet es aus, daß sie in der Unternehmung vor allem eine Veranstaltung von Personen sehen: kigyo wa hito nari = die Unternehmung, das sind Menschen. Bei aller Automation müssen ihre Neigungen und Bedürfnisse Berücksichtigung finden. Deshalb darf auf dem Fabrikdach ein Tempelchen stehen, eine Maschine nicht an einem Unglück verheißenden Tag (nach dem chinesischen Kalender) in Betrieb genommen werden und für den Tod auch eines etwas entfernt stehenden Verwandten sind mehrere freie Tage zu gewähren.

Jeder Vorgesetzte ist sich bei seiner Aufgabe bewußt, daß er von Mitarbeitern umgeben ist, die ganz verschieden von ihm sind und über die Durchführung (nicht das Ziel) ihrer Aufgabe eigene Auffassungen haben können, soweit das nicht wieder Anderen Hindernisse bereitet.

Auch hier ist sensible Rückkoppelung notwendig, wenn das Ganze im Rahmen des Möglichen optimal funktionieren soll.

Entscheidungsprozesse

Es wird oft behauptet, der westlichen Entscheidungsfindung von oben nach unten (top down) stehe in Japan eine des bottom up (also von unten nach oben) gegenüber.

Tatsache ist, daß eine Entscheidung in Nihon zumeist von einer breiten Zahl von Managern und Experten getragen wird. Zwischen den Beteiligten finden jedoch mannigfache Rückkoppelungsprozesse statt. Ein geschickter Chef kann sehr wohl informell eine Idee unten in der Hierarchie plazieren und dann abwarten, bis sie in Form eines Entscheidungspapieres oben bei ihm wieder anlangt.

In jedem Fall sind möglichst viele Beteiligte in den Prozeß der Entscheidungsfindung einzubeziehen; sei es nur, daß sie bei entsprechenden Beratungen physisch zugegen waren.

Schließlich ist ja das Finden einer Entscheidung nur ein erster Schritt. Viel wichtiger ist, daß die Entscheidung implementiert wird; letzteres möglichst korrekt, effizient und rasch. Dazu bedarf es der Identifikation und des vollen Einsatzes aller Involvierten.

Da eine Entscheidung oft eine Vielzahl von Regelkreisen im Unternehmen tangiert, wird sie darauf gegebenenfalls in angemessener Weise Rücksicht nehmen. Das bedeutet, sie fällt nicht immer sachlich-rational aus. Starke Kräfte wie menschliche Verpflichtungen (giri-ninjo) werden mitabgewogen. Das verleitet den ausländischen Manager dann oft zu Phrasen wie, die Japaner seien unlogisch oder sie träfen irrationale Entscheidungen. Logik wird jedoch nicht als etwas Absolutes angesehen; ein Ziel wird verfolgt und jeder Weg dorthin wird mit einer logischen Konsequenz eingehalten.

Rein formal ist der Vorstand – alle nennenswerten Unternehmen in Japan sind in Form einer Aktiengesellschaft organisiert – omnipotent. Weder die Aktionärsversammlung noch die bestellten kansayaku (buchprüfende Aufsichtsorgane) können ihn nachhaltig beeinflussen.

Der Vorstand setzt sich aus Mitgliedern *mit* daihyo-ken (Vertretungsvollmacht nach außen) und solchen *ohne* daihyo-ken zusammen. Von ersteren gibt es meistens nur zwei, höchstens einmal vier, in einem Unternehmen; nur sie können mit Vorständen im Sinne des deutschen Aktiengesetzes verglichen werden. Der Vorstandsvorsitzende befindet sich immer unter ihnen.

Da die vertretungsberechtigten Vorstände (daihyo torishimari yaku) viele öffentliche Funktionen wahrnehmen, repräsentieren und sich mit sozialen Problemen im Unternehmen befassen, verschiebt sich die Last der Exekutive auf die Direktoren (torishimari yaku) und Hauptabteilungsleiter (bucho).

Daher ist in den meisten japanischen Unternehmen ein Geschäftsführungsausschuß (jomukai) etabliert. Er umfaßt sowohl die Direktoren ohne daihyo-ken als auch einige bucho.

Im Sinne einer möglichst flachen Hierarchie-Pyramide berichten Projekt-Verantwortliche fast immer direkt an das jomukai und nicht an ihren direkten Vorgesetzten, der disziplinarisch für sie zuständig ist.

Große Unternehmen mit Mitsubishi, Mitsui oder C. Itoh fällen alle wichtigen Entscheidungen über das jomukai, dem praktisch Dutzende von Hauptabteilungen berichten. Das gilt für die zentralen Hauptabteilungen, die Sparten und die Niederlassungen im In- und Ausland. Das heißt, im eigentlichen Sinne existieren keine verantwortlichen Vorstandsbereiche. Alle reden und entscheiden bei allem mit. Soll jemand aus dem Vorstand allein für etwas verantwortlich werden, dann gründet man eine Firma für ihn aus, wo er sich dann als shacho seine eigene Entscheidungsplattform einrichten wird.

Die Überlegung hinter dieser optisch sehr unübersichtlichen Organisationsstruktur ist es, daß es dem Unternehmen überhaupt nicht hilft, wenn einige Bereiche, Abteilungen oder Gruppen exzellent geführt werden, da es auf die Gesamtleistung ankommt und das schwächste Glied der Kette deren Gesamtbelastung bestimmt.

Die in Deutschland oft gehörte Redensart einer Spezialabteilung im Unternehmen „das ist nicht mein Bier" ist in Japan unüblich, denn jeder Engpaß, gleich an welcher Stelle, bedroht das Ergebnis „meines Unternehmens" (Uchi no Kaisha).

Die unübersichtlichen Zuordnungen funktionieren nur in dem konsensusfreudigen und ganz auf gemeinsame Arbeit abgestellten Milieu japanischer Kaisha.

Sie haben aber auch bei großen Unternehmen eine spezifische Ausformung erfahren. Grundlage bildet das Plan- und Entscheidungspapier ringisho; es wird einem Umlaufverfahren (ringi seido) über alle wichtigen Stellen unterworfen.

Beim ersten Schritt füllt ein Antragsteller (shinseisha) ein – meist formalisiertes – Entscheidungsformular (ringisho) aus; diesem Akt ist immer eine ausführliche Beratung mit den berührten Stellen vorausgegangen.

Beim zweiten Schritt wird das ringisho in einer besonderen Abteilung – zumeist im Finanzbereich angesiedelt – formell überprüft, beurteilt und archiviert (kiroku tantobu). Nach deren Ermessen werden weitere Stellen zur Begutachtung herangezogen.

Im dritten Schritt (kessai = Genehmigung) werden alle zur Entscheidung wichtigen Stellungnahmen dem ringisho beigefügt und bei kleineren Entscheidungen dem entscheidungsbefugten Abteilungsleiter vorgelegt.

Wichtigere Projekte sind zunächst vom keiei-kaigi (etwa betriebswirtschaftlicher Ausschuß) zu verabschieden. Sodann können sie dem jomukai präsentiert werden, oder – bei hoher Eile zum Beispiel – auch bei den einzelnen Mitgliedern des jomukai in Umlauf gebracht werden. Ist die Genehmigung aller Beteiligten eingeholt – dies wird durch das Abstempeln mit dem persönlichen Stempel (hanko) dokumentiert – dann fügt zum Schluß der shacho seinen hanko hinzu, um den Entscheidungsvorgang symbolisch abzuschließen.

Da er dem kumulierten Sachverstand vieler Experten am Entscheidungsprozeß ausgeliefert ist, bleibt ihm praktisch auch kaum eine andere Alternative als die der Zustimmung.

Als vierten Schritt sieht das Verfahren die offizielle Mitteilung der erfolgten Genehmigung (kessai tsuchi) an alle die vor, die am gesamten Prozeß beteiligt waren. Das Ergebnis mit allen Auflagen und Nebenbedingungen wird dann wieder vom kiroku tantobu archiviert.

Im fünften Schritt muß der ursprüngliche Antragsteller dem Entscheidenden oder dem jomukai Bericht (hokoku) über den Verlauf des Prozesses erstatten.

Die Entscheidungsfindung ist bei diesem Prozeß auf viele Stellen im Unternehmen verteilt. Dabei wird angestrebt, viele Kräfte, möglichst alle wichtigen Entscheidungsträger der Unternehmung, aktiv an der Lösung anstehender Fragen zu beteiligen. Von Stufe zu Stufe erfährt die vorgeschlagene Entscheidung eine sukzessive Billigung oder auch Richtigstellung sowie Verbesserung. Von Beginn an wird dabei der eigentliche Ort der Entscheidungsfindung verschleiert; individuelle Verantwortung kann nicht einmal beim Vorstandsvorsitzenden lokalisiert werden. Neben den nachteiligen Aspekten fördert dieses System mutige und progressive Entscheidungen.

Ein großer Vorteil des ringi seido liegt in der glatten Durchsetzung der kumulativ gefaßten Beschlüsse. Da alle beteiligt waren, können die Beschlüsse ohne Widerstände, zügig und kooperativ durchgeführt werden. Der Entscheidungsprozeß kann dreimal so langsam wie bei westlichen Unternehmen verlaufen; die Realisierung kann allerdings dann auch dreimal so schnell geschehen.

Die meisten Japaner messen ihrem ringi seido – trotz zahlreicher Kritik – doch einen sehr entscheidenden Anteil an der Effizienz der Unternehmen in der Nachkriegszeit zu.

Professor K. Okochi (Universität Tokyo) äußerte auf einer Tagung im Herbst 1977 in Düsseldorf, daß ringi seido eine andere Form der Mitbestimmung darstelle. Während jedoch die deutsche Mitbestimmung kaum Mitwirkung bei den operativen Entscheidungen ermögliche, ergäbe sich durch das ringi-System in Japan hier eine breite Einflußbasis.

In Unternehmen in Deutschland gehen viele Manager oft in Sitzungen mit dem Ziel, eine Entscheidungsvorlage „abzuschießen". Rivalen soll „die Suppe versalzen" werden und das Wichtigste ist die eigene Selbstdarstellung. Das Heil des eigenen Unternehmens bleibt dabei nicht selten auf der Strecke. In Japan geht man in eine entsprechende Sitzung – etwa in das jomukai – wie in ein vatikanisches Konklave: Am Ende muß eine vollzugsfähige Entscheidung herauskommen. Nicht wie, sondern daß entschieden wird, ist die Hauptsache.

Natürlich wird versucht, lange Zeit im Vorfeld der Entscheidung vorzubereiten. In zahlreichen, vor allem informellen, Begegnungen wird nemawashi (wörtlich: um die Wurzeln herumgraben) betrieben. Nur wenn das in seltenen Fällen nicht gelingt, kommt es zu einer längeren kaigi (Sitzung).

In der japanischen kaigi spielt der Begriff des kyodotai eine entscheidende Rolle. Kyodotai kann etwa mit „harmonische, organische Zusammenarbeit eine Gemeinschaft bei gegenseitiger verständnisvoller und freundschaftlicher Unterstützung" übersetzt werden.

Entscheidungsprozesse reifen in Japan idealerweise im sublimen Bereich des kyodotai heran. Im „warmen Stallgeruch" enger persönlicher Bindungen wächst ein emotionelles Gemeinschaftsgefühl, das nach langer Sitzungszeit eine Entscheidung zuläßt, die zuletzt einstimmig erfolgt und mit großer Solidarität getragen und ausgeführt wird.

Die dazu notwendigen zeitraubenden Begegnungen und Besprechungen im Vorfeld unter vier, sechs und mehr Augen, sind anstrengend, werden aber kaum als wirkliche Last empfunden.

Im Gegenteil scheinen sie als das „soziale Bad" empfunden zu werden, das allen Beteiligten Kraft und Begeisterung schenkt. Eine Entscheidung ohne ausgedehnte Beratung ist wie die Suppe ohne Salz. Der Japaner mag Probleme; er ist eher verwirrt, wenn etwas glatt und ohne ausführliches Hin- und Herwenden verläuft. Es sind insbesondere die im Konsensus endenden Beratungen, die ihm die Unternehmensgemeinschaft mit ihrem kyodotai lieb und wert werden lassen. Auch bei weniger wichtigen Fragen und bei jeder sich bietenden Gelegenheit versucht der japanische Manager eine kaigi durchzuführen. Es stimmt alle glücklich, letztlich im kyodotai aufzugehen und dann mit geballter Kraft in gemeinsamer Anstrengung das Beschlossene durchzuführen (18). Besonders starke und entschlossene Top-Manager bedienen sich aber auch in Japan des ringi seido nur, weil sie Wert auf die aktive Beteiligung legen und eine positive Einstellung aller bei der Ausführung von Beschlüssen wünschen. In Wirklichkeit haben sie längst die richtige Entscheidung aus ihrer Sicht getroffen und über ihre Vertrauensleute in den Entscheidungsprozeß ringi seido hineinbringen lassen.

„Japanische Firmen ziehen es vor, einen Konsensus zu erzielen, der von allen unterstützt wird, aber die Top Executives sind fähig dazu, wenn notwendig, eine harte Entscheidung zu fällen. Wenn sie alle vernünftigen Anstrengungen gemacht haben, um einen Konsensus zu erlangen, aber dann doch zwei Optionen verbleiben, die ungefähr von gleichem Gewicht sind und die keinen weitreichenden Konsensus erzielen, dann werden sie sich grundsätzlich mit Festigkeit auf die eine oder andere Seite schlagen. Sie ziehen es jedoch nur dann vor dies zu tun, wenn sie nach langen Debatten und Diskussionen gründlich alle Optionen und alle Meinungen innerhalb des Unternehmens untersucht haben" (19).

Wenn man nach Schwachpunkten dieses Systems sucht, dann könnte man sie in seiner Übertreibung finden.

Dutzende von weniger bedeutenden, alltäglichen Entscheidungen lassen sich schnell, unbürokratisch und ohne allzuviel Beratung treffen. Das stellt den japanischen Unternehmen die Aufgabe, ihren Führungskräften einen begrenzten, exakt definierten individuellen Entscheidungsspielraum zuzugestehen.

Bei aller Formalisierung ist das ringi seido nicht unflexibel. Die Gültigkeit einer Entscheidung ist nicht unter allen Umständen definitiv. Jeder Plan oder Vorschlag wird nur als Rahmen aufgefaßt, der unter bestimmten Voraussetzungen und Bedingungen Gültigkeit hatte. Ändern sich die Rahmenbedingungen, können im Konsensus schnelle Pläne und Entschlüsse angepaßt, geändert oder weiterentwickelt werden. Flexibilität gilt immer als wichtig in Japan.

Für alle Entscheidungen gilt in Nihon, daß niemand im Besitz von immerwährenden, alleinseligmachenden oder gar allgemeingültigen Grundsätzen ist. Diese relativistische Einstellung findet ihren Ausdruck darin, daß man gefaßte Entscheidungen immer wieder in Frage stellt und aus neuem Blickwinkel betrachtet. Ähnlich fallen Entscheidungen in der japanischen Rechtsprechung, die sich oft an der Aktualität orientieren und das Gesetz nur als Diskussionsgrundlage betrachten.

„Spitzenkräfte im japanischen Unternehmen ziehen es vor, die kühle, rationale Darstellung von Alternativen zu vermeiden, wo Advokaten penibel alle Argumente für jede Alternative präsentieren;" stattdessen „werden die Führungskräfte immer wieder die möglichen Lösungen überprüfen, bevor letztlich eine Entscheidung erreicht wird" (20).

Führung, Management, Stäbe

Unternehmen reflektieren in ihrer Führungsphilosophie und Organisation ihre sozio-kulturelle Umwelt, deren Wurzeln tief in die Vergangenheit reichen. Das wird bei näherem Befassen mit Führung und Management in Japan ganz besonders sichtbar.

„Die japanische Unternehmung ist in Wirklichkeit eine Gemeinschaft motivierter Menschen," postuliert der Wirtschaftsjournalist Hasegawa (21).

In ihrem Selbstverständnis sieht sich die japanische Elite der Führung in der Wirtschaft zwischen dem benevolenten Paternalismus der früheren Provinzfürsten (daimyo) und vor allem der treuen Pflichterfüllung der Samurai angesiedelt. Die Samurai der Tokugawa-Zeit waren nicht mehr die schwertschwingenden Krieger des Mittelalters, sondern gewissenhafte Staatsdiener als Beamte und Lehrer. Dienst am Gemeinwesen, Kenntnis von beruflichen Details, persönliche Frugalität und die Führung von verschworenen Männergemeinschaften zählten zu ihren Charakteristika.

Sie verbanden dies mit Stolz auf ihren Stand und der Wahrung ihrer Würde, ihres Gesichtes. Von ihren engsten Kampfgenossen erwarteten sie unreflektierte Loyalität, die sie durch fürsorgliche Schirmherrschaft vergalten. Von den Hilfskräften im Troß erwarteten sie aufgrund von deren Stand und Bildung nützliche Hilfsdienste, aber keineswegs Aufopferung. In den Frauen sahen sie schließlich bescheidene und warmherzige Dienerinnen, die sich um das leibliche Wohl und die Blessuren der Kämpfer kümmerten.

Analog dazu finden wir auch in den heutigen Unternehmen die Stamm-Belegschaft mit beträchtlichen Privilegien sowie die Nicht-Festangestellten und den weiblichen Belegschafts-Teil in deutlich unterprivilegierter Stellung.

Die Stamm-Belegschaft rekrutiert sich aus Abgängern von Hochschulen, die in jedem Frühjahr übernommen werden. Nach einer zeremoniellen Aufnahmefeier, unter Teilnahme aller Direktoren, gehen sie einige Wochen in ein spezielles Trainingscamp. Anschließend beginnt der lange, jedoch vorgezeichnete Weg durch die Hierarchie-Stufen, der die meisten auf den Rang des kacho (Abteilungsleiter) führt. Für alle gilt shushin koyo die lebenslange Anstellung, die zwischen 55 und heute zunehmend 60 Jahren endet. Naturgemäß schaffen nur einige wenige den Sprung in den Vorstand, wo es keine altersmäßige Begrenzung mehr gibt.

Die Nicht-Festangestellten stellen demgegenüber eine heterogene Gruppe dar. Es sind Abgänger der Mittelstufe (chugakko), gelegentlich auch der Oberstufe (kotogakko) weniger prominenter Schulen, Wechsler von dritten Firmen, Mitarbeiter nach Erreichen der Altersgrenze von 55 Jahren, Ausgeschiedene und wieder neu Beschäftigte sowie Ausländer (zumeist Koreaner).

Schließlich folgt der große Block der weiblichen Beschäftigten, die als Verkäuferinnen und Fabrikarbeiterinnen dienen. Die besten von ihnen – praktisch immer mit Hochschul- oder College-Ausbildung – nehmen die relativ begehrten Stellen der „Office Ladies" (OL's) ein.

Von den beiden letzten Gruppen wird weder der praktisch totale Einsatz noch eine besondere Loyalität zum Unternehmen gefordert. Die Männer lassen sich Überstunden sehr wohl vergüten und die weiblichen Mitarbeiter verlassen ihren Arbeitsplatz ziemlich pünktlich auf die Minute.

Für das Unternehmen kommt es auf die Qualität der Fest-Angestellten an, die im Durchschnitt ein gutes Drittel der Belegschaft repräsentieren. Sie sind im Idealfall perfekt durch die Vorgesetzten motiviert und sorgen dafür, daß auch die anderen 2/3 in ihrem Rahmen das Beste geben.

„Riesen-Unternehmen und Eck-Drogerien haben in gleicher Weise herausgefunden, daß der Aufbau einer Organisation nicht dem Bau eines Hauses gleicht. Er gleicht vielmehr dem Errichten einer Ehegemeinschaft. Eine Organisation, die sich ununterbrochen im Prozeß der Entwicklung befindet, wird ohne Zuwendung degenerieren", merkt Ouchi (22) an. So bildet es ein Charakteristikum japanischer Unternehmen, daß sie sich in stetiger Veränderung und Anpassung befinden; die sichere soziale Position der Stamm-Belegschaft ermöglicht es, daß dieses ohne Ängste und Widerstand geschehen kann. Hierzu tritt eine permanente Hinwendung zu den Mitarbeitern, auf die es ankommt.

Eine solche Schicksalsgemeinschaft ermöglicht das kühne Anfassen neuer Projekte und das Suchen der Herausforderung durch neue Aufgaben. Ausländische Beobachter in Japan frappiert es immer wieder, wie schnell sich die gesamte Gesellschaft an neue Produkte oder Gedanken gewöhnt.

Natürlich werden auch neue westliche Management-Techniken in das System eingebaut; das geschieht jedoch nicht im Sinne einer Synthese, sondern der Absorption in die nipponistischen Verhaltensweisen im Unternehmen. Die Überlegungen der Amerikaner W.E. Deming und P.E. Drucker zu Qualitätskontrolle und Management-Abläufen wurden rasch erkannt und sozusagen nahtlos in japanische Konzepte integriert.

Die Unternehmung spornt zu einem Prozeß beständigen Lernens an; da die wichtigen Mitarbeiter keine Fluktuation aufweisen, erfolgen dabei kaum Fehlinvestitionen. Hier liegt auch eine der vornehmsten Aufgaben der japanischen Führungskraft, die Unterstellten zu lehren, wie man in der Organisation effektiv und erfolgreich sein kann. Wegen des strikt eingehaltenen Senioritäts-Prinzips erwächst ihnen hieraus keine persönliche Bedrohung.

„Die Grundregeln der Boß-Mitarbeiter-Beziehungen verpflichten den japanischen Manager nicht, sich immerzu so zu verhalten, als daß er seine Befehlsgewalt herauskehrt. Es wird nicht von ihm erwartet, daß er alle Sitzungen in brillanter Weise zusammenfaßt, daß er immer Herr jeder Situation ist oder daß er unaufhörlich seine Führerschaft unter Beweis stellt. Im Gegenteil, er findet nichts dabei, seine Schwächen und charakteristischen Eigenheiten zu offenbaren" (23).

Hier finden sich beträchtliche Unterschiede zu nordamerikanischem und westeuropäischem Management-Verständnis. Ouchi (24) weist auf zwei Beispiele außerordentlich erfolgreicher amerikanischer Unternehmen in Japan hin, McDonald's und IBM. Er betont, daß beide in völlig japanischem Stil geführt werden und daß bei IBM-Japan vom Vorstandsvorsitzenden bis zum Pförtner nur Japaner tätig sind.

In das Tagesgeschäft mischen sich die Führungskräfte dabei wenig ein; an die Stelle der Revision der Mitarbeiter tritt das Vertrauen. Als grundlegender Aufgabenbereich der Unternehmensführung wird die langfristige Planung angesehen (25).

Daher gehören zum Bereich der Führungsspitze auch Direktionsstäbe. Ziemlich mächtig ist der shacho shitsu, das erweiterte Sekretariat des shacho. Hier werden Richtungen für Entscheidungen vorgegeben, Szenarien erarbeitet und Vergleiche angestellt. Die intelligenten jungen Mitarbeiter hier beherrschen die modernsten westlichen Techniken für Informationssysteme und Planung. Damit sie sich keine eigenen Machtstrukturen aufbauen können und früh genug die so wichtige menschliche Seite des japanischen Managements erfahren, wird ihre Verweildauer mit zwei bis vier Jahren in diesen Stabs-Schlüsselpositionen relativ gering gehalten.

Da sich die Umwelt ändert und japanische Unternehmen zunehmend internationales Parkett betreten, werden die traditionellen Management-Verhaltensweisen künftig allein nicht ausreichen. Doch Yoshino (26) erläutert hierzu: „Japanisches Management hatte kontinuierlich seine Ideologie und seine Praktiken an den Anforderungen sich wandelnder Umwelteinflüsse auszurichten... Tatsächlich haben sich diese Anpassungskraft und die Fähigkeit des Management, neue Strategien mit einem Minimum an sozialem Aufruhr einzuführen, als wichtige Faktoren für Japans industriellen Erfolg erwiesen."

3. Mensch und Organisation

„Die einfache Tatsache im ökonomischen Leben ist – entsprechend der menschlichen Natur – daß wenn man den Menschen, die für einen arbeiten, nicht die Befriedigung gibt, die sie fordern, sie einem auch keine Befriedigung der eigenen Wünsche gewähren... Die Manager der meisten großen japanischen Unternehmen scheinen diese Basis-Realitäten zu verstehen, zu akzeptieren und darauf in der Art zu antworten, wie sie ihre Menschen behandeln und mit ihnen umgehen" (1).

Deshalb ist Organisation in Japan an die Menschen angepaßt und nicht umgekehrt. Die Organigramme in japanischen Unternehmen scheinen vor allem für ausländische Besucher angefertigt zu sein. In der täglichen Realität wird improvisiert und mit Projekt-Teams gearbeitet. Choreibokai sagt der Japaner: heute schön bedrucktes Papier und morgen Makulatur.

Das Ideal der Unternehmensfamilie

Unternehmen sind unter den sozialen menschlichen Gruppen die jüngste Erscheinung. Militäreinheiten oder Klostergemeinschaften, Dorforganisationen oder Bildungsanstalten verfügen seit Jahrhunderten über ihre spezifischen Erfahrungen und Organisationsformen. Für moderne Unternehmensformen gibt es wenig Erfahrungen und keine Modelle aus der Vergangenheit, die direkt nutzbar herangezogen werden könnten. In bezug auf größere Unternehmenseinheiten wurden Modelle der Fronwirtschaft in die Anfänge der Industrialisierung tradiert, die zu den häßlichen Erscheinungen des sogenannten „Manchester-Kapitalismus" führten. Doch sozialer Wandel vollzieht sich allgemein viel langsamer als technologischer und deshalb stehen am Anfang der Industrieralisierung Ausbeutung des Menschen und Friktionen.

Das war auch die Situation am Ende des 19. Jahrhunderts in Japan. Die Unternehmensgeschichte begann dort mit Organisationsformen, die aus militärischen Erfahrungen stammten und durch gediegene Praktiken aus der Verwaltung des Tokugawa-Beamtenstaates unterlegt waren. Bis zum Ende des zweiten Weltkrieges währte dann eine Art Kommandowirtschaft.

Danach wurde in starkem Maße auf das Modell der Familie zurückgegriffen, von der bereits in Jahrhunderten vorher kleine Handels- und Gewerbebetriebe ihr Führungsmodell entlehnt hatten.

„Eine zentrale Bedeutung für die Organisation und die Durchführung des Handels hatte das Konzept des Hauses (ie), das die Kontinuität des geschäftlichen Unternehmens, wie sie der Gründer eingerichtet hatte, absicherte. Es bestand aus der Inhaber-Familie und allen denen, die von ihr beschäftigt wurden, denen dann im Austausch zu absoluter Loyalität zum Haus eine permanente Beschäftigung garantiert wurde. Innerhalb des Hauses nahm jedes Mitglied seinen Platz in einem strikt hierarchisch geordneten System ein. Während das Haupt der Inhaber-Familie absolute Autorität als Nachfolger der Gründervorfahren ausübte, wurde das eigentliche Management oft delegiert; auf diese Weise wurde die Inhaberschaft vom Management im besten Interesse des Hauses getrennt. Von den jüngeren Söhnen abgezweigte Häuser verblieben für immer dem Stammhaus untergeordnet.

Lebenslange Loyalität zum Haus, vertikale Rangordnung, die sich auf die Länge des Dienstes stützte und die strikte Beachtung traditioneller Regeln, bildeten innerhalb der Kaufmannsklasse eine Reflektion auf die dominierenden Verhaltensnormen der Gesellschaft der Edo-Zeit, in der jedes Individuum unausweichlich an seine Gruppe gebunden blieb und seinen Rang genau kennen mußte.

Während westliche Gesellschaften absoluten Werten wie Gott, Wahrheit und universellen Rechten anhängen, war japanische Sozialordnung auf relativen Rollenerwartungen begründet, von denen jede letzlich damit befaßt war, Leben, Arbeit und Sitten zu übernehmen und weiterzureichen im ewigen Fluß von den Vorfahren zu den Nachkommen" (2).

Das Wort ie bedeutet Wohnhaus im heutigen Japan und in erweiterter Bedeutung Heim oder Familie. Uchi heißt ebenfalls Haus, jedoch mehr in dem Sinne von „unser Haus". Sagt ein Japaner uchi no ie, dann meint er sowohl „unser Haus" als auch „unsere Familiengemeinschaft". Entsprechend bedeutet uchi no haha „unsere Mutter" und Uchi no Kaisha „unser Unternehmen, unsere Gesellschaft", wobei starke familiäre Assoziationen anklingen.

Hayashi (3) führt ie auf das alte Wort iho zurück, das die Bedeutung eines Schutzdaches über einem Wohnplatz hatte. Im 12. Jahrhundert formierten sich wehrhafte Bauern (die späteren Samurai) um ihren Anführer herum und formierten ein ie, das ihr Bollwerk wurde, zu dessen erbitterter Verteidigung sie allzeit bereit waren. So kann man mit ie jemandes ursprüngliche Organisation oder Gemeinschaftsform bezeichnen.

Ie existiert über die Zeit hinweg; es vereinigt die Vorgänger mit der Gegenwart und schließt die Verpflichtung ein für die Zukünftigen zu sorgen. In Japan wurde die Samurai-Familie immer vom ältesten Sohn fortgeführt; er ererbte Haus, mobile Besitztümer und das Geschäft. Eine Teilung des Besitztums der Familie war ausgeschlossen. Jüngere Söhne konnten ihr eigenes ie (bunke) gründen und dort gleiche Prinzipien wie im Stammhaus (honke) pflegen, sie standen jedoch immer als Familien-Zweig in peripherer Stellung zu ihm.

Für die gemeinen Bürger (heimin) war die Teilung des Familienbesitzes nicht ausgeschlossen, sie hielten sich aber weitgehend an das Samurai-Vorbild. In der Meiji-Zeit wurde das Erstgeburtsrecht noch gesetzlich verstärkt. Auf diese Weise wurde einmal eine Mittel-Akkumulation über Generationen hinweg möglich und zum anderen lieferten die jungen Männer, die leer ausgingen, die notwendigen Arbeitskräfte für die Industrie. Deren Status war jedoch nicht ungeschützt. Wenn sie krank oder alt wurden und sozial unversorgt waren, fielen sie in den Schoß der Stammfamilie zurück, die ihnen Unterhalt gewährte. Das befreite den Staat von kostspieligen Sozialausgaben.

Die Meiji-Reform beseitigte die Schranken zwischen den sozialen Klassen und erklärte alle als gleich. Dies kam dem starken Wunsch vieler Japaner entgegen, den Namen und das Prestige ihrer Familie anzuheben. Da viele nach Statusverbesserung strebten, ergab sich dadurch wieder ein Faktor, der sich vorteilhaft auf Intensität und Fortschritt des wirtschaftlichen Wachstums auswirkte.

Das ie war weit wichtiger als ihre individuellen Mitglieder. Von denen wurde erwartet, daß sie ihre eigenen Neigungen unterdrückten und sich soweit nötig dem allgemeinen Wohl der Gruppe opferten. Dem Vorstand der Familie wurde eine formidable Macht zugesprochen: Er verwaltete das Familieneigentum, dirigierte die Familienmitglieder bei der Arbeit und spielte die zentrale Rolle bei den Zeremonien für die Ahnen.

Die Erbfolge trat jedoch nicht immer der erste Sohn an. Yamamura (4) untersuchte ca. 1000 Familien-Register der Tokugawa-Zeit von Fähnlein-Führern (Samurai) und fand, daß nur in 2553 von 4956 Fällen (also rund 52%) der erste Sohn die Nachfolge antrat. In 1279 Fällen waren dies jüngere Söhne, Brüder oder andere Verwandte. 1124 Nachfolger (rund 23%) wurden adoptiert. Das Institut der Adoption ist noch heute in japanischen Familien üblich, wenn der männliche Nachfolger fehlt oder untüchtig ist. Selbst in der Familie Mitsui ist dies im Laufe der Jahrhunderte mehrfach geschehen. Die Adoptierten (yoshi) hatten volle erbliche Rechte.

Der Haushaltsvorstand kontrollierte das Einkommen des ie, das ihm gleichwohl nicht persönlich gehörte. Alle Einkünfte gingen in den gemeinschaftlichen Topf, so daß sich weder individuelles Einkommen noch individueller Besitz ergaben. Nur kleine Ausgaben, die die direkte Haushaltsführung betrafen, wurden von der Ehefrau des Familienoberhauptes getätigt. Doch alle substantiellen Aufwendungen wurden vom Haushaltsvorstand kontrolliert. „Es war der Wille des Familienvorstandes, der im Zweifel vorherrschte, wenn irgendwelche wichtigen Angelegenheiten, die im Interesse des ie lagen, zu entscheiden waren" (5).

Im Gegensatz zu den Söhnen waren Töchter für das ie von geringer Bedeutung. Da sie in etwas wohlhabenden Familien mit einer Aussteuer zu versehen waren, wünschte sich niemand eine größere Töchteranzahl. In den ärmeren Familien der Meiji-Zeit wurden sie kurzerhand für Hungerlöhne in die Baumwollspinnereien geschickt, die billige Exportprodukte exportierten. In den ärmsten Familien wurden sie von ihren Eltern in die Prostitution gegeben, was sie zu Märtyrern für die Sache der Familie erhob. Nach ihrer opfervollen Zeit konnten sie im günstigen Fall wieder in ein normales Laben zurückkehren.

So sorgte das Institut des ie für eine Reihe von Ungleichheiten unter dem gleichen schützenden und wärmenden Dach. Es gab eine Rangfolge nach der Erstgeburt; Zweigfamilien blieben relativ unselbständig unter der Jurisdiktion des Stammhauses und Frauen waren generell diskriminiert. Innerhalb des ie herrschte nicht das Partnerschaftsverhältnis der Ehegatten, sondern das der Vater-Sohn- oder Eltern-Kinder-Beziehungen vor.

Wenn ein Geschäft über den engsten Kreis des ie hinauswuchs, dann wurden Gehilfen eingestellt. Normalerweise blieben sie ihr Leben lang untergeordnet, doch war ihre Stellung sicher. Zeigten sie außergewöhnliche Tüchtigkeit, dann konnten sie gelegentlich ein bunke (Zweighaus) bilden oder sogar yoshi (adoptiert) werden. Dieser „größere Familienverband" hieß dozoku; noch heute nennt man Firmen, die von Familien beherrscht werden, dozoku kaisha.

„So wie die Gruppe „dozoku" eine Extrapolation des japanischen ie bildete, so wurde die oyabun-kobun (oyakata-kokata) –Beziehung zum Beispiel für das Schlüsselprinzip des japanischen Familientums: die Gleichsetzung der Eltern-Kind-Beziehung mit der Meister und Gehilfe- oder Führer und Gefolgsmann-Beziehung. Diese Art des Familientums war die gemeinsame Achse sozialer Kohäsion in Japan..." (6).

Vom Konzept des ie leitet sich das System der kazoku ab. Kazoku war ursprünglich die aristokratische Familie, in der das Konzept des ie in seiner reinsten Form galt. Das kazoku shugi (Prinzip der kazoku) ist historisch über Jahrhunderte gewachsen und erklärt eine Reihe von Besonderheiten und Eigenheiten im japanischen Management-System, die bis heute trotz aller Modernisierungen eine wichtige Rolle spielen.

„Dies bildet ein wesentliches Gebiet, das wir erforschen und studieren müssen, bevor das gegenwärtige Management-System zufriedenstellend diskutiert und verstanden werden kann..." (7), sagt Professor Murayama von der Chiba-Universität.

Als kazoku gilt der Platz gemeinschaftlichen täglichen Lebens oder die soziale Einheit für Produktion und/oder Verbraucher. Dabei ist kazoku generell nicht mehr identisch mit shinzoku, dem Konzept der Blutsverwandschaft. Aber kazoku arbeitet mit den Strukturen und Vorstellungen des ie oder dozoku.

In reinster Form finden wir sie in den kleinen Handwerksbetrieben oder Zwischenhandelsfirmen, die heute noch typisch für Japan sind und wo Familienmitglieder und Angestellte unter einem Dach arbeiten, wohnen und von der Hausfrau bekocht werden.

In der einfachsten Organisationsform finden wir den Geschäftsleiter (banto) mit seinen Assistenten (tedai) und dem Lehrling (dechi). Sie alle erhalten keinen Anspruch auf einen abstrakt festgesetzten Lohn, sondern bekommen was für notwendig gilt plus einen Anteil am Ertrag des Geschäftes, der zum Teil bis zur Pensionierung aufgehoben werden kann. Um dies zu unterstreichen, wurde bis in die jüngste Vergangenheit – trotz aller sonstigen Büro-Rationalisierungen – das monatliche Gehalt in Japan in bar in einem formellen Umschlag vom Abteilungsleiter persönlich am Monatsende überreicht.

Mit neuen Ansichten von der Familie – die im letzten Jahrzehnt eine radikale Wandlung erfährt – wird die alte Ideologie der „Unternehmensfamilie" blasser und dies mag noch revolutionär für Disziplin und Arbeitsmoral in der japanischen Industrie werden. Dennoch liegen zumindest die Erwartungshaltung und der Trainings-Aufwand der japanischen Führungskräfte bezüglich ihrer Mitarbeiter weiterhin noch im Rahmen des kazoku-shugi.

Zum Werdegang der kaishain

Die Menschen im Unternehmen (kaishain) zerfallen in die bereits vorgestellten drei Gruppen: Stamm-Mitarbeiter, Nicht-Festangestellte und Zeitarbeiter (pato, rinji-ko), in den beiden letzten Gruppen ist praktisch der weibliche Teil der Belegschaft enthalten.

Sie sind in der ersten Gruppe tief und in den beiden anderen Gruppen oberflächlich von der besonderen Kultur jeder Unternehmung geprägt. Wenn auch viele Konstanten zwischen den Firmen beobachtet werden können, so hat doch jede ihre eigenen Traditionen und unterschiedliche Ausprägungen. Das spielt bereits bei der Auswahl der Bewerber eine Rolle.

In der ersten Gruppe (Stamm-Mitarbeiter) gibt es gewöhnlich zwei Untergruppen: die kleinere rekrutiert sich aus Absolventen von renommierten Universitäten (einige öffentliche, sodann Hitotsubashi, Keio, Waseda, Joshi (Sophia), Nihon, Chuo, Meiji, Toritsu, Hosei u. a.); die größere rekrutiert sich aus den restlichen rund 900 Hochschulen, unter denen sich auch Fachhochschulen und Kurz-Universitäten befinden.

Da über 40% der japanischen Jugend an Hochschulen studieren, ist es keine Seltenheit, in Tokyo Taxifahrer mit einem Abschluß in Französisch oder Gemüsehändler mit einem philosophischen Diplom zu finden.

Knapp 40% aller Studenten sind weiblich, davon die Hälfte Abgängerinnen von Kurz-Universitäten. Sie dringen in die Büros als OL's (office ladies) ein, wo sie Sekretariatsaufgaben verrichten oder auch mindere Arbeiten in der Buchhaltung erledigen. Als begehrte Karriere gilt bereits der Schalterdienst bei einer Bank. Nur in Ausnahmefällen erreichen sie eine Position im mittleren Management.

Auch unter den männlichen Hilfskräften finden sich etliche Abiturienten und der eine oder ander Hochschulabsolvent, während alle anderen die Mittelschule absolviert haben.

Die Erziehung beginnt in Japan in der Vorstufe des Kindergartens. Auch die Kindergärten zerfallen in unterschiedlich angesehene Kategorien, wobei die höher angesehenen bereits Aufnahme-Prüfungen vorsehen. Mit drei Jahren beginnt damit für die Kinder ehrgeiziger Mütter ein Leidensweg durch 15 bis 20 Jahre der Prüfungsvorbereitungen und Examen, bekannt als shikken jikoku = die Prüfungshölle.

Die Schule beginnt mit sechs Jahren und geht in einem Zug über zwölf Jahre bis zum Abitur. Die ersten sechs Jahre bilden die shogakko (Grundschule); dann folgen drei Jahre chugakko (Mittelstufe). Diese neun Jahre sind Pflicht für alle. Es schließen sich drei weitere Jahre in der kotogakko (Oberschule) an; nicht weniger als 85% aller japanischen Jugendlichen erreichen dieses Ziel und können danach unter anderem über 2500 chinesische Schriftzeichen schreiben. Da bei dem einzügigen Schulsystem auf die Schwachen Rücksicht zu nehmen ist, darf der Kenntnisstand nach zwölf Jahren nicht überschätzt werden und ist in der Regel nicht mit dem deutschen Abitur vergleichbar.

Da aber vor den Hochschulen sehr schwierige Eintrittsexamina stehen, tragen ehrgeizige Eltern dafür Sorge, daß ihre Kinder über die besten Kindergärten – die oft den Schulen angeschlossen sind – auf die als Elite-Institute bekannten Schulen gelangen, die möglichst dafür berühmt sind, daß sie regelmäßig Absolventen hervorbringen, die durch das Nadelöhr der Aufnahmeprüfungen von renommierten Hochschulen gelangten.

Bei 80% aller Kinder wird der Unterricht durch Paukschulen (juku) ergänzt. Der übliche Alltag eines 15jährigen sieht so aus: 6.30 h Aufstehen; 7.00 h Schulweg; 8.00–17.00 h Unterricht; 18.00 h Abendessen; 19.00–22.00 h juku; 23.00–24.00 h Repetieren des Erlernten, besonders chinesische Schriftzeichen (kanji). Sonntags gibt es Piano-, Kalligraphie- oder Sportunterricht.

Ist die Abiturhürde einer guten Schule geschafft, dann beginnt der Kampf um einen Studienplatz an einer der Elite-Universitäten, wo sich bis zu 100000 Schüler bewerben, von denen dann an den alten kaiserlichen Universitäten nur 3000 die Aufnahme schaffen, manche im dritten Anlauf. Von letzteren geht die Hälfte in den Staatsdienst, der Rest in die Großkonzerne von Mitsubishi, Sumitomo, Fuyo oder Mitsui.

Im Herbst eines Jahres bemühen sich einige tausend japanische Firmen um die besten Abgänger der privaten Hochschulen, zum Teil durch direkte Kontakte mit den Professoren. Die Unternehmen sehen dann wiederum in eigenen Eintrittsprüfungen, wen sie als tauglich für ihre Ausbildung erachten. Die Glücklichen werden in einer Zeremonie zum 1. April in die neue Unternehmensgemeinschaft eingeführt. Dunkle Kleidung, Musik von Beethoven und eine leidenschaftliche Ansprache des Präsidenten stehen auf dem Programm. Alle Führungskräfte, die Creme der Fest-Angestellten und die Eltern nehmen teil. Zum Schluß wird der neue Jahrgang fotografiert.

Nach einigen Tagen grundsätzlicher Vorbereitung geht es für 4–8 Wochen in das Ausbildungszentrum mit Wohnheim in die Berge. Hier stehen Gruppenspiele, allgemeine Unterweisungen und körperliche Zerreißproben auf dem Programm. In die Zentrale zurückgekehrt, erhält jeder einen Sponsor oder Paten aus den Reihen der älteren Mitarbeiter.

Es gibt keinen Arbeitsvertrag mit Details über die Rechte der neuen Mitglieder, die sogenannte „lebenslange Anstellung" beruht auf dem Wort und gegenseitiger Loyalität, ist jedoch nicht etwa juristisch einklagbar fixiert. Die Gehälter sind zunächst für alle in der gleichen Stufe gleich.

Die ersten Jahre werden in ständigem Wechsel von der Arbeit als Verkäufer, über die Betriebswirtschaft in einer Fertigung bis hin zur Datenverarbeitung in der Zentrale verbracht. Gleich im ersten Jahr verlassen einige die neue Gruppe, wenn die eine oder andere Seite erkannt hat, daß man nicht in die neue Unternehmenskultur paßt. Es folgen kurz vor dem 30. Lebensjahr erste Beförderungen zur untersten Führungsebene kakaricho (Gruppenleiter).

Dabei wird Wert auf die soziale Einstellung des Individuums gelegt. Charakter, Loyalität, Aufrichtigkeit, Ernsthaftigkeit und Einsatz erhalten bei der Beurteilung den Vorrang vor den Beiträgen an Erreichtem sowie der Fähigkeit (8).

Oft hört man Urteile über jemanden wie: Er arbeitet gut, aber seine Einstellung ist schlecht. Die Mitarbeiter witzeln über die ersten Jahre, es sei gut, es mit den drei „nicht" zu halten: nicht zu spät zu kommen, nicht abwesend zu sein und nicht ehrgeizig zu arbeiten.

Die Kräfte der ersten Gruppen werden dann mit 35 Jahren Abteilungsleiter und mit 40 Jahren Hauptabteilungsleiter, wobei zahlreiche Zwischenstufen zu überwinden sind. Mit herausragender sozialer Einstellung und viel Glück schaffen es einige vor der Pensionierung (generell mit 55 Jahren, jedoch zunehmend heute mit 57, 58 oder 60 Jahren) in den Vorstand einzurücken, der aus ca. einem Dutzend aktiver Mitglieder besteht (dazu kommen ein bis zwei externe Vorstände (hijokin) von außen oder aus den Reihen nicht mehr aktiver Vorstände). Dort kann sich die Verweildauer leicht bis 70 Jahre oder darüber hinaus ausdehnen. Die letzten 10 Jahre ist man dann hijokin oder kansayaku (Buchprüfer), was entfernt dem deutschen Aufsichtsrat entspricht.

Die Kräfte der zweiten Gruppe können es bei sozialer Fähigkeit und fachlicher Tüchtigkeit mit ca. 42 Jahren als Endstufe zum kacho bringen.

Das Leben der Führungskräfte ist nicht von allzu harter Arbeit gekennzeichnet, erfordert jedoch totale Hingabe an sozialen Anstrengungen (mit Kunden und Mitarbeitern) und in deren Gefolge zeitlich hohe Opfer: fünfmal pro Woche nach 23.00 h Rückkehr nach Hause, Fortbildungsseminare an Samstagen und Kundenbetreuung am Sonntag. Der Urlaub reduziert sich praktisch auf wenige Tage kollektiver Freizeit zu Neujahr, der golden week (Ende April/Anfang Mai) und neuerdings zunehmend im August. Der Rest von 15–20 Tagen an zustehendem Urlaub wird dem Unternehmen geopfert oder bei Behördegängen oder Krankheit verwendet.

Als Belohnung gibt es kurze Dienstreisen im Inland oder Ausland, bei denen durchaus auch ein bis zwei Tage (inoffiziell) mit Billigung der Vorgesetzten gebummelt werden darf. Im heißen Bad in Atami oder am Strand von Honolulu vermag sich der kaishiin dabei schnell zu regenerieren. Die Unternehmensfamilie steht dabei grundsätzlich über der leiblichen Familie, so daß die Erziehung der eigenen Kinder den Müttern überlassen bleibt.

Formale Organisation und legaler Rahmen

Praktisch alle Firmen unter den Top 2000, aber auch viele kleine, sind als Aktiengesellschaften (kabushiki-kaisha) organisiert; ihr Aktienkapital beträgt 10,0 Mio. Yen (bei einem Kurs von 100 Yen = 1,00 DM rund DM 100000,-). Daneben kommt insbesondere bei kleineren Unternehmen die yugen kaisha vor, die etwa der deutschen GmbH entspricht.

Sieben Personen sind zur Gründung einer AG notwendig, die Yen 10,0 Mio. aufzahlen und das Vierfache davon als genehmigtes Kapital führen müssen. Mindestens drei Vorstände (yakuin) sind zu ernennen. Einmal im Jahr tagt die Jahreshauptversammlung (kabunushi sokai) zur Feststellung der Abschlüsse und zwar binnen drei Monaten nach Beendigung des Geschäftsjahres. Die Vorstände werden auf zwei Jahre gewählt, was ebenfalls bei der Jahreshauptversammlung geschieht. Den Vorsitz dort führt der Vorstandsvorsitzende (shacho).

Jede Firma hat einen shacho. Institute wie Kollegialverantwortung des Vorstandes, die Bestellung eines Vorstands-Sprechers (oder gar zwei) anstatt eines Vorsitzenden sind unbekannt. Es gibt keinen Aufsichtsrat. Stattdessen werden ein oder mehrere kansayaku (Buchprüfer) ernannt, von denen einer jonin kansayaku (ständiger Buchprüfer) sein muß. Der Vorstand tagt einmal im Monat unter Anwesenheit der kansayaku. Alle wichtigen Beschlüsse sind ins Aktienbuch einzutragen.

Der Vorstand sowie die kansayaku werden von der Jahreshauptversammlung insgesamt – nach einer Vorschlagsliste des Vorstandes – ernannt. Erst in der Vorstandssitzung ernennen danach die Vorstände aus ihrer Mitte den Vorsitzenden und dessen Vertreter (fuku-shacho); in seltenen Fällen gibt es auch zwei Vice-Presidents (fuku-shacho). Von rund 12 Vorständen haben manchmal nur einer, meist zwei und in seltenen Fällen vier Vertretungsvollmacht nach außen (daihyoken), sind also Vorstände im eigentlichen Sinne. Natürlich hat der Vorstandsvorsitzende daihyoken; daneben muß er jedoch auch noch zum gicho (Versammlungsvorsitzenden der Vorstandssitzung) gewählt werden. Dies entspricht dem CEO (Chief Executive Officer) in US-amerikanischen Unternehmen oder dem Chairman of the Meeting. Daneben kann es in Japan auch noch einen Chairman of the Company (kaicho) geben. Seine direkte Stärke kann von nahe Null (meiyo kaicho = Honorary Chairman) über den kaicho torishimariyaku (Chairman of the Board) bis zum daihyo torishimariyaku kaicho gehen; im letzteren Falle ist er mächtiger als der Vorstandsvorsitzende. Diese Konfiguration des Vorstands ist selten, aber nicht unüblich. Sie kann zum Beispiel in einem ausländischen Unternehmen in Japan angewendet werden, wo der japanische shacho den Bezugspunkt aller Menschen nach innen und außen bildet, während ein Delegierter des Mutterhauses als kaicho mit daihyo und gicho in Wirklichkeit im Vorstand intern das Sagen hat. Die Top-Manager gelten als employer manager (statt employed manager), da sie ein stattliches Paket Aktien in aller Regel besitzen. Das verleiht ihnen Würde und Autorität.

Die Vorstände sind wieder unter sich hierarchisch ausgewiesen und zwar meist nach Seniorität, obgleich es Ausnahmen von diesem Prinzip geben kann.

Rangfolge

Kaicho torishimariyaku	Torishimariyaku jomu
Daihyo torishimariyaku shacho	Torishimariyaku bucho
Daihyo torimariyaku fuku-shacho	Torishimariyaku
Daihyo torishimariyaku senmu	Hijokin torishimariyaku
Torishimariyaku senmu	

Die letzten beiden stellen Titulardirektoren dar, wenngleich sie volles Stimmrecht ausüben können.

Der torishimariyaku bucho ist ein Hauptabteilungsleiter, der aber schon höhere Weihen empfing. Das eigentliche Arbeitspferd im Vorstand ist der jomu. Im sogenannten jomukai (Geschäftsführungsausschuß) werden alle operativen Entscheidungen des Unternehmens getroffen. Die jomu sind fast immer die Bereichsleiter, wobei das Unternehmen nach Sparten oder Funktionen oder in einer Mischform gegliedert sein kann. Wenn es Niederlassungen oder Zweigwerke bei einer Spartenorganisation gibt, die sich nicht direkt einer Sparte zuschlagen lassen, sondern für mehrere tätig sind, dann berichten deren Leiter direkt an das jomukai in cumulo.

Die Herren vom kaicho bis zum senmu führen nur selten einen eigenen Bereich. Insbesondere shacho und kaicho nehmen mannigfache repräsentative Aufgaben wahr.

Sowohl die hanko (persönlicher Stempel) der daihyo als auch der restlichen Vorstandsmitglieder sind bei der zuständigen Behörde registriert und werden firmenintern meist vom Personalvorstand verwahrt.

Unterhalb der Vorstandes setzt sich das hierarchische Gebäude im mittleren Management wie folgt zusammen:

Bucho	= Hauptabteilungsleiter
Bucho dairi	= stellvertretender Hauptabteilungsleiter
Fuku bucho	= Junior Hauptabteilungsleiter
Jicho	= Senior Abteilungsleiter
Kacho	= Abteilungsleiter
Kacho dairi	= stellvertretender Abteilungsleiter
Kakaricho	= Gruppenleiter

Diese Gruppe übt mehr Macht aus als in Deutschland das mittlere Management. Vom kakaricho bis zum shacho stellen wir einen stufenweisen Übergang fest, der sich auch in den Gehaltsstufen mit jeweils 10% Unterschied manifestiert, zum Beispiel zwischen bucho und torishimariyaku bucho. In Deutschland kann der Unterschied vom Vorstandsvorsitzenden zum Vorstandsmitglied hingegen 40–50% sein und von dort zum Generalbevollmächtigten noch einmal der gleiche Abstand bestehen.

Unter dem kakaricho finden wir den shunin (etwa qualifizierte Sachbearbeiter), dem im Werksbereich der shokucho (etwa Meister) entspricht. Der Assistent des shunin ist der fuku shunin, dem im Werksbereich der kumicho (etwa Vorarbeiter) entspricht.

Darunter finden wir die einfachen Fest-Angestellten shain, denen im Werkstattbereich die hancho entsprechen (etwa Schichtarbeiter an einem Fließband).

Unter diesem hierarchischen Gebäude der Stamm-Belegschaft beginnt der Bereich der Nicht-Festbeschäftigten. Einfache Arbeiter sind koin.

Bei Banken zählen wir rund 80% Festbeschäftigte, bei großen Unternehmen um 40%, bei reinen Fertigungsbetrieben oft nur 20% und bei Kleinbetrieben manchmal niemand (außer dem Inhaber – Chef).

Dies ergibt ca. 35% privilegierter festbeschäftigter Arbeitnehmer in Japan. Bis zum großen Pazifischen Krieg hieß dieser Personenkreis shoku-in, das heißt Vertrauenspersonen. Ihnen standen die jederzeit kündbaren koin gegenüber. Obgleich die Begriffe sich wandelten, ist die Unterscheidung geblieben, mit dem Unterschied, daß der Kreis der „koin" von rund 80% auf rund 65% zurückging. Darin drückt sich der höhere Verwaltungsaufwand heute sowie die Herausbildung von Spezialisten in der Datenverarbeitung, im Labor, in der Konstruktion etc. aus. Wenn immer ein talentierter und führungsstarker Mitarbeiter unter den „koin" erkannt wird, dann wird er unter die Festbeschäftigten aufgenommen. Auf diese Weise bleiben die Nicht-Festangestellten immer ohne Führung, können sich nicht organisieren und kaum artikulieren.

So kraß der effektive Unterschied zwischen den beiden Gruppen sich darstellt – formaljuristisch ist er übrigens nicht relevant – so wenig Unterschied wird zwischen Verwaltungsangestellten und Arbeitern gemacht. Es gibt hier keine Ungleichheitsbehandlung bei Lohnfortzahlung im Krankheitsfall und alle Mitarbeiter sitzen mittags einträchtig in der gleichen Kantine.

Offiziell gibt es keine vertraglichen Unterschiede zwischen Stamm-Belegschaft und Nicht-Festangestellten; der Kündigungsschutz, die Ausbildungsprivilegien sowie die höheren Bonni werden halt vom Management stillschweigend der einen Kategorie gewährt und der anderen nicht. Obgleich sich naturgemäß alle über das System im klaren sind, bleibt der Betriebsfrieden zumindest oberflächlich gewahrt. Wegen der Probleme, die mit dem Mündig-Werden der arbeitenden Massen auch in Japan virulent sind, entledigen sich Großunternehmen zunehmend aller groben Arbeiten. Spezialfirmen, die zum Teil mit Leiharbeitern arbeiten, übernehmen die Vorfertigung von Teilen, Reinigungs-, Pack- und Transportarbeiten sowie auch den Vertrieb über Zwischenhändler. Solche Firmen sind zum Teil überhaupt nicht kapitalmäßig mit der Stammfirma verbunden.

Anders verhält es sich mit wichtigen Sparten oder geographischen Einheiten, die häufig von großen japanischen Unternehmen ausgegliedert werden. Dies geschieht teilweise aus Gründen der Übersichtlichkeit und um Wucherungen gemäß Parkinsons Gesetz in Schranken zu halten. Das ergibt auch eine größere Identifikation mit der Teilaufgabe und den spezifischen Kundensegmenten. Vor allem aber bedeutet die Ausgliederung für den Leiter der Tochter den Titel des shacho und alle anderen den Sprung um eine Stufe in der Titulatur nach oben, was weniger Bedeutung innerhalb eines Konzerns jedoch um so mehr im Bekannten- und Nachbarschaftskreis besitzt.

Eine „Frau Kacho" wird im Gemüseladen eine Nuance zuvorkommender bedient als eine „Frau Kakaricho". Auch Schulkinder aus einer „Bucho-Familie" haben es ein wenig besser als solche aus einer „Kacho-Familie".

Bei der dargestellten Hierarchie, die in Großunternehmen noch weitere Verfeinerungen kennt, ist zwischen 24 und 48 Jahren rund alle drei Jahre eine Beförderung fällig. Wenn sie ausbleibt, ist das ein Gesprächsthema für alle Bekannten des Betroffenen, unter dem besonders die Familie leidet. Die Ehefrau wünscht sich deshalb besonders sehnlich eine regelmäßige Beförderung ihres Mannes, wofür sie gern Opfer im Familienkreis erbringt.

Wenn hingegen eine Tochter- mit der Mutterfirma verschmolzen wird und alle Mitglieder des Tochterunternehmens einen Rang „herabgesetzt" werden müssen, dann bedeutet dies tiefe Frustration bei den Betroffenen. Ein vergleichbares Rangsystem finden wir unter anderen Bezeichnungen auch bei Behörden und dem Militär. Es gilt auch deckungsgleich noch heute in den früheren Kolonien Korea und Taiwan.

Formal sind in ihren organisatorischen Strukturen japanische Unternehmen sehr ähnlich wie die in USA oder Europa aufgebaut. Auffällig ist jedoch die geringe Zahl an Verwaltungspersonen und der höhere Grad von Ingenieuren und Naturwissenschaftlern im Management, wo wir in Westeuropa mehr Juristen und Kaufleute finden.

74 Mensch und Organisation

Informelle Organisation

Auch in Deutschland hat die informelle Organisation im Unternehmen hohe Bedeutung und einen ähnlichen Stellenwert wie die formale. In Japan darf jedoch angenommen werden, daß die formale Struktur beinahe völlig von den informellen Netzwerken im Unternehmen überwuchert wird.

Die Habatsu

Ha bedeutet Sekte oder Partei und batsu ist die Clique. Die Bildung von definierten Cliquen ist vielleicht des Japaners liebstes Kind. Das hat mindestens vier Gründe:

1. Der Japaner gilt als egoschwach und identifiziert sich am liebsten mit einer Kleingruppe. Ein alleinstehender nihonjin wird immer versuchen, sich einer Gruppe anzuschließen.
2. Aus Gesichtsgründen herrscht in Japan allgemein Gleichheitsstreben. Selbst wenn heute die Einkommens- und vor allem die Eigentumsverhältnisse krasse Disparitäten aufweisen, so hält man die Fiktion, daß über 90% zum „Mittelstand" gehören, aufrecht. In der Gruppe versucht nun der Japaner eine egalitäre Gemeinschaft einzurichten, wo jeder seinen wichtigen und geschätzten Platz einnimmt.
3. Die Ausübung von Macht und Autorität erscheint den meisten Japanern, die von ihrer Gesellschaftsordnung außerordentlich reglementiert und eingezwängt werden, als etwas sehr Erstrebenswertes. Jahrhundertelange Erfahrung hat sie jedoch gelehrt, daß wenig Gutes dabei herauskommt, wenn Einzelne mit dem typischen nationalen Charakteristikum vulkanischen Temperamentes, zuviel Macht ausüben können. Die habatsu fangen dies alles ein und wirken auf Ausgleich hin.
4. Weil der Einzelne in einem von verschiedenen Interessengruppen zergliederten Volk wenig vermag, kann er Fortschritt für sich selbst nur in der Seilschaft einer Gruppe erreichen. Als Prototyp des Cliquen-Mannes gilt der frühere Premierminister Kakuei Tanaka, der es vom armen Mann ohne klassische Ausbildung durch kluge Cliquen-Etablierung zum einflußreichsten (und wohl auch einem der wohlhabendsten) Manne im Staate brachte – der allerdings zum Schluß wieder ein Opfer einflußreicher traditioneller anderer habatsu wurde.

Murayama (9) stellt der westlichen Führungskraft, die von Prinzipien des Individualismus und des unpersönlichen Managements geleitet wird, die japanische Führungskraft gegenüber, die Gruppenkräfte und persönliche Beziehungen aktiviert.

Solche habatsu wachsen auf den unterschiedlichsten Böden. Zum Beispiel bestehen enge Beziehungen zwischen den Absolventen gleicher Universitäten, besonders bei Elite-Anstalten und hier wiederum in besonderem Maße zwischen den Abgängern des gleichen Jahrgangs. Weiterhin bilden sich habatsu aufgrund gleicher lokaler Herkunft, indem aus bestimmten Städten und manchmal kleinen Orten oft eine unverhältnismäßig große Anzahl erfolgreicher Männer stammt.

Besonders in der Vorkriegszeit bildete die Heiratspolitik wichtiger Familien untereinander den Boden für eine besondere homogene Cliquenbildung. Noch wichtiger sind heute die Jahrgangsbildungen in bestimmten Behörden und vor allem auch Unternehmen; ihre Mitglieder fördern und stützen einander in einer Weise, die deren Zerschlagen durch eine Autorität im Unternehmen kaum angeraten sein lassen. Es geschieht nicht oft, daß ein Einzelner wegen erfahrener oder eingebildeter, ungerechter Behandlung sein Unternehmen verläßt; es geschieht dafür jedoch häufiger, daß eine ganze Gruppe in spektakulärer Weise plötzlich aus ihrem Unternehmen ausscheidet und dann dort ein großes Loch aufreißt.

Daneben gibt es viele weitere Gründe für die Bildung einer Clique, sei es, daß man einige Jahre in Deutschland studiert oder in Großbritannien gearbeitet hat oder auch nur die gleiche französische Fremdsprache beherrscht.

Berühmt wurden die Angestellten der mandschurischen Eisenbahn, die nach Japans Zusammenbruch zunächst einflußlos ins Reich heimgekehrt, alsbald ein Netzwerk von Beziehungen über das ganze Land flochten.

Die häufigste Gruppierung bildet sich jedoch um eine starke, sozial geschickte Führungskraft. Die Motivation und Arbeitskraft, die auf solche Weise dann geschaffen wird, bildet eine Freude für die Unternehmensleitung. Sie stellt aber auch einen Grund zur Sorge dar, wenn der Anführer nicht nahtlos in die Gesamt-Unternehmenskultur eingebunden werden kann. Nach dem Prinzip „wehret den Anfängen", wird er dann plötzlich in eine andere Stadt versetzt.

Hayashi (10) meint: „Gruppenverhalten gibt den Ton im Stil des japanischen Managements und des betrieblichen Verhaltens an." Er führt dieses Charakteristikum auf die Reisfeld-Kultivierung zurück, die seit alten Zeiten in einer isolierten Gemeinschaft und nur in harmonischer Abstimmung möglich war. Das zentrale Anliegen des japanischen Kleindorfes (mura) war der gemeinsame Vorteil aller Mitglieder. Nur so ließen sich auch die Forderungen der Regionsfürsten (daimyo) erfüllen, die ihre Abgaben nicht für den Einzelnen, sondern oft gleich für das gesamte mura festlegten. Der Dorf-Älteste hielt die Gemeinschaft durch seine Charakterstärke, sein gerechtes Urteil und sein persönliches Charisma zusammen. Im idealen Falle formte er die Gruppe nicht selbst, sondern artikulierte nur geschickt deren a priori-Konsensus. Die ärgste Bestrafung für den Einzelnen bildete es, aus der Dorfgemeinschaft ausgewiesen zu werden (murahajiki).

Giri-ninjo

Das Begriffspaar giri-ninjo besteht aus giri (Pflichtgefühl, Schuldigkeit) und ninjo (menschliches Gefühl). Ninjo ist keine soziale Norm, sondern bezeichnet ganz allgemein „das Menschliche" oder „das dem Menschen geziemende". Dieser Begriff hat eine weite, umfassende Bedeutung und schließt sehr typische japanische Vorstellungen und Emotionen ein. Auf eine Person angewendet kann er deren Charakter oder Persönlichkeit umfassen; auf Gruppen angewendet kann er auch so etwas wie Betriebsklima oder menschliche Atmosphäre bedeuten.

„Ano hito no ningen ga ii" bedeutet wörtlich: Die menschliche Atomosphäre jenes Menschen ist gut und geht in die Richtung von warm, emotionell, feucht, offen. Der dazu gehörende Begriff ist ki (Geist, Gemüt), von Hanami (11) mit „Einfühlung in die immer wechselnden Gemütsbewegungen" beschrieben. Dazu findet Abegg (12): „Die Japaner reagieren oft mit einem Übermaß an Gefühl, das für unser Empfinden in keinem rechten Verhältnis zu dem Anlaß steht." Sie meint ferner, daß nirgendwo in den Kinos so ausgiebig wie in Japan geweint wird und spricht von Ekstasen der Rührseligkeit und einem Übermaß an Gefühl − bei Männern ebenso häufig wie bei Frauen. Das läßt den Menschen in Nihon jedoch sympathisch erscheinen und bekräftigt menschliche Verbundenheiten. Emotionen werden in Japan selbst bei unsinnigen Reaktionen bewundert und respektiert, solange kein Egoismus dahinter steckt.

Im Gegensatz dazu sagt man „ano hito no ningen ga warui" (die menschliche Atmosphäre jenes Menschen ist schlecht), wenn sich jemand berechnend, kühl, rechthaberisch, trocken und logisch gebärdet.

Der Verfasser wurde 1989 zu dem kaicho (und früheren shacho) der Mitsui-Bank ins Büro eingeladen und mit dem Bild eines Buddha-Bildnisses bedacht, das sein Nachfolger als shacho selbst in gekonnter Weise gemalt hatte. Das Gespräch kam bald auf eine Szene von 1973, als die Geldversorgung in Japan knapp wurde. Damals war unser Finanzchef, ein alter Hagestolz, für den Gesicht und Würde über alles gingen, zur Mitsui-Bank gegangen, um einen kleinen, aber in der Situation vital notwendigen Kredit zu erbitten. Er traf auf den späteren Präsidenten, der weder ihn noch unser Unternehmen kannte.

Und nun, 13 Jahre später, erinnerte der sich noch, wie unser Mann geradezu verzweifelt seine Vorstellungen dargelegt hatte und zum Schluß in Tränen gebadet war. Der Kredit wurde gewährt und der kaicho sagte noch so viele Jahre später, solcher Einsatz eines rechtschaffenen Mannes für sein Unternehmen (Uchi no Kaisha) habe einfach belohnt werden müssen. Für seine eigenen Bedürfnisse hätte der Finanzchef niemals solche Emotionen gezeigt.

Die starke Betonung des ningen in Japan führt zum Konzept des giri-ninjo. Giri bedeutet die Verpflichtung sich so zu verhalten, wie es den Regeln der auf gegenseitige Erfüllung gerichteten Gesellschaft angemessen ist. Zu dieser Strenge der giri tritt die Milde des ninjo. In der Beherrschung des Spannungsfeldes der beiden an sich unterschiedlichen Ansprüche giri und ninjo erweist sich der wahre japanische Charakter.

Minami (13) spricht von einem Dilemma zwischen giri und ninjo. Wo die Pflicht der giri und der Ruf des Herzens (ninjo) in Konflikt geraten, muß der Mensch geduldig ausharren, auch ohne momentan eine Lösung zu finden; dies verleiht ihm Größe, die es zu bewundern gilt.

Zu diesem Konzept stehen Rationalität und vertragliches Denken im Gegensatz. Gewiß fehlt es in der modernen japanischen Gesellschaft nicht an Versuchen, sowohl in der Politik als auch im Geschäfts- und Privatleben durch giri-ninjo hervorgerufene Stagnationen aufzubrechen.

Im Volk bildet giri-ninjo jedoch nach wie vor eine beherrschende Verhaltens-Erwartung, die auch den Kitt in dem menschlichen Miteinander in den Unternehmungen und zwischen den Unternehmungen bildet. Während giri prinzipiell eine Verpflichtung von unten nach oben bedeutet, steht der Begriff on (Wohltat, Güte) für eine Dankesschuld des daimyo gegenüber der nimmermüden Treue und Aufopferung seiner Vasallen, also von oben nach unten. Dies verband beide in gegenseitiger Treueleistung.

Auch heute darf ein enger Mitarbeiter noch von seinem Chef eine Verpflichtung zur wohlwollenden Zuneigung erwarten. Umgekehrt kann der Boß keine Loyalität von Ferner-Stehenden (zum Beispiel den Hilfsarbeitern „koin") erwarten, da sie außerhalb seiner Gunstbeweise und menschlich fern von ihm stehen. Während es für den Soldaten eine Todsünde bedeutete, etwa in der Schlacht zu fliehen, kreidete man Boten oder Leibdienern Feigheit nicht weiter an. Hingegen verpflichten erhaltene Gunstbeweise immer zu Hingabe und Loyalität und deshalb trägt der damit Bedachte ein on gegenüber dem Geber. Da aber on von oben nach unten gilt, gerät er automatisch in die Inferiorität (14). Aus diesem Grunde scheuen sich Japaner, Wohltaten von dritter Seite anzunehmen und dies stand sicherlich auch der Ausbreitung des christlichen Gedankens der Barmherzigkeit im Wege.

Zentrale Rolle des kacho

Der kacho (Abteilungsleiter) steht in der japanischen Unternehmung in der Mitte zwischen Management und Mitarbeitern. Seine Rolle wird geprägt durch das Anführersein der Gruppe und untermauert durch seine menschlichen Fähigkeiten (giri-ninjo).

Hasegawa (15) schreibt emphatisch: „Mittlere Führungskräfte sind für die Existenz japanischer Firmen so unverzichtbar wie Essen und Luft für menschliche Wesen." Diese Rolle spielen sie seit der Meiji-Zeit, wo ihre Energie und ihr Fachwissen eine wichtige Rolle bei der Einführung neuer Technologien spielten. Der kacho stammt häufig aus der zweiten Gruppe der Hochschulabgänger; er besitzt nicht so sehr den brennenden Ehrgeiz, eine Rolle in der Gesellschaft zu spielen und theoretische Planspiele liegen ihm nicht. Dafür besitzt er Sachkenntnis, große Loyalität zu den Zielen des Unternehmens und eine praktische, zupackende Art. Der kacho liest Fachliteratur in der kargen Freizeit und vermittelt abends sein praktisches Wissen an die Arbeiter in der Werkstatt oder die Vertreter im Verkauf.

Er nimmt sich Zeit für das Studium von Verbesserungs-Vorschlägen und verbringt halbe Nächte mit den Werkstattarbeitern, um Qualitätsprobleme abzustellen. Wenn er im Vertrieb tätig ist, sitzt er an der Schnittstelle von Wünschen der Kunden, die zum Teil über die Vertreter hereinkommen, und den Notwendigkeiten und Problemen im Werkstattbereich, wo er zu vermitteln und auszugleichen versucht. Gleicherweise befindet er sich zwischen den Wünschen der Mitarbeiter und den Anforderungen des Top-Managements. Bezüglich Rabatt-Fragen zum Beispiel, muß er sich sorgfältig die Klagen, Forderungen und Ratschläge seiner Vertreter anhören und dann „alles unternehmen, was er vermag", damit seine Vorgesetzten die Meinungen und Gefühle seiner Mitarbeiter zu verstehen vermögen. Wenn er dies nicht tut, werden seine Männer das Vertrauen in seine Führerschaft verlieren. In den Vereinigten Staaten würde ein Abteilungsleiter, der es wagen sollte, den Wünschen des Top-Managements zu widersprechen, ohne Zweifel gefeuert werden. In Japan wird die Unternehmensleitung allerdings sehr wohl auf ihren kacho hören, da sie um seine Loyalität und Sachkenntnis weiß. Ihn „abzubürsten" oder „unterzubuttern" würde bedeuten, die Arbeitsmoral der Mitarbeiter zu untergraben.

In jeder Organisation bilden sich informelle Autoritäten heraus; sie stehen in keinem Organigramm, doch spielen sie die Rolle des Beliebtheitsführers und werden damit de facto zu Anführern. Die Aufgabe des kacho ist es, neben seiner formalen auch diese informelle Rolle zu übernehmen und somit beide zur Deckung zu bringen. Das bedeutet eine gewisse Solidarisierung oder sogar Kumpanei mit den Mitarbeitern. Dazu muß der kacho zahlreiche Stunden mit ihnen nach Feierabend verbringen und gehörige Mengen Sake oder mizuwari (Whisky mit Wasser) trinken, ein Vergnügen, das er zum Teil aus eigener Tasche bezahlt.

An anderen Abenden sitzt er mit Kunden zusammen, die ihm Wünsche anvertrauen möchten, die sich brieflich nicht so gut und verständlich ausdrücken lassen.

Muß er diese Wünsche aus begründeten Sachverhalten heraus ablehnen, dann geschieht dies nicht durch ein klares „Nein", sondern dadurch, daß er den Kunden zu trösten hat, was die Party in ein gutes Kabarett mit Unterhaltungsdamen auf die Ginza verlagert und bis um die Zeit nach Mitternacht verlängert wird (der westliche Geschäftsmann wird übrigens in vielen Fällen aus dieser besonderen Bewirtung heraus, fälschlich auf gute Chancen für sein Anliegen schließen).

An den verbleibenden Abenden sitzt der kacho dann mit seinen Vorgesetzten beim mizuwari, um sie im Sinne des nemawashi auf die Annahme eines formellen Vorschlages einzustimmen, den er nach gehöriger Berücksichtigung aller Punkte und Interessen einbringen möchte.

Der kacho gehört demnach zu der seltenen Spezies von Experten, die Fachwissen haben, sich für die sachlichen Aufgaben begeistern wollen und gleichzeitig mit Menschen umzugehen vermögen, Vertrauen und Sampathie ausstrahlen und unbegrenzte Freizeitopfer bringen können.

Obgleich der Status (mibun) des kacho in der Unternehmenshierarchie nicht sehr hoch angesiedelt ist, spielt er bei den funktionalen Abläufen wie auch bei den Investitionen eine äußerst wichtige Rolle; ohne ihn läuft sozusagen nichts im Unternehmen. Vor allem gewährt er den Mitarbeitern das Gefühl umsorgt zu sein. Denn für diese ist es sehr wichtig, daß sie eine Art Mutterersatz im kacho finden; „ein guter Vorgesetzter schaut nach seinen Arbeitern wie nach seinen eigenen Kindern" (17).

Hirschmeier (18) betont: „Das Management muß das Wir-Gefühl stärken und auf einen starken Konsens hinarbeiten, um die Leistungsfähigkeit und das Engagement zu erhöhen."

Der japanische Psychiater Doi hat das Konzept des „amae" als Schlüssel-Analyse japanischen Verhaltens eingeführt. Amae ist das Verhalten des Kindes zur Mutter, die ihm materielle und spirituelle Geborgenheit gegenüber der fremden Welt draußen gewährt.

Von ihr erwartet es Zuneigung, kleine Wohltaten und Verständnis auch dann – oder gerade dann – wenn es sich fehlerhaft betragen hat. Der Vater spielt bei der Entwicklung des Kindes in Japan bisher kaum eine Rolle. Wenn daher später die Mutter nicht mehr da ist, überträgt der junge Mann seinen Wunsch nach amaeru (geliebt werden wollen) auch auf den Vorgesetzten in der Gruppe, der gewöhnlich im Rang eines kacho steht. „Eben auch nach Eintritt ins Erwachsenenalter, bei der Bildung neuer menschlicher Beziehungen, ist zumindest zu Beginn amae beständig im Spiel" (19). Insbesondere zu Beginn des Erwerbslebens erscheinen das organisierte Unternehmen und seine karrierefreudigen Mitglieder als eine fremde, gelegentlich bedrohliche Welt, in der man sich auf eine verständnisvolle ältere Person beziehen kann. Dies gilt insbesondere, weil Eigeninitiativen im informellen betrieblichen Bereich in Japan unwillkommen sind und über die Gruppe kanalisiert werden müssen.

Wichtige Tugenden im Unternehmen

Da sich auch japanische Unternehmen voneinander deutlich unterscheiden, werden als wichtige Tugenden bei Sony andere als bei Kirin oder bei Sumitomo angesehen. Dennoch lassen sich drei herausstellen, die besonders wichtig und allen gemeinsam erscheinen: Loyalität, Flexibilität und die Philosophie des kaizen.

Loyalität

In einem entsprechenden Gespräch über Qualität, wird ein japanischer Manager gewöhnlich sehr schnell herausstellen, daß eine Vermeidung von Fehlern beträchtliche Opportunitätskosten erspart. Das heißt, die Folgekosten für eine falsche Teile-Anlieferung oder die Auslieferung einer Turbine mit einem Defekt können die Kosten der Qualitätskontrolle in geometrischer Progression übersteigen.

Ähnlich verhält es sich auch mit Mitarbeitern. Kündigungen – mit ihrem zwischenzeitlich unbesetzten Arbeitsplatz, den Kosten für die Suche nach einer neuen Kraft und schließlich deren Eingewöhnung und Einarbeitung – können schnell einen sechsstelligen Dollar-Betrag erreichen. Das gilt auch, wenn ein Fehler unentdeckt bleibt oder ein Auftrag verloren geht, weil ein Mitarbeiter pünktlich nach Hause ging oder nicht „über den Zaun" an einem bestimmten Projekt mitgedacht hatte.

Der Verfasser hat japanische Top-Manager oft sagen hören, daß ihnen Loyalität deutlich über Fähigkeiten ginge. Denn in einem guten Team würde auch ein schwächerer mitgerissen, wenn er nur loyal sei. Andererseits nützten hohe Fähigkeiten gar nichts, wenn sie nicht vermittelt werden könnten oder ohne Zusammenhang irgendwo im Ablauf eines Prozesses erbracht würden.

Wo liegen die Quellen dieser Loyalität im japanischen Unternehmen? Gemeint ist echte aufopfernde Loyalität, nicht oberflächlicher Opportunismus, den es naturgemäß auch in japanischen Unternehmen und dort nicht nur bei den Nicht-Festangestellten gibt.

Hier ist es in erster Linie die Loyalität, die das Unternehmen und seine Führungskräfte als Vorleistung gegenüber ihren Mitarbeitern erbringen. Nach den Prinzipien von on und giri verpflichtet dies die Mitarbeiter, Loyalität zu erwidern. In westlichen Unternehmen wird mit der Gewährung der Loyalität hingegen oft in Einklang mit dem Schlagwort „erst die Arbeit, dann der Lohn" verfahren; Loyalität wird zuerst gefordert, dann (eventuell, wenn die Umstände es zulassen) auch gegeben. Der japanische Vorgesetzte erbringt hingegen eine Vorleistung an Loyalität.

Hirschmeier (20) holt hier weiter aus. Die „Reduzierung der Arbeit, die natürlicherweise zu einem Instrument der Gemeinschaftsbildung werden sollte, auf eine nur vertraglich gestaltete, pekuniäre Angelegenheit, führt zur Entfremdung, weil der Arbeitnehmer das Gefühl hat, er arbeitet für „die anderen", wer auch immer sie seien.

Er genießt letzten Endes seine Leistung nicht als „unseren Erfolg", sondern als „deren Problem". Wenn japanische Arbeiter oder Angestellte über ihr Unternehmen sprechen, so sagen sie „unser Unternehmen". Grundlegend ist hier, daß die Verhältnisse umgekehrt worden sind: Der frühere Besitzer („mein Unternehmen"), der die Mitarbeiter einstellt und entläßt, ist selbst ein Außenseiter geworden (in Publikums-Gesellschaften; Anm. des Verfassers), der zwar Eigentumstitel hält, doch sonst sehr wenig Bedeutung hat, während das „Unternehmen als menschliche Gemeinschaft" zu einer sich selbst bestimmenden Entität geworden ist. Dies ist der Wesensgehalt des Kapitalismus oder eine stille Revolution des Proletariats."

Flexibilität

Symbol für ein kluges Leben in Japan ist nicht die knorrige Eiche, die allen Stürmen trotzt, sondern der geschmeidige Bambus, der sich elastisch beugt und nach dem Sturm wieder aufrichtet.

Entsprechend gelten Japanern „unerschütterliche Ansichten" und Dogmen als unklug und sogar unbegreiflich. „Ja" (hai) heißt, ich habe mich bemüht, Sie zu verstehen. Einen abschlägigen Bescheid, ein „Nein" (iie), soll der Betroffene selbst herausfinden, oft ist es in einem „Trostpaket" versteckt. Schwarz und weiß in absoluter Form, kommen in der Natur selten vor; das Normale bildet eine Serie von abgestuften Grautönen. Die Botschaft von Christus „wer nicht für mich ist, der ist wider mich", hat im kompromißfreudigen Japan gewiß zur geringen Akzeptanz des Christentums beigetragen, obgleich niemand an freier Religionsausübung gehindert wird. Viele Japaner, von denen sich 75% zum Shintoismus und 65% zum Buddhismus bekennen, mögen dennoch eine „weiße", das heißt christliche Eheschließungszeremonie in einer Kirche oder Kapelle durchführen lassen. Auf den Vorwurf von Opportunismus dabei, reagiert man mit dem Hinweis auf Lebensweisheit.

Nach den Appellen der Militärs zum Durchhalten an das Volk 1945, hatten sich die US-amerikanischen Soldaten auf eine lange Eroberung des japanischen Archipels von Dorf zu Dorf und Haus zu Haus eingerichtet. Sie waren völlig überrascht von dem positiven Empfang durch die besiegte Bevölkerung, die sich schnell von ihren gewissen- und erfolglosen Militärführern ab- und dem neuen strahlenden Sieger Mac Arthur zuwendete.

Die japanische Sprache verändert sich in raschem Tempo und viele Worte und Begriffe der Meiji-Zeit, ja von vor 10 Jahren, sind heute ungebräuchlich und gelten als altmodisch. So können zwei Jahre lang Bowlingbahnen „in sein" und sie verschwinden rasch, wenn ein neues Hobby wie „Picknick im Kombibus" auftaucht. Wie beim Fechten gilt es sich jeweils flexibel auf jeden Schlag einzurichten. Damit müssen vor allem ausländische Geschäftsleute in Japan rechnen. Japaner benutzen geschmeidig Tricks, anstatt frontal aufeinander mit Fäusten oder Argumenten zuzugehen. „Anstatt miteinander zu fechten, wählen sie Täuschungs-Manöver und Alternativen" (21).

Bei Lieblingssportarten wie Sumo oder Judo können wir eine ähnliche Haltung erkennen. So geht es auch im Leben des Unternehmens zu. Feste Standpunkte werden geopfert, wenn der Wind sich gedreht hat und es heißt allemal für den sinnvoll angepaßten klugen Mann, mit der Hauptströmung zu schwimmen. Ziemlich viel Zeit wird deshalb in Unternehmen damit zugebracht, herauszufinden, wohin demnächst „die Reise gehen" könnte. Solange hierüber bei Japanern Unsicherheit besteht, sind sie praktisch kaum zu einer festen Meinungsäußerung zu veranlassen. Hayashi begegnet dem ausländischen Vorwurf, japanische Taktiken seien verschlagen und gerissen damit, daß er sagt, wir betrachten solche Methoden nicht als trickreich, sondern als geistreich. Eine alte chinesische Militärweisheit lehrt: „Es zeigt daher, wenn man eine lange und kreisförmige Route wählt und dabei den Feind vom Wege lockt und deshalb hinter ihn gelangt und es danach einzurichten weiß, das Ziel vor ihm zu erreichen, daß man Kenntnis der Kunst der Ablenkung beweist." (22).

Flexibel zu sein heißt, Kompromisse, Umwege und schnelle Änderungen nicht zu scheuen. Der Mangel an Bereitschaft dazu wird bei ausländischen Managern besonders getadelt.

Zur Philosophie des kaizen

Auch bei einer flüchtigen Schreibweise sind die 24 lateinischen Buchstaben kaum zu verwechseln. Das verhält sich mit den tausenden von chinesischen Schriftcharakteren (kanji), die aus bis zu 32 Strichen pro Zeichen bestehen, ganz anders. Ihre Erlernung erzieht zu penibler Genauigkeit, bei der kein Pünktchen auch nur um Millimeter anders als vorgeschrieben gesetzt werden darf.

Respekt vor den Vorschriften und äußerste Genauigkeit gehören also an erster Stelle zur Philosophie des kaizen. Dazu kommt die Überzeugung, daß man alles verbessern, immer noch ein wenig besser machen kann.

Von Puppenspielern in Nihon wird berichtet, daß sie je fünf Jahre lernen, die vier Hauptgliedmaßen zu bewegen, also über 20 Jahre für ihre dann nahezu perfekte Ausbildung benötigen.

Bei der Beurteilung junger Mitglieder im Unternehmen ist es sehr vorteilhaft, wenn gesagt werden kann, die junge Person sei majime (ernsthaft). Das zielt nicht auf die Gemütsverfassung ab, sondern auf eine seriöse Einstellung zu den zu erledigenden Aufgaben, von denen keine gering geachtet werden darf.

Bereits in der Schule lernen die Schüler nicht nur die hehren Gedanken Kants oder die Gedichte Basshos kennen, sondern müssen auch Hof und Toiletten selber reinigen und die Schulanfänger mit Fähnchen über die Kreuzung winken. Auch im Reiskorn steckt Buddhatum, bildet eine viel gehörte Weisheit.

Es ist eine Freude, japanischen Handwerkern, wie Schreinern oder Lackmalern, zuzuschauen. Die Liebe zu Material und Werkzeug sind unübersehbar. Das Werkstück wird beinahe ehrfurchtsvoll behandelt. Die Griffe sind exakt, sicher, lange geübt und verfeinert. Eine Gesinnung, die „schlampen, pfuschen oder hudeln" zuläßt, hat in dieser Umgebung keinen Platz.

Der frühere deutsche Bundespräsident Heuß (23) bezeichnete einmal in einer Rede vor dem deutschen Werkbund Qualität ganz einfach als das Anständige. Kaizen ist deshalb kein System, kein Konzept, keine Methode, sondern einfach eine Gesinnung des „nichts gering zu achten", alles ordentlich zu tun, damit man exzellente Ergebnisse erhält. Eine große Idee kann Japanern noch lange nicht imponieren, bevor sie nicht korrekt aus- und zu Ende geführt ist.

Der Industrielle Morita (24) sagt dazu: „Ich meine, jedermann hat einige Arten von Ideen, die die Leute für gut halten. Die wichtige Sache ist jedoch, wie man daran geht, diese Ideen in ihre Industrieumgebung zu übersetzen. Wir alle wissen, daß europäische Nationen Wissenschaftler bewundern." Und er fährt tadelnd fort: „Aber während in den USA und Japan die gleiche Bewunderung den Ingenieuren gilt – den Menschen, die wissenschaftliche Durchbrüche in brauchbare Güter übersetzen – tendieren viele europäische Länder traditionell dazu, mit einer Empfänglichkeit für Snobismus, dieser mit Handarbeit verbundenen Disziplin Ingenieurwesen auszuweichen. Europäische Ingenieure wurden lange Zeit als bloße Handarbeiter angesehen. Es waren Amerika und Japan, die ihre entscheidende Bedeutung erkannten."

Demut, Hingabe und Fleiß kondensieren sich im kaizen zu dem Willen, in nimmermüdem Bemühen praktisch das Beste zu erreichen. In diesem Kontext gilt auch die Bemerkung Goethes, das Genie bestehe zu 80% aus Fleiß oder Buffons Wort „Genie ist nichts als eine bedeutende Anlage zur Geduld."

Die zwei Hauptkomponenten des kaizen sind Instandhaltung und Verbesserung. Das bezieht sich auf die aktuellen technischen, managementmäßigen und operativen Niveaus. Während von den unteren Hierarchie-Stufen mehr Instandhaltung anhand detaillierter Checklisten gefordert ist, werden vom Top-Management Gedanken und Visionen zu neuen Schritten erwartet.

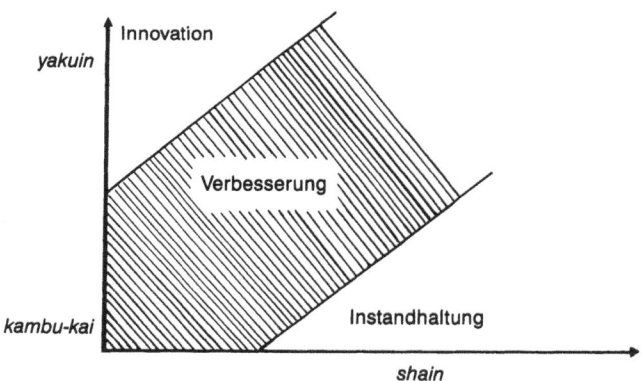

shain = Mitarbeiter
kambu-kai = Mittleres Management
yakuin = Vorstände
Skizze nach Imai (25)

In guten deutschen Jahresplänen findet sich oft ein geforderter Prozentsatz (z. B. 0,5% oder 1,0%) zur Ergebnisverbesserung aus „Rationalisierung". In guten japanischen Plänen ist dieser Prozentsatz etwas höher (z. B. 1,0% oder 1,5%) und er soll aus „kaizen" kommen, der über Rationalisierung hinausgeht und alle Gebiete der Unternehmensführung umfaßt. Kaizen wird als ständiges Element angesehen, das alle Mitarbeiter und Manager an jedem Platz der Unternehmung und auf jedem Arbeitsgebiet umfaßt. Das erfordert übergreifendes Denken. Produktverbesserungen werden deshalb keinem einzelnen Produkt-Manager, sondern jeweils einem speziellen Team anvertraut, das sich von der Konstruktion und vom Labor her über die Beschaffung, Rationalisierung im Fertigungsablauf, Vereinfachung von Verwaltungsprozessen bis hin zur Verbesserung logistischer Abläufe mit einer Optimierung im Sinne eines Ganzheitsprozesses befaßt. Dabei spielt die Verbesserung der menschlichen Einstellungen auf allen Ebenen eine ebenso wichtige Rolle. Das heißt, kaizen ist vordergründig mehr mit der Verbesserung der Prozesse als mit der Verbesserung der Resultate befaßt.

Zur Belegschaftsstruktur

Zwar gibt es auch in japanischen Unternehmen recht klare organisatorische Abgrenzungen, doch in der Praxis wird dies flexibel gehandhabt. Die Grundidee dahinter ist, daß alle an allem, an der Gesamtheit des Unternehmenszieles, mitwirken. Die Erwartungen an die unteren Ränge ist dabei realistischerweise niedriger als die an die weiter oben angesiedelten.

Frauen im Unternehmen

In einer Zeitungsmeldung (26) im April 1986 hieß es: „Mit dem Inkrafttreten eines im Mai vergangenen Jahres verabschiedeten Gesetzes sind die Japanerinnen seit Dienstag theoretisch ihren männlichen Landsleuten im Berufsleben gleichgestellt."

Die Zahl der beschäftigten Frauen in Japan beträgt rund 16,0 Mio., das sind über 36% der in dritten Unternehmen Arbeitenden. Hinter dieser bedeutenden quantitativen Größe tritt der qualitative Aspekt jedoch deutlich zurück. Die Arbeit der Frau ist grundsätzlich in Japan im Haus oder dem angeschlossenen Familienbetrieb zu suchen. Arbeit außer Haus wird grundsätzlich nur ein temporärer Charakter zugeschrieben: nach Schule/Studium bis zur Hochzeit; gelegentlich während der Kindererziehung, um die Haushaltskasse aufzufrischen und im Alter, wenn die geringe Altersabfindung des Mannes nicht zur Deckung der Lebenshaltungskosten ausreicht.

Für die japanische Volkswirtschaft ist Frauenarbeit ungemein wichtig. Während die Gesamtvergütung der männlichen Arbeitnehmer — auch unter Einschluß aller sozialen Leistungen — gleich oder über den Kosten für deutsche Arbeitnehmer im Vergleich liegt, sieht das bei weiblichen Arbeitskräften ganz anders aus, da sie vor allem als Fabrikarbeiterinnen und Verkäuferinnen oft nur nominal bei einem Drittel oder der Hälfte ihrer deutschen Geschlechtsgenossinnen liegen.

Das bedeutet einen beachtlichen Kostenvorteil für die japanischen Unternehmen. Frauen werden durchweg in unwichtigen Positionen als Teilzeit- oder gelegentlich Heimarbeitskräfte beschäftigt und genießen kaum je die Privilegien dauerhafter Anstellung. Auch die materiell recht gut gestellten office ladies werden mit ihrer Verehelichung oder spätestens vor der Geburt des ersten Kindes und mit dreißig Jahren aus den Unternehmen gedrängt. Professor Shinotsuka (27) sieht die geringen Aufstiegschancen für Frauen vor allem, neben dem allgemeinen männlichen Chauvinismus gegenüber Frauen in Japan, in der schlechten beruflichen Ausbildung. Da die Schulbildung breit angelegt ist, vermittelt sie keine fachlichen Kenntnisse und wird dann beim Eintritt ins Unternehmen durch eine gezielte fachliche Förderung kompensiert. Diese gilt jedoch nicht für die weiblichen Mitarbeiter.

Der Verfasser hat bei einer Firmengründung vor 20 Jahren in Japan in Ermangelung guter männlicher Arbeitskräfte überwiegend mit weiblichen Mitarbeitern gearbeitet. Er konnte sich praktisch die besten heraussuchen und machte mit ihnen in bezug auf Intelligenz, Belastung und Identifikation mit dem Unternehmen beste Erfahrungen. Eine Reihe von ihnen arbeitet noch heute in diesem Unternehmen, in einem Falle sogar als kacho. Offensichtlich macht die japanische Volkswirtschaft noch wenig Gebrauch von diesem verborgenen Schatz. Andererseits beschäftigen die japanischen Schulen überwiegend, in den Grundschulen sogar fast ausschließlich, Lehrerinnen.

Bei einem Aufsatzwettbewerb 1980 von 800 Mitarbeitern (davon ca. 350 weiblich) im oben erwähnten Unternehmen, über die Zukunft des Unternehmens, landeten bei anonymer Bewertung drei Damen auf den ersten Plätzen. Der Schock der Herren war so groß, daß durch Manipulation die Nummer Vier, ein Mann, dann nachträglich auf Platz Drei gesetzt wurde. Die überlegene Siegerin verließ das Unternehmen einige Jahre später und trat in ein amerikanisches Software-Haus ein, da sie auf dem klassischen Entwicklungsweg keine faire Chance sah. Heute ist sie „President" ihres kalifornischen Unternehmens für Asia-Pacific. Dieser Fall hinwiederum dient dem männlichen Management als Beweis dafür, wie illoyal Frauen im Grunde doch seien.

Stellenangebote für Frauen beinhalten meist nur untergeordnete Tätigkeiten und sehen keine Daueranstellung vor. „Da Frauen ohnehin meist nur solche Beschäftigungen ausüben, sind sie eher zum Firmenwechsel bereit, weil sie sich in dieser Hinsicht kaum verschlechtern können. Frauen wechseln ihre Stellungen weniger, um sich beruflich zu verbessern, sondern häufig aus der Hoffnung nach einem besseren Arbeitsklima, wegen günstigerer Arbeitszeit oder eines kürzeren Anfahrtsweges" (28).

Neben der wirtschaftlichen Bedeutung der Frauen fürs Unternehmen, werden sie auch bewußt zur Pflege des Corporate Image eingesetzt. Sie erhalten hübsche, oft teure, Designer-Uniformen, verschönen im Kimono die diversen Firmen-Feiern und werden darauf trainiert, mit süßen Stimmen am Telefon positive Gefühle für das Unternehmen beim Anrufer zu erzeugen. Wahrhaft engelgleiche Wesen (mit hochqualifizierter Universitätsbildung) schmücken als Empfangsdamen die Vorstandsetagen, insbesondere bei Großbanken. Trotz gemischter Gefühle gegenüber der gesetzlichen Gleichstellung von Frauenarbeit (29) werden diese dennoch zielbewußt so eingesetzt, daß sie insgesamt zum harmonischen Erscheinungsbild des japanischen Unternehmens beitragen.

Zeitarbeiter

In einem Punkt werden Zeitarbeiter (koin) ähnlich wie Frauen eingesetzt, nämlich zur Verbesserung der Kostensituation, zur Erhaltung der Flexibilität und an den vermeintlich für sie nützlichsten Arbeitsplätzen.

Die willigsten und fähigsten Zeitarbeiter erhalten in seltenen Fällen durchaus die Chance, zu den Festbeschäftigten aufzusteigen, wenngleich ihnen das Vorrücken ins Mittel-Management nur in sehr seltenen Fällen gelingt und sie meist in ihrer Einkommensentwicklung lebenslang nachhinken. Die große Masse von ihnen dient jedoch als willkommener Puffer in wirtschaftlich schlechten Zeiten, da sie ohne nennenswerte Abfindungen dann auf die Straße gesetzt werden können.

Dennoch tragen auch diese Mitarbeiter in Grenzen zum Gedeihen ihres Unternehmens bei, da sie von motivierten Festbeschäftigten umgeben sind, die sie in der allgemeinen positiven Stimmung mitziehen. Rein äußerlich sind sie deshalb von einem flüchtigen ausländischen Beobachter zunächst kaum vom typischen japanischen kaishain zu unterscheiden. Obgleich Privilegien ihnen weitgehend vorenthalten bleiben, sind sie doch froh, sich mit einer Gruppe, einer Gemeinschaft identifizieren zu können, insbesondere äußern sie einen gewissen Stolz, wenn ihr Unternehmen einen berühmten Namen wie etwa Mitsubishi trägt.

Das sieht in mittleren und kleineren Unternehmen allerdings anders aus. Über die Hälfte aller Arbeiter (blue collar workers) ist in ihnen beschäftigt. „Es gibt da große Unterschiede im Lebensstandard und Lebensstil als Konsequenz. Zum Beispiel haben die Arbeiter in kleinen und mittleren Firmen weniger Arbeitsplatz-Sicherheit und sie müssen oft mit der Möglichkeit eines Bankrotts rechnen. Die Rate der Bankrotte ist hoch, da eine große Zahl kleiner Firmen gewöhnlich als ökonomische Puffer für die größeren Firmen benutzt wird" (30). Dennoch versucht jedes Unternehmen in Japan auch seinen Zeitarbeitern ein Gefühl der Zusammengehörigkeit zu geben. Als besonderes Mittel hierzu wirkt das System der menschlichen Verpflichtungen (giri-ninjo).

„Tatsächlich versichert man sich fügsamer Arbeiter, die sich dem Management unterordnen, mit Anwerbungen durch persönliche Beziehungen im Kontext mit den sozialen Beziehungen in Japan, die sich dem Unternehmen verpflichtet fühlen. Das ist eine Form der Arbeitskontrolle, die es dem Management erlaubt, Disziplin durch die Arbeiter selbst auszuüben" (31).

Wenn man eine Anstellung in Japan etwa durch Vermittlung eines Freundes oder eines Verwandten erhält, dann verpflichtet das zu besonderem Einsatz im Betrieb, um dem Helfer keine Schande zu bereiten.

Abegglen (32) weist auf den interessanten Aspekt hin, daß die meisten japanischen Fabriken auf dem Lande, oft weitab von größeren Städten, liegen. Sowohl das Unternehmen als auch die jungen Leute dort treffen sich in ihrem Interesse an stabilen Arbeitsbeziehungen. Es ist ungemein schwer für die Unternehmen, einerseits junge Mitarbeiter aus den Städten auf das Land zu bringen und andererseits sind die ländlichen Mitarbeiter oft noch mit dem elterlichen Betrieb verbunden, so daß ihnen eine Arbeitsstelle in der Nachbarschaft hochwillkommen ist. Hier setzt ebenfalls wieder das System persönlicher Beziehungen ein, das es erschwert, sich ohne allseitige Gesichtsverluste von einem Arbeitgeber zu trennen.

Das typische Problem Japans, fehlender Wohnraum, wirkt ebenfalls stabilisierend auf eine mögliche Fluktuation der Nicht-Festbeschäftigten. Sowohl für junge Leute, die vom Land in die Stadt ziehen, als auch für solche, die zumindest temporär von der Stadt aufs Land ziehen müssen, stellen die Unternehmen Wohnheime bereit; auf dem Lande auch oft einfache Reihenhäuser für Familien. Das erschwert die Mobilität in einem Lande mit immens hohen Grundstückspreisen außerordentlich.

Zusammenfassend mag gesagt werden, daß das sehr heterogene Segment der Zeitarbeiter in Japan in unterschiedliche Gruppen zerfällt, die je nach Bedarfsanfall in die verschiedenen bestehenden Lücken im Unternehmen eingebracht werden.

Die Festbeschäftigten

Diese Gruppe bildet das stabilisierende Element jeden japanischen Unternehmens, ja sie repräsentiert geradezu das Unternehmen selbst. Alles was der ausländische Interessierte über Japans Gesellschaft erfährt, bezieht sich zumeist auf diese rund 35% starke Gruppe, die praktisch völlig aus Männern besteht. Arbeitsplatzsicherheit, hohe Boni, weitgehende Fortbildungsmöglichkeiten, Mitwirkung an Entscheidungen und hoher Informationsstand sollen hier noch einmal wiederholt werden.

Für diese Art des Managements, das sich in erster Linie um seine Mitarbeiter kümmert, wird der Begriff „people centered management" verwendet, japanisch „kigyo wa hito naru". Hierbei geht es um weitgehende Deckung – in Japan auch Verschmelzung – von Wertvorstellungen des Unternehmens und des Einzelnen. „Das Unternehmen ist keineswegs nur eine Quelle des Einkommens für den Menschen als Teilnehmer in der heutigen ökonomischen Welt. Sicherheit, Status und Selbstverwirklichung sind von vorrangiger Bedeutung; in japanischen Unternehmen zeigt sich dies zum Beispiel im Wunsch der Mitarbeiter nach lebenslanger Beschäftigung und den Bemühungen der Gewerkschaften, das Fortbestehen des Unternehmens zu erreichen" (33).

Mit Unverständnis und gewissem Gruselgefühl blicken Japaner deshalb auf US-amerikanische Firmen, wo Spitzen-Manager angeheuert werden, um kurzfristig hohe Dividenden und Kurssteigerungen zu erzielen, damit die Aktionäre zufrieden sind; woraufhin sie möglicherweise ihr Betätigungsfeld wieder verlassen und in die Dienste eines Dritten treten. Der japanische Mitarbeiter betrachtet hingegen seinen Eintritt in das Unternehmen wie eine Heirat, bei der die Scheidung gewöhnlich als Unglück angesehen werden muß. Im Normalfall richtet man sich auf eine lange Wegstrecke durch „Dick und Dünn" ein, in der gemeinsam Schwierigkeiten erduldet und gute Ergebnisse geteilt werden. Lang- und mittelfristige Planungshorizonte dominieren eindeutig über billige kurzfristige Erfolge. Dies geschieht auf dem Boden eines Gemeinschaftsgefühls, wie es ebenso in einer normalen Familie gilt. Wenn auch der Vater (oder die Mutter) einige wichtige Entscheidungen treffen, im Alltag herrscht die Gleichheit vor. „Es wird blitzartig klar, daß Gleichheit mitreißende Fortschritte durch die Art erzielt, wie japanische Unternehmen ihr „Geschäft führen" (34).

Die Stamm-Mitarbeiter fühlen sich als die treibende Kraft des Unternehmens. Jeder von außen Hinzukommende – und sei er selbst ein neuer shacho von außerhalb (im übrigen schwer vorstellbar in Japan) – muß sich mit diesen loyalen Menschen arrangieren. Sie entscheiden über die Arbeitsbedingungen wie Arbeitszeiten, Urlaubssequenzen, die Anschaffung von Telefonapparaten oder Bildschirmen, die Farbe der Teppiche im Büro und auch wie der Gewinn verwendet wird; zumindest geht ihr Selbstverständnis so weit. Da sie das Unternehmen wie ein Spinnennetz überziehen, ist die Unternehmensleitung sehr wohl beraten, auf sie zu hören. Das ist in Japan in der Regel auch der Fall. Hierzu sagt Shimabukuro (35): „Wir betrachten Unternehmensführung durch Konsensus-Management als die ideale Form des modernen Managements."

Fähigkeit zu Wechsel und Wachstum

Der Wechsel der Jahreszeiten lehrt zum Beispiel, daß Wandel und Wachstum miteinander verknüpft sind. Die Fähigkeit zu schnellen Wechseln ist Japan seit mindestens 100 Jahren eigen. Mode, Verhaltensweisen und Sprachfloskeln ändern sich heute in Tokyo im Halbjahresrhythmus, so daß ein großer Teil der Bevölkerung Mühe hat, mit diesem rapiden Tempo mitzuhalten.

Bereits 1904 schrieb der große Japankenner Chamberlain (36): „Japan verharrte so lange im Ruhezustand, daß es sich nun schnell und oft zu bewegen hat, um die verlorene Zeit gutzumachen. Stets nach wenigen Jahren gibt es eine neue Verrücktheit, die die ganze Nation, oder wenigstens den Teil davon, der in Tokyo residiert, für eine Saison wild macht." Er listet dann auf, daß 1882 jederman Wörterbücher kaufte, 1883 Vereinsgründungen in Mode waren, 1884 die Kaninchenzucht zu kuriosen Blüten kam; 1884/85 standen athletische Übungen hoch im Kurs, um 1886/87 tanzte jedermann Walzer. 1889 gab es eine Rückbesinnung auf traditionelle japanische Vergnügungen und Kostüme.

1893 versetzte der Ritt eines Offiziers durch Sibirien die Nation in Taumel, 1896 war das Jahr der Briefmarkensammler und von 1898/1900 regierten Garten-Parties. 1901 gab es riesige Picknicks für Kinder, 1903 berauschte sich die Jugend an Schopenhauer und Nietzsche und sprang zu Hunderten am Kegon-Wasserfall bei Nikko in den Tod; 1904 ging man zu ruhigeren Laternen-Umzügen über; und so fort bis in die jüngste Gegenwart. Dies zeigt, daß erstens Japaner auch landesweit blitzartig kollektiv zu handeln vermögen und zweitens immer auf der Suche nach neuen Dingen sind. Es genügt bereits, ein bekanntes Produkt mit dem Aufkleber shin hatsubai (Neu-Verkauf) zu versehen, um einen Vertriebserfolg zu erzielen.

In diesem Sinne besteht eine ungeheure Neugier auf ausländische Produkte (hakurai). Das bedeutet jedoch keineswegs, daß sich Japan je nachhaltig in der Gefahr befand zu verwestlichen. Die neuen Dinge werden gewissermaßen einverleibt, assimiliert und japanisiert. So geschieht der Wandel stets im Sinne einer Fortentwicklung des Japanischen, ohne daß sich traditionelle Wertvorstellungen einschneidend ändern müssen.

„In Japan akzeptierte der Mensch die Natur, wie sie war", schreibt der bekannte japanische Publizist H. Hasegawa (37) und er fügt 100 Seiten später hinzu, die Japaner hätten immer die besseren Merkmale anderer angenommen und nicht blind auf den Formen ihrer eigenen Zivilisation bestanden.

In der Tat finden wir um 400 n. d. n. Zeitrechnung das Eindringen koreanischer Kulturelemente, um 800 n. d. n. Zeitrechnung die Aufnahme des indischen Buddhismus über China und damit die Adaption chinesischer Literatur und Verwaltung. Um 1550 wurde von den Portugiesen und Spaniern gelernt, zwischen 1600 und 1850 von den Holländern, in der Meiji-Zeit von Deutschland, Frankreich und Großbritannien sowie nach dem Zweiten Weltkrieg von den USA. Nie verlor Japan dabei seine Identität, seine Seele. Es absorbierte, was es für gut befand, wandelte und verbesserte es und empfand es danach – wohl auch zu Recht – als etwas Eigenes. Es akzeptierte durchaus das Nützliche anderer Kulturen, in der Neuzeit überwältigend der westlichen, behielt sich aber die Anschauung der eigenen moralischen Überlegenheit vor.

So dürfen wir auch für die Zukunft noch einschneidenden Wandel in Japan annehmen, nur wird dieser bei etwas eigenem, typisch Japanischem, enden.

„Generell waren japanische Eltern sehr erfolgreich darin, ihre Wert-Orientierungen zu ihren Kindern hinüberzubringen", schrieben Caudill und Scarr (38) 1974. In den achtziger Jahren hat sich das zumindest in den Großstädten deutlich geändert, obgleich die ältere Generation dessen nicht gewahr zu sein scheint. Eltern und Jugendliche leben in zwei verschiedenen Welten, wobei die jungen Leute ihre Welt im allgemeinen vor den Alten verbergen. Die Anstöße zu einer Veränderung des Verhaltens kamen dabei jetzt zweifellos aus westlichen Ländern.

Für ein Individuum ist es schwer, Wandel zu vollziehen; das gilt in Japan ganz besonders. Wandel ist aber leicht über eine Gruppe zu erreichen. Da Japaner intensiv in Gruppen leben, genügt ein Anstoß, um begeistert innerhalb und mit der Gruppe größte Umwandlungen zu erreichen. Das gilt für jugendliche Cliquen und ihre Musikvorlieben, für eine Gruppe befreundeter junger Frauen und ihre Mode-Vorbilder, das gilt für eine Dorfgemeinschaft mit gemeinsamen exotischen Reisezielen und das ist vor allem auch im Unternehmen zu beobachten, wo schlagartig neue Kommunikationstechniken und Fertigungsverfahren durchgeführt oder die Markteroberung neuer Absatzmärkte in Angriff genommen werden kann.

Aus dieser steten Bereitschaft, sich gemeinsam Neuem zuzuwenden, speist sich das schnelle Wachstum Nihons. In Japan sind kaum klügere

Menschen als anderswo am Werk oder geheimnisvolle, wunderbare Management-Methoden im Einsatz, sondern das Geheimnis liegt einfach im schnelleren Arbeitsrhythmus, in rascher Umsetzung technischer Ideen, in enthusiastischer Aufnahme neuer Produkte im Markt − auch wenn es sich nur um sachlich unwichtige „gimmicks" handelt. Eine naive Freude am Neuen, ein vitales Gefühl für die Überwindung von Barrieren und eine immerwährende Selbstbestätigung, daß dies alles recht sei, durch die Gruppe, bewirken so den Wirbel der Veränderungen, der durch eine Stadt wie Tokyo braust.

Die Lust am Wandel auf einem bestimmten Gebiet überträgt sich im Schneeballeffekt von einer Gruppe zur anderen. In der Gruppe können sich Schwingungen durch rasche Interaktionen viel rascher als bei vereinzelten Individuen aufbauen.

Es scheint hierbei, daß die Frauen in Japan heute weniger konservative Fesseln als die Männer tragen. Insbesondere die jungen männlichen kaishain geraten nach dem Eintritt in das Unternehmen rasch in die üblichen Rituale und Männlichkeits-Wertvorstellungen, die sie sich bei abendlichen Gelagen gegenseitig selbst bestätigen. Mit dem gleichen Geld fahren ihre jungen weiblichen Kolleginnen allein oder zu zweit ins Ausland, wo sie auf sich gestellt, viele neue Eindrücke aufnehmen. Ihr Vorbild ist Sonntagmorgen um 10.00 h die Sendung „Sekai no tabi", wo die bekannte Journalistin Kanetaka, Kaoru, jahrelang in die verschiedensten Länder der Welt führte und aufzeichnete, was besonders für Frauen interessant ist. Das Fernsehen überträgt solche Sendungen natürlich bis ins letzte Dorf.

„Das Resultat unserer Analyse persönlicher Dokumente zeigt, daß unter Stadt-Frauen die Rolle der Mutter sich viel schneller und entscheidender verändert als die der Ehegattin; hingegen gilt unter den Land-Frauen, daß sich die Rolle der Ehefrau schneller und entscheidender als die der Mutter ändert, was zumindest für die entsprechende Gruppe von Frauen mittleren Alters gilt" (39).

Diese Frauen haben eine lautlose aber rasche Revolution eingeleitet. Sie schlafen in westlichen Betten, essen Toast zum Frühstück, bewahren Nahrungsmittel in der Tiefkühltruhe auf und benutzen statt ihrer Hände zunehmend im Ausland entwickelte Maschinen. Sie haben neun Stunden pro Tag das Fernsehgerät angestellt und erfahren so eine Menge Dinge, von denen ihre Männer im Büro oder an der Werkbank wenig zu hören bekommen.

Letztlich gehen sie auch zu zweit ins Theater, in ein Café zum Weintrinken oder sogar einmal in eine Disko. Ihre Männer sagen scherzend, mit einem Körnchen Wahrheit, daß sie sich nach der „guten alten Zeit" zurücksehnen.

Die erstarkende Rolle der Frauen in der Meinungsbildung, bei der Kindererziehung und im öffentlichen Leben ist ihnen unheimlich. Deren Nachfrage nach Zweitwagen, Waschmaschinen, Schmuck (der früher zum Kimono nicht getragen werden durfte), Fortbildungskursen und Reise-Arrangements befeuert Japans Wachstum enorm. Hinzu kommt, daß Nippon eine Wettbewerbs-Nation ist. Bei den engen Wohnverhältnissen weiß jederman, was der Nachbar Neues konsumiert oder angeschafft hat; das führt zum Aufholprozeß, der sich auch auf diese Weise aufschaukelt.

Dieser Wettbewerb findet – auf ungleich größerer Skala – auch zwischen den Unternehmen statt. „Der Ruhm und die Vergeltung der japanischen Geschäftswelt, das Lebensblut unserer industriellen Maschinerie, ist der gute altmodische Wettbewerb" (40).

Dazu kommt jedoch eine weitere Komponente, die Morita ausläßt: das Errichten von Rahmenbedingungen und die Schaffung einer ganz allgemein technik- und fortschrittsfreudigen Haltung bei den Japanern durch ihre kanryo (Karriere-Bürokraten). Deshalb gibt es in Japan keine Technikfeindlichkeit und seine Universitäten wurden für die Ingenieurfächer früher als zum Beispiel die deutschen geöffnet. Die japanische Bürokratie hat die Wirtschaft nicht durch Gesetze verunsichert und keine spezifische Planwirtschaft betrieben. Stattdessen hat sie Wandel in Gang gesetzt; in der Meiji-Zeit durch Gründung von Pionier-Unternehmen und deren Überlassung an Private.

Heute ist „ihr effektivstes Werkzeug eine Art behördlicher Anleitungen (gyosei shido), bei welchen sie Zielsetzungen für verschiedene Sektoren der Wirtschaft angibt ..., die Wachstumsindustrien identifiziert und bei deren Ausweitung hilft ... sowie die Energien von Unternehmen aus schrumpfenden Industrien zur Diversifikation in andere Felder lenkt" (41).

Das Vertrauen in die guten Absichten der kanryo bewirkt, daß die meisten Geschäftsleute unter ihnen mutig den Wandel wagen und damit Wachstum erzeugen.

Ein Ingenieur des Nomura Research Institutes (42) formuliert zu den Kriterien Schnelligkeit und Erfahrung: „Sie (die Japaner) bringen in das Rennen eine Munterkeit und Schnelligkeit der Reaktion ein, die für die Aufgabe (Produktentwicklung) mehr als adäquat ist. ... Europa fehlt diese flinke Reaktion... . Die Meister waren in der Tat eine Säule der Unterstützung für Westdeutschlands Maschinenindustrie, aber sie haben ihre Geschicklichkeiten durch mehr als dreißig Jahre Erfahrung gewonnen und waren deshalb verständlicherweise unfähig, mit der Elektronik Schritt zu halten, die sich in nur ein oder zwei Jahren völlig verändern kann."

94 Mensch und Organisation

Das Unternehmen als biokybernetisches System

Als wichtige Verhaltensweisen in der ostasiatischen Gesellschaft, die sich auch in sozialen Gebilden wie Unternehmungen — insonderheit in Japan — wiederfinden, zählen wir auf:

+ die Ganzheitsmethode
+ die Betonung humaner Faktoren
+ das natürliche Hierarchie-Gefühl
+ die Kommunikationsfreudigkeit
+ die Selbstregelung eines organisatorischen Organismus durch Rückkoppelung
+ der Wunsch neben Faktenkenntnis Zusammenhänge zu begreifen
+ der Wille, die Art über den Tod des Einzelnen hinaus fortzuführen.

Damit halten wir die wichtigsten Bausteine für ein biokybernetisches Unternehmens-Verständnis bereits in Händen.

Aus der japanischen Literatur der Unternehmens-Organisation ist uns zwar kein einschlägiges Werk zum Modell eines biokybernetischen Unternehmens-Systems bekannt, doch zeigen Beobachtungen, daß sich die verantwortlichen Manager intuitiv entsprechend in ihren Organisations-Systemen und bei der Gestaltung von Prozeßabläufen im Sinne kybernetischer Regelung verhalten.

„Je höher die Organismen entwickelt sind, desto mehr stehen sie unter dem Zeichen der Regelung durch Rückkoppelung" (43), in der wir ein Urprinzip aller Lebensvorgänge erkennen. Und Riedl schreibt (44): „Das Verständnis von Systemen aber schreibt vor, Kreisläufe anzuerkennen, ursächliche Wechselwirkung, die sie erst zu Systemen macht."

Diese Vorgänge in der Natur sind alles andere als einfach, sie sind im Gegenteil äußerst komplex. Das gilt auch für die Organismen von Unternehmen, für deren Fragen und Probleme es kaum einfache Antworten gibt. Lösungen können auch hier in der Regel nur sehr komplexer Natur sein. „Das Leben schreitet also wie die wissenschaftliche Forschung von alten Problemen zur Entdeckung neuer und ungeahnter Probleme fort" (45).

Alle Prozesse in der Natur sind irreversibel; eine zerquetschte Tomate läßt sich nie wieder in ihren alten Zustand versetzen. Der zweite Hauptsatz der Thermodynamik besagt bekanntlich, daß das Universum auf seinen Wärmetod hinsteuert, da es unaufhörlich und unwiederbringlich Wärme an das kalte Weltall abgibt. Da das Universum im Laufe der Zeit immer komplizierter wird, „gibt es demnach so etwas, wie ein Gesetz der zunehmenden Komplexität" (46).

Wenn wir ein wohlgeordnetes Kartenspiel den freien Kräften des Windes aussetzen, wird es immer chaotischer werden, ohne daß ein Zufall es wieder in die vorherige Ordnung bringt. Krebszellen in höherorganisierten Lebewesen haben die Tendenz chaotischer Vermehrung bis zum Tod und völliger Zersetzung dieses lebenden Organismus. Laufend ereignet sich entsprechende Entartung von Körperzellen; doch Regelmechanismen sorgen in mehr als 99% der Fälle dafür, daß Kampfzellen die verursachenden Viren vernichten.

Jedes Unternehmen würde zwangsläufig ins Chaos steuern, wenn nicht eine große Zahl von Rückkoppelungseffekten für ein Erkennen und Beseitigen der entgleisenden Phänomene sorgen würde. Bei der enormen Zahl der möglichen Fälle in der Komplexitätsfülle eines Organismus, kann die Kontrolle eines oder mehrerer Manager kaum nützen.

Das System muß stattdessen so angelegt sein, daß es sich selbst reguliert. In Japan spricht man gern vom autonomen Management, das heißt der Delegation der Korrektur- und Entwicklungsvorgänge auf kleinste Unternehmenseinheiten. Vom „großen Zampano" geleitete Unternehmen werden hingegen zwangsläufig früher oder später kollabieren, zumindest wenn ein überdurchschnittliches Waschstum aufhört. Ein Unternehmen ist ein Stück Biologie, in der die Gesetze klassischer Physik nicht gelten. „Gesetze der Wirtschaft mögen zwar hart sein, aber auf die Gesetze der Physik können sie nicht zurückgeführt werden" (47). Denn die Wirtschaft wird von handelnden oder unterlassenden Menschen bestimmt. Doch dazu meint Sambursky (48): „Nur der schöpferisch assoziierende Dichter vermag das Menschenbild mit jener Vollkommenheit zu spiegeln, die selbst einer noch mehr humanisierten Physik der Zukunft verwehrt sein wird."

Gutenberg unterscheidet in seinem Vorwort zu „Die Produktion" noch recht apodiktisch zwischen objektbezogenen Arbeitsleistungen und dispositiven Arbeitsleistungen. Und bezüglich der Planung postuliert er, daß sie es vermöge, die betriebswirtschaftlichen Prozesse „von den Zufälligkeiten frei zu machen, denen die Entwicklung der wirtschaftlichen und technischen Daten in den innerbetrieblichen und außerbetrieblichen Bereichen ausgesetzt ist" (49).

Der pragmatische japanische Manager weiß nun, daß die Zahl der „Zufälligkeiten" gegen ∞ strebt und er die Mitwirkung aller Mitarbeiter benötigt, um ihnen schnell und effektiv im Sinne eines autonomen Managements durch die jeweiligen Kleingruppen begegnen zu können.

Gutenberg selbst hatte bereits eine „latente Eignung" bei der Belegschaft definiert, die durch Schulung und Ausbildung aktiviert werden kann.

Japanische Manager trachten ständig danach, die Reserven der eigenen Mitarbeiter zu entwickeln und für die Unternehmensziele einzusetzen. Sie sehen kein wissenschaftliches System der Betriebswirtschaftslehre, ein Begriff der ohnehin nicht ins Japanische übersetzbar ist.

Die Unternehmung wird als ein sozialer Organismus angesehen, der flexibel auf die mannigfachen Änderungen in der Umwelt — von der er ein Teil ist — mit motivierten Mitarbeitern, die das Ganze stets im Auge haben, durch Anpassung reagieren kann. Der Zweck des Unternehmens liegt darin, der Volkswirtschaft, das heißt deren Menschen, Güter und Dienstleistungen hoher Qualität zu vernünftigen Preisen anzubieten. Dabei sind als Ausweis der Tüchtigkeit und aus Finanzierungsgründen ordentliche Gewinne zu erzielen. Die Gewinnmaximierung wird von den Mitarbeitern jedoch nicht als Unternehmensziel angesehen, sie wäre im übrigen auch ein kybernetisch irrelevantes Ziel. Selbstregulierende Prozesse laufen eher im Sinne des Selbsterhaltens ab, mit der Richtung auf evolutionäres Wachstum. Dies liegt im Einklang mit der asiatischen Einstellung, für die die Erhaltung der Art, des Unternehmensverbandes im Wettbewerb mit den Rivalen, Priorität genießt.

Diesem japanischen Verständnis kommt die Anpassung der St. Gallener Management-Schule um Hans Ulrich (50) nahe. Sie postuliert ganz im japanischen Sinne als Unternehmensziel eine Maximierung der Überlebensfähigkeit bei evolutionärem Management. Sie warnt vor einer gefährlichen Simplifizierung basierend auf Halbwissen angesichts der komplexen Lagen, die komplexe Lösungen erfordern. Für das Verhältnis von Wissenschaft und Realität bietet die Betriebswirtschaftslehre kein einheitliches Paradigma. Die Basis-Wissenschaften „System-Theorie" und „Kybernetik" unterstützen die systemorientierte Management-Lehre. „Nach unserer Auffassung besteht der Zweck der Betriebswirtschaftslehre darin, handelnden Menschen das in bestimmten Problemsituationen benötigte Wissen zur Verfügung zu stellen" (51), wobei es sich sowohl um empirisches als auch methodisches Wissen handelt. Der Problemansatz liegt hier in der Steuerung oder Lenkung der Unternehmen oder ähnlicher sozialer Organismen. Wiener (52) bezeichnet das Gebiet der Regelung und Nachrichtentechnik, gleich ob bei Maschine oder Lebewesen, als Kybernetik. Bei unterschiedlichen Problemen erkannte er fundamentale Gleichheiten, was Regelung und Kommunikation angeht; Kybernetik wird somit zu einer Theorie der Steuerung oder Lenkung, die transdisziplinär ist. Die Lösung betriebswirtschaftlicher Probleme erfordert somit ein vielschichtiges, multidisziplinäres Wissen.

Lenkung wird in diesem Sinne zu der Eigenschaft eines Systems, die eigene Struktur aufrechtzuerhalten und dabei die innere Kohärenz herzustellen, zu bewahren und zu verstärken, wobei Anpassungen erfolgen, die zusätzlich auch veränderte Zielsetzungen berücksichtigen.

Normen, Werte, Zielsetzungen, kurz alle dynamischen Systeme, können nicht naturwissenschaftlich oder technologisch erklärt werden, wohl aber durch die abstrakten Aussagen der Kybernetik.

Die systemorientierte Management-Lehre steht somit zwischen Theorie und Unternehmenspraxis. Sie muß sich auf stets wechselnde Situationen einrichten, die sich an der Erhaltung des Ganzen ausrichten. „Eine große Unternehmung ist ein vielfältiges und kompliziertes Gebilde. Trotzdem muß sie von jedem Mitarbeiter als Einheit empfunden werden" (53). Auf die Vermittlung dieses Bewußtseins der kaishain arbeiten japanische Unternehmensleiter hin, weil diese nur dann sinnvoll an den Regelprozessen mitwirken können. Nach Fester (54) bedeutet aber jede starre Standardisierung den Tod, da sie weder Anpassung noch Weiterentwicklung zuläßt; letztere sind jedoch die Kardinal-Tugenden japanischen Managements.

Malik (55) weist nachdrücklich darauf hin, daß die Kybernetik die Frage stellt, wie Sachverhalte wären, wenn sie ihre Varietät, eine große Menge an Möglichkeiten, entfalten würden; hierin erweist sich ihre Fruchtbarkeit. Dabei ist die Unternehmung immer als offenes System zu sehen, das zwar die Herauslösung und Bearbeitung eines Einzelproblems zuläßt, doch mit der gesamten Umwelt verbunden bleibt. Die allgemeine Vernetzung führt zu unerhört komplexen Systemen, die unendlich viel komplizierter als die klassischen Kuben oder Kugeln sind. Bei der Beschreibung einer Wolke oder den Wünschen von hunderttausend Konsumenten versagt die euklidische Geometrie. Die Intuition von künstlerisch begabten Menschen hilft bei ihrer Beschreibung, jedoch nicht bei der Erkennung ihrer Zusammenhänge. Hier entwickelt sich die Fraktale Geometrie als ein neuer Zweig der Mathematik, der mit der Iterations- und Vektorrechnung arbeitet (56).

Die komplexen, von Benoit Mandelbrot als Fraktale bezeichneten Gebilde wie etwa eine Schneeflocke, bedürfen mathematischer Begabung, um sie mit Hilfe moderner Computermodelle darzustellen. Der hohe allgemeine Ausbildungsstand in der Mathematik in Japan mag Nippons Kindern hier wieder einen Vorteil zuspielen.

4. Strategisches Zentrum: Absatz und Marketing

Man hört häufig, der Japaner sei kein guter Verkäufer. Es wird auch gesagt, die Liebe des Japaners gelte eigentlich der Produktion und dort leiste er wirklich Herausragendes. Es ist in der Tat ein Faktum, daß viele Fabriken ultramodern eingerichtet sind, während ausländische Spötter die japanische Distributionslandschaft als archaisch bezeichnen. Letztlich stellt man bei Kostenvergleichen japanischer Unternehmen mit ausländischen fast immer fest, daß erhebliche Kostenvorteile in Japan in Produktion und Verwaltung liegen, daß aber der Vertrieb enorm kostspielig ist und diese Ersparnisse mehr als aufzehrt. Dennoch – oder möglicherweise auch deshalb – stehen Absatz und Marketing im Zentrum strategischen Denkens und Handelns in Japan.

Marktforschung und andere Determinanten der Absatzplanung

„Wenn du den Feind und dich selbst kennst, hast du nicht den Ausgang von hundert Kämpfen zu fürchten. Wenn du dich selbst kennst, aber nicht den Feind, so wirst du für jeden errungenen Sieg auch eine Niederlage erleiden. Wenn du weder den Feind noch dich selbst kennst, dann wirst du in jeder Schlacht untergehen" (1).

Diese alte chinesische Strategie-Weisheit kann auch zum kleinen Einmaleins der Markterkundung gerechnet werden. Kein vernünftiger Pilot wird eine Nacht-Landung mit ausgeschalteten Scheinwerfern unternehmen.

Erfolgreiche japanische Unternehmen im Weltmarkt können sich zuvor im schwierigen heimischen Markt stählen: Der Wettbewerb ist hart, der japanische Kunde ist anspruchsvoll, der Markt ist groß und ein Fehler kann deshalb ein Unternehmen an den Rand des Ruins bringen. Daher empfiehlt es sich herauszubringen, was genau die Wettbewerber unternehmen, was genau der Verbraucher braucht und wünscht, was genau die Ressourcen sind und wie man sie konzeptionell am vielversprechendsten einsetzt.

Das Ausforschen des feindlichen Lagers und die Gewinnung der gegnerischen Bevölkerung durch interessante Angebote haben in Japan eine lange Traditon. Entsprechend gibt es sogar im Stadtteil Yotsuya von Tokyo eine Manager-Schule für „Industrielle Informationsbeschaffung". An japanischer Industriespionage in westlichen Ländern entzündet sich von Zeit zu Zeit ein Unmut in der öffentlichen Meinung. Die Kontraste in der Auffassung sind dabei nicht zu überbrücken, da unterschiedliche Moral- und Wertvorstellungen sich kontrovers gegenüberstehen. Wirtschaftliches Handeln geschieht nun einmal in Japan nach den Regeln der Militärkunst – selbstverständlich auch im Inland. Es handelt sich dabei um harten Männerkampf und keineswegs um Sport und Spiel, so daß Begriffe wie fair play und good friendship absolut fehl am Platz sind. Der Verfasser hat in Japan erlebt, daß die Beschaffung fast jeder Wettbewerbsinformation praktisch nur eine Frage des Geldes ist. Schwieriger ist die Beschaffung von Marktinformationen.

Über das fast undurchdringliche Gestrüpp der japanischen Distributionslandschaft lassen sich zwar quantitativ sehr viele Fakten und Zahlen beschaffen, aber ihre qualitative Auswertung erfordert viel spezifische Marktkenntnis, die man von Marktforschungs-Instituten generell nicht erwarten kann.

Wieder relativ einfach ist das Testen von Produkten, da die entsprechenden Institute in Japan über modernste Methoden und Instrumente verfügen, wenn nicht die japanische Sprache so vage und der Konsument als Individuum (oder in einer künstlich zusammengesetzten Gruppe) so unzuverlässig wären!

René König (2) hat das Interview als den Königsweg der Sozialforschung bezeichnet. Ob es jedoch in Japan gleiche Aussagekraft wie in den USA oder Europa hat, muß bezweifelt werden. Bauern und Arbeiter dürften einigermaßen unreflektierte Antworten geben. Aber unser kaishain, der voll angepaßte Festangestellte, wird wenig nützliche Antworten geben, da er sich nicht anmaßt, eine andere als seine Gruppenmeinung zu haben.

Wird er als Individuum zu einer Meinung quasi gezwungen, dann versucht er herauszufinden, was der Interviewer am liebsten hören würde und gibt seine Antwort in die vermutete Richtung. Es ist demnach beim Interview notwendig, eine natürliche Gruppe insgesamt zu interviewen, was kostspielig und schwierig ist. Das probate Mittel der Marktforschung ist deshalb vor allem in Japan der Testmarkt. Es gibt genügend größere, aber hinreichend abgelegene Städte in Japan (Kumamoto, Kochi, Yonago, Toyama, Morioka, Asahikawa), wo sich zeigt, was am Produkt oder dem Kommunikationskonzept fehlt oder negativ empfunden wird.

Diese Testmärkte sind auch deshalb wichtig, weil nur so ein Funktionstest unter realistischen Bedingungen zustande kommt. Der japanische Konsument verzeiht nicht, wenn die Küchenmaschine nach drei Wochen quietscht oder ein Flaschenverschluß zu tröpfeln beginnt.

In der Absatzplanung gehen aber nicht nur die Daten der Endverbraucherforschung ein, sondern davor liegen als Kunden die outlets (bei eigener Vertriebsmannschaft) oder Großhändler, in den besten Fällen der I. Stufe, manchmal auch der II. und III. Stufe. Auch hier heißt es, zu einigermaßen realistischen Daten zu gelangen. Das wichtigste ist es jedoch, eine sehr hohe Lieferbereitschaft zu planen. Das erfordert genau zugeschnittene Läger an Knotenpunkten der Provinzen, um entweder schnell frische Ware zuführen zu können oder Überlieferungen lautlos und auf Wunsch rasch wieder zurückzunehmen. In diesem Metier spielt einerseits die Erfahrung bezüglich des Bevorratungsverhaltens der Zwischenhändler und der outlets eine wichtige Rolle, andererseits muß versucht werden, mit ausgewogenen Logistikprogrammen die Lieferungen zu optimieren.

In jedem Falle beschäftigen sich japanische Unternehmen außerordentlich intensiv mit der Marktforschung und anderen Determinanten der Absatzplanung. Das gilt besonders für die Eroberung überseeischer Märkte.

Absatzstrategie in Rückkoppelung mit den Ressourcen

Der Kunde ist Kaiser in Japan und das verlangt eine außerordentliche Flexibilität bezüglich der logistischen und produktionstechnischen Ressourcen. Hier wird täglich abgestimmt und die Planung im Sinne eines rolling forward korrigiert.

Der große Vorteil für das japanische Unternehmen liegt dabei in der Flexibilität der Unterlieferanten, die Teile und Rohstoffe vorhalten und just in time liefern. Das gilt auch für die Flexibilität der eigenen Fertigungsmannschaft, die notfalls Überstunden bis 23.00 h macht oder am Wochenende zur Arbeit erscheint. Die mit der Warenkommissionierung und dem Transport befaßten Fremdunternehmen stehen ohnehin in Abhängigkeit und folgen willig allen Anweisungen.

Der große Nachteil für das japanische Unternehmen liegt in der geringen Transparenz der Abnehmerseite. Natürlich arbeiten Supermärkte und Kaufhäuser teilweise mit Scanningsystemen, die rasche Rückkoppelung erlauben. Doch beide Kategorien zusammen haben einen Anteil von weniger als 25% am gesamten Einzelhandelsumsatz. Und während die Kaufhäuser direkt über eigene Vertreter oder key accounter betreut werden, geht die Belieferung der Supermärkte über wirklich große Großhändler.

Der Fachhandel wird zum Teil mit Vertretern direkt bearbeitet. Soweit dabei noch zusätzlich Merchandising-Personal oder eigene Consultants in die Läden delegiert werden können, ist die Rückkoppelung von Verkäufen und Beständen im jeweiligen outlet möglich. Dies wird auch erleichtert durch mobile Datenübermittlungsgeräte, über die japanische Vertreter seit Jahren verfügen. Der Fachhandel bildet noch mit über 25% Absatzanteil den größten Block im Einzelhandel.

Die größten Schwierigkeiten bei der Rückkoppelung treten bei der Einschaltung der sogenannten Großhändler (toiya oder dairiten) auf, die in Wirklichkeit meist aber lediglich wenige Mio. DM Umsatz (und häufig noch weniger) zählen.

Viele von ihnen verfügen nur über ungenügende Aufschreibungen und eine rudimentäre Buchhaltung, ganz abgesehen davon, daß sich viele nicht vom Hersteller in ihre Karten gucken lassen wollen. Fast unmöglich wird die Erfassung von Abflüssen und der Bestandssituation in den outlets bei den ca. 850 000 Tante-Emma- (oder Nachbarschafts-) Läden, die immerhin knapp 25% zum Umsatz des Einzelhandels beitragen. (Die letzten 25% des Einzelhandels entfallen auf Sonderkategorien wie Kfz.-Handel, Tankstellen, Metallwaren etc.)

Je nach Volumen der abzusetzenden Waren ist auch der Transportweg zu wählen. Zunächst fahren große Lastwagen bis an die Ränder der Großstädte. Von dort geht es mit Kleinlastwagen auf die Großhändler- (toiya) Läger und schließlich mit Mini-Transportern durch ein Gewirr enger Gassen an den sakaya-san (Tante-Emma-Laden). Die jeweilige Kapitalbindung in allen Lagerstufen gilt es hierbei sorgfältig zu kalkulieren. Die kaishain arbeiten hier eng und auf der Basis persönlicher Beziehungen mit den Distributeuren zusammen. Nicht selten delegiert man einen eigenen Mann für Monate oder gar Jahre zu einem toiya, damit der dort kostenlos – aber vorteilhaft für den Hersteller (meika) – die Lagerwirtschaft, Warendisposition und den Kundenservice organisiert.

Bei dem gesamten Absatzprozeß gilt es auch die Konditionen sorgfältig zu planen, da es von individuellen Treuerabatten und ähnlichem nur so wimmelt und auf diese Weise die Gewinn-Kalkulation leicht zusammenbrechen kann. Es bedarf großen personellen Einsatzes, um die Situation transparent zu erhalten und dies erklärt die enormen Kosten des Verkaufsinnendienstes in Japan.

Ebenso wesentlich ist die Liquiditionsplanung; Zahlungsziele sind verhältnismäßig lang in Japan und die Kehrseite der Medaille guter persönlicher Beziehungen sind die zahlreichen Ansinnen der Abnehmerseite, die Zahlungsziele „ein paar Tage" zu überziehen. Hinzu kommt, daß in Japan vorzüglich mit Wechseln bezahlt wird, die bei der geringen Betriebsgröße der Kunden dann nicht diskontierbar sind.

Aufwendig gestaltet sich auch das Inkasso, da der toiya am liebsten einem Firmenvertreter — der von weit her zu diesem Zweck anreist — die Bezahlung in bar gewährt. Die Planung einer Absatzstrategie muß daher sehr sorgfältig auf die finanziellen Ressourcen des Unternehmens achten.

Distributionskanäle und Distributionspolitik

Das japanische Unternehmen steht vor einer Distributionslandschaft, die außerordentlich flexibel ist und sich laufend wandelt. Trotz vieler Rationalisierungsbestrebungen bleibt sie komplex und undurchsichtig. In anhängigen Diskussionen über den Abbau von nichttariflichen Handelshemmnissen zwischen US-amerikanischen und japanischen Wirtschaftskommissionen, ist die japanische Distributionsstruktur immer wieder ein Stein des Anstoßes aus US-amerikanischer Sicht. In der Tat erschwert sie den Marktzugang für Ausländer sehr, da sich die Japaner selber nur schwer darin zurechtfinden. Dabei existieren alle bekannten internationalen Distributionsformen, doch der Großhandel behält bei allem Wandel eine dominierende Stellung. Oft mischen sich dabei rückständige Praktiken mit avantgardistischen Systemen.

Direct Marketing

Unter Direct Marketing verstehen wir zunächst Beziehungsverkäufe, Haustürhandel, Telefonverkauf, offene Märkte, Selbstabholung und Versandhandel. Davon haben nur der Haustürverkauf und der Versandhandel in Japan wirkliche Bedeutung.

Ersterer läßt sich auf das japanische Mittelalter zurückführen, als die Händler von Omi (in der Nähe des Biwa-Sees) durch das ganze Land zogen und insbesondere alte chinesische Kräutermedizinen von Haus zu Haus verkauften.

In den sechziger Jahren wurden viele Arten von Lebensmitteln an den Haustüren vertrieben, wobei die Anlieferung von Suppen, Nudeln und Sushi besonders beliebt war. Zum Leidwesen vieler Japaner gibt es diesen Service heute nur noch selten. Allerdings ziehen noch immer Nudelküchen oder Eßkastanienverkäufer mit rollenden Gefährten abends einher, auch im urbanen Tokyo.

Der eigentliche Haustürenverkauf basiert auf dem japanischen Netz an Beziehungen sowie dem System der Verpflichtungen von on und giri. Wenn man jahrelang an der gleichen Tankstelle treu getankt hat, dann kann man seinen Sohn, der bei dem Musikinstrumentenbauer Yamaha beschäftigt ist, eines Tages dorthin schicken, um der Verkauf eines Pianos einzuleiten. Das geschieht vielleicht nicht sofort, aber irgendwann ist die Enkeltochter des Besitzers soweit, daß Opa ein Instrument für sie kaufen kann und möchte.

Ebenso werden Beziehungen aus der Schuleltern-Gemeinschaft oder dem Ikebana-Zirkel genutzt, um eine Verabredung über die Demonstration neuer Kosmetika bei einer Bekannten zu erwirken. Die ruhige private Atmosphäre sagt der Käuferin dabei zu, insbesondere da sie sich auf ihrem homeground befindet und sie sich nicht unter Druck fühlt. Sie kann alles betasten, probieren, beriechen und sich ohne Hast erklären lassen. Tritt später eine Reklamation auf, dann darf sie sicher sein, daß diese schnell und diskret erledigt wird, denn das Gesicht der Verkäuferin und die lange Beziehung der Bezugspersonen stehen auf dem Spiel.

Auf diese Weise wurden bis zu 25% aller Kosmetika in Japan an der Haustür vertrieben. Insbesondere der Inhaber und Gründer der Kosmetik-Firma Noevir erhob es zum Prinzip, im gesamten Unternehmen ausschließlich weibliche Kräfte zu beschäftigen. Damit machte er sich zum Anwalt der Frauen-Emanzipation, was ihm durch hohe Loyalität von Mitarbeiterinnen und Kunden gedankt wurde. Bei ca. 3% Anteil am gesamten Einzelhandelsumsatz stagnierten jedoch die auf Beziehungen basierenden direkten Umsätze.

Die Unternehmen sandten nun ihre jungen Leute zur Bewährung und zum Härtetest an die Haustüren, oft nur durch ein Telefonat, manchmal (sehr unjapanisch) gar nicht angekündigt. Es wurden clevere junge Männer eingesetzt, die ihre Kundinnen aufgrund ihrer männlichen Attribute beim Auftritt geradezu zwangen, Haushaltsgeräte, Bücher oder manchmal sogar PKW's abzunehmen. Doch dies waren Einmaleffekte und der unsichtbare Widerstand wurde größer. Nachdem 5% vom Gesamt-Einzelhandelsumsatz mit dieser Absatzform erreicht waren, wurde das Umsatzvolumen wieder rückläufig.

Trotz vieler Bemühungen ist dem Versandhandel in Japan kein rechter Erfolg beschieden. Es fehlen hier die traditionellen menschlichen Beziehungen und die Ware kann nicht im voraus betastet und berochen werden. Außerdem ist der japanische Kunde sehr rückgabefreudig und dies ist beim allfälligen Umtausch mit vielerlei Unbequemlichkeiten verbunden.

Der Anteil des Versandhandels am Gesamt-Einzelhandel liegt unter 1,5% in Nihon. Eine relativ größere Bedeutung als in Deutschland hat hingegen der Verkauf über Automaten.

Vertretersysteme

Bei traditionellen Produkten – zum Beispiel den klassischen japanischen Lebensmitteln – hat sich der Großhandel bisher kaum durch Vertretersysteme ablösen lassen. Das ist bei neuen Produkten in einer Reihe von Branchen gelungen: Uhren, Elektronik, Kosmetika, Pharmazeutika, optische Geräte etc. Über eigentliche Vertretersysteme werden etwa 12% aller Waren an den Einzelhandel abgesetzt. Weitere rund 24% stammen von der eigenen Unternehmenszentrale. Tausende von Herstellern in Japan besitzen zum einen ihre eigenen outlets – ein Teil davon im Franchising-System eingerichtet (modische Kleidung, Elektrogeräte, Kosmetika) – und zum anderen beziehen sie die Waren von Einkaufszentralen und Genossenschaften.

Diese 24% sind daher stark von der Kraftfahrzeug-Industrie geprägt, bei der rund die Hälfte aller Einheiten aus einer Konzernzentrale stammt.

Vertreter werden in japanischen Unternehmen hart gefordert, ihnen wird aber viel Anerkennung und Bemutterung zuteil.

Sobald ein Vertreter die Zentrale oder die Niederlassung verläßt, ist er als egoschwacher Japaner auf sich gestellt und verzagt nach einigen harten Stunden der Verkaufsbemühungen. Natürlich legt die Verkaufsorganisation deshalb großen Wert darauf, daß je 5–10 Vertreter in einer Gruppe zusammengefaßt sind. Es gibt nur wenig individuelle, umsatzabhängige Vergütung, sondern das Einkommensfixum herrscht vor. Allerdings gibt es beträchtliche Anreize für die Gruppe bei Erreichung ihres Ziels. Das entspricht der japanischen Mentalität; für das eigene Portemonnaie würde der Vertreter meist die Strapazen und Demütigungen des Alltags kaum auf sich nehmen und daher entweder bescheiden leben oder kündigen.

Für die Gruppe hingegen muß man das Beste geben und alle Widrigkeiten ertragen, da man ja für die Gemeinschaft leidet. Gestählt durch einen morgendlichen Appell mit dem Gruppenleiter stürzt man in Bus oder U-Bahn, um zum Kunden zu gelangen. Bei Japans Verkehrs- und vor allem Parksituation ergibt das Fahren eines Kraftfahrzeuges, das Schutz und Würde vermittelt, keinen wirtschaftlichen Sinn, so daß sich sein Einsatz auf Kleinstädte und das Land begrenzt.

Die Zielvorgaben und Parolen sowie die aufmunternden Zurufe der Kollegen noch im Ohr, trifft er energisch beim ersten Kunden ein. Hier war aber ein Vertreter des Wettbewerbs einige Minuten zuvor tätig und hat die Bestände an Kochtöpfen oder Spülmitteln wieder aufgefüllt. Beim zweiten Besuchsdatum wird er mit dem Hinweis konfrontiert, der Wettbewerber X mache doch neuerdings viel mehr und auch gute Werbung. Gegen Mittag ist unser Vertreter durch 3–4 Besuche, die aufreibenden Busfahrten und die feuchte Hitze im Sommer ziemlich zermürbt und läßt sich im klimatisierten coffee-shop nieder.

Zunächst ruft er den zuständigen Chef in der Zentrale an. Im günstigen Fall erhält er von dort Trost, Zuspruch, Aufmunterung und Rat, so daß er nach Tisch wieder ermutigt in den Kampf geht. Im ungünstigen Fall war niemand in der Zentrale und er dehnt die Pause lange aus, bevor er recht verzagt noch einige weitere Verkaufsbesuche vornimmt. Abends ist die Gruppe wieder vereint und arbeitet die Probleme des Tages auf, dann feiert sie nach 19.00 h eventuelle besondere Erfolge.

Mindestens an drei Abenden muß der Vertreter mit wichtigen Kunden zum asobi antreten. Asobi umfaßt in umgreifender Bedeutung „Spiele, Vergnügen, Unterhaltung, Zeitvertreib, Zerstreuung, Ausschweifung" und kann durchaus bis nach Mitternacht währen. Monatlich gibt es dazu Verkaufskonferenzen und immer Training in Argumentation und Produktkenntnis. Dennoch ist die Persönlichkeit des Verkäufers in Japan weiterhin noch entscheidender als sein Produkt. Hat er langjährige persönliche Kontakte gepflegt und kann er seinem Retail-Partner mal ein gutes Essen oder ein Geschenk bieten, dann darf er zumindest auf Sympathie-Aufträge rechnen. Andererseits gilt das Sprichwort in Japan: „Hasse ich einen Mönch, dann hasse ich auch seine Kleider."

Das Unternehmen weiß um die psychischen Belastungen seiner Vertreter und feiert sie wie Heroen durch jährliche triumphale Veranstaltungen für die Erfolgreichsten. Magisch angestrahlt, ihm feinen maßgeschneiderten Anzug, von Fanfarenklängen begleitet, betritt jeder die Bühne, wo der Präsident im feierlich eine Urkunde überreicht und mitteilt, daß er zum Studium moderner Vertriebstechniken eine Woche nach New York fahren dürfe.

Der alljährliche Vertriebskongreß im Februar findet zum Beispiel bei strahlendem Wetter auf einer Halbinsel statt, die gleichzeitig den Blick sowohl auf den Pazifik als auch auf den schneebekrönten Berg Fuji freigibt. Die Helden der Verkaufsfront verlassen ihre Busse unter dem Abbrennen eines Tagesfeuerwerkes und schreiten durch das klatschende Spalier der vollzählig angetretenen Mitglieder des middle und top managements, hinein in ein traumhaftes Luxushotel.

Abends in einem Sketch auf der Bühne spielen sie Ladeninhaber und ihr Vorgesetzter oder auch der shacho des Unternehmens und der Finanzvorstand müssen versuchen, ihm eine neue Schreibmaschine zu verkaufen. Durch diese Geste geben sie zu verstehen, wie schwierig die Aufgabe der Verkäufer doch ist.

Neben straffer Systematisierung der Absatzstrategien steht das Bemühen um den einzelnen Menschen im Vordergrund. Von Ausnahmen abgesehen, träumen aber fast alle Mitarbeiter in Japan davon, Mitte dreißig in den Innendienst zu gelangen und eventuell andere Aufgaben im Unternehmen zu übernehmen. Wenn dieses jedoch nur mäßig wächst oder stagniert, breiten sich Frustration und Fluktuation aus, die dann letztlich auch vom Einzelhandel negativ registriert werden.

Beziehung zum Großhändler

Rund 2/3 aller Umsätze laufen im Einzelhandel über den Großhändler. Auch im Absatz an Industrie- oder Gewerbebetriebe ist das nicht anders, außer wenn es sich um qualifizierte Investitionsgüter handelt. Letztere werden zumeist über alteingefahrene Geleise innerhalb eines Unternehmenskonglomerates wie Sumitomo abgewickelt; sie bleiben außerhalb des klassischen Handels und daher ist es auch für ausländische Anbieter sehr schwer hier einzudringen.

Im Jahre 1972 gab es in Japan rund 260 000 Großhändler mit 3,0 Mio. Beschäftigten. 1976 war diese Zahl auf 338 000 mit 3,5 Mio. Beschäftigten angeschwollen (3) und bleibt seither auf diesem Niveau.

Für die meisten japanischen Unternehmen nimmt daher der Umgang mit den Großhändlern einen großen Raum in ihren täglichen Handlungen ein. Die Großhändler bezeichnen sich selbst als dealer (diera) im Gegensatz zu oder in Partnerschaft mit dem meika (Hersteller). Der Großhändler (toiya oder tonya) leitet sich aus dem traditionellen Mittelsmann der Tokugawa-Zeit ab.

Seine klassische Funktion war die der Überbrückung: die Überbrückung der Jahreszeiten von Ernte zu Ernte (eine finanzielle und eine Lagerfunktion), die Überbrückung der Entfernungen (vom Land in die Stadt) sowie auch die Überbrückung der sozialen Distanzen (z. B. zwischen dem Lehnsherrn und den einfachen Bauern). Der toiya ist oft an eine Branche gebunden und arbeitet in einer bestimmten Region; er ist aber nicht an bestimmte Hersteller gebunden, sondern führt ein ausgedehntes Sortiment.

Insbesondere seit dem Aufkommen der großen Markenartikel war der Großhändler daran interessiert, solche lukrativen Produkte auch zu führen, während die Hersteller generell Exklusivität für ihre Produkte beanspruchten. Es kam zur Form der dairiten (Verkaufsagentuen), die vom Hersteller mit dem Vertrieb ihrer Marke beauftragt wurden. Nur die ganz mächtigen Hersteller können jedoch durchsetzen, daß ein dairiten nicht mehr als 10% Fremdprodukte vertreibt. Oft führt der dairiten als Kompromiß dann Marken, die sich nicht direkt überlagern, z. B. einen ausländischen und einen inländischen Hersteller oder eine hoch- und eine niedrigpreisige Marke. Gesetzlich sind in Japan Wettbewerbsbeschränkungen ohnehin nicht zulässig. Formen der Exklusivität müssen daher mit geschmeidigen Methoden gefunden werden.

1974 sahen Bezug und Absatz der Großhandelsbetriebe wie folgt in % aus: (4)

	Bezug von	Absatz an
Herstellungsbetriebe	64	28
Dritte Großhändler	31	37
Import/Export	4	6
Einzelhandelsbetriebe	0	22
Verbraucher	–	1
Sonstige	1	6
Total	100	100

Diese Zahlen haben sich zwischenzeitlich kaum verändert.

Der Großhandel zerfällt in zwei gänzlich unterschiedliche Kategorien, namentlich die Universalhandelshäuser (sogo shosha) mit ihren gigantischen Strukturen (C. Itoh als umsatzstärkstes 1988 mit rund DM 200,0 Mrd. Umsatz) und die Dealer. Auch bei letzteren gibt es Unternehmen zwischen DM 2,0 Mio. und DM 2,0 Mrd., die zum Beispiel in Hokkaido die Großformen des Handels beliefern sowie eine große Zahl von Kleinstformen des Zwischenhandels von denen 88% unter zwanzig und 44% unter vier Mitarbeiter beschäftigen.

1981 lag die Zahl dieser kleinen Dealer bei etwas über 300000, also entfiel ein Großhändler auf 390 Einwohner. Während vornehmlich in den Städten Direktvertrieb praktiziert wird, dominiert in den Provinzen fast ausschließlich der Großhandel. Im Durchschnitt beschäftigen diese Betriebsformen nur elf Mitarbeiter und in der Häufigkeitsverteilung kommen gar nur fünf Mitarbeiter auf einen Betrieb. Dies bedeutet, daß viele toiya nur aus dem Inhaber, oft mit dessen Frau, und manchmal noch einem Gehilfen bestehen.

Die gewaltige Zahl von rund 2,0 Mio. Einzelhändlern (ein outlet pro 60 Personen) mit zumeist geringen Umsätzen pro Artikelgruppe und Geschäft, über die Strecke von 2500 km der japanischen Hauptinseln verstreut, verhindert den wirtschaftlichen Einsatz von Vertretern in vielen Fällen. Hingegen führt der toiya gewöhnlich verschiedene Artikelgruppen unterschiedlicher Hersteller in seinem Sortiment. Zudem beschäftigt er lokale Vertreter, für die er nur die Hälfte der Lohn- und Sozialkosten tragen muß, wie sie urbane Großunternehmen zu übernehmen haben.

108 Strategisches Zentrum: Absatz und Marketing

Es liegt aber auch nicht im Selbstverständnis mächtiger Unternehmen wie z. B. Toyota Motors, eine große Fertigungs- und Distributionstiefe zu unterhalten. Stattdessen bevorzugen sie vorgeschaltete Unterlieferanten sowie nachgeschaltete Distributeure (an denen sie sich häufig mit Prozentsätzen von 50% und darunter beteiligen). So können sie ihre Kräfte auf die Konzeption optimaler neuer Produkte konzentrieren.

Das über mehrere Großhändler tiefgestaffelte Vertriebssystem trägt insbesondere in Krisenzeiten zur Flexibilität der Unternehmen bei, wenn die hohen Vertreterkosten mit ihrem Fixkostencharakter auf Dritte abgewälzt bleiben. Auch Inkasso-Risiken, Bestandhaltungskosten und die für Japan notorischen Rückwarenprobleme können auf diese Weise zum großen Teil aufgefangen werden. Insbesondere auch von Verbraucherseite werden Zweifel an dem komplizierten System mit Zwischendistributeuren laut, für die es ihre Endverbraucherpreise drastisch verteuert. Wandlungsprozesse werden jedoch gerade auf diesem Gebiet nur sehr langsam in Gang kommen, obgleich besonders in letzter Zeit auch eine Reihe von Herstellern die Vertretung ihrer Marken bei den toiyas nicht gut aufgehoben sieht.

Während die Hersteller in einer oder wenigen Fabriken für das ganze Inselreich produzieren, hat jede Region oder Provinz ihre eigene Handelsstruktur. Die natürliche Zergliederung der japanischen Landschaft (auch als Kammerlandschaft bezeichnet) brachte in früheren Zeiten kleine autarke Wirtschaftsgemeinschaften (unter der Kontrolle eines daimyo) zustande. Handel zwischen ihnen war sehr beschränkt und wurde mißtrauisch betrachtet. Deshalb konnten sich die Händler ohne viel lästige Konkurrenz gut ausdehnen. In der Provinz war Arbeitsteilung begrenzt, Austausch minimiert und jede wirtschaftliche Aktivität lizenzpflichtig durch den Feudalherren. Für den etablierten Großhändler bedeutet dies die Ausschaltung von Wettbewerb, traditionell ein hohes Preis-Niveau und ganz allgemein ein Denken in lokalen Domänen und Pfründen. (Bis heute versteht eine Mehrzahl von Reichstagsabgeordneten ihre Aufgabe darin, lokale Privilegien und Sonderstellungen zu erhalten und fremde Einflüsse abzuwehren.)

Japan gliedert sich in 10 Großlandschaften mit 47 Provinzen, die früher in 84 Bezirke aufgeteilt waren. In einer spezifischen Branche darf man etwa zwei leistungsfähige dealer pro Bezirk und weitere zehn marginale Vertriebsbetriebe annehmen, was landesweit über 1000 bedeutet. Dabei zerfällt die Nahrungsmittelbranche noch in eine ganze Reihe von Unterkategorien. Da große Teile Japans relativ dünn besiedelt sind, entfallen in Hokkaido auf einen Großhändler 5,6 qkm, in Iwate 4,9 qkm, in Akita 4,1 qkm und in Kochi 3,8 qkm.

Auch in Ländern mit dünner Besiedlung wie USA, Kanada oder Australien hat das Großhändlersystem ja eine größere Bedeutung als etwa in Mitteleuropa. Der typische Großhändler der Provinz beschäftigt drei bis vier Mitarbeiter, meist entfernte Verwandte. Sie besuchen per Fahrrad im Städtchen ihre Kunden und benutzen zu den Dörfern ein dreirädriges Fahrzeug, das auch der Auslieferung der Ware dient.

Der Inhaber besitzt ein Häuschen mit vier, rund 15 Quadratmeter großen Zimmern. In einem der beiden oberen schläft das Inhaberehepaar, im anderen die Mitarbeiter, die auch im Haus verköstigt werden und noch bis Mitternacht einen einzelnen Artikel im ladenschlußgesetzfreien Japan zum Kunden fahren. Von den unteren beiden Räumen dient einer − neben den Treppenstufen nach oben − als Lager und der andere − offiziell der Wohnraum − bis 22.00 h abends als Kontor, Besucherraum und Kommissionierungszone.

Dieses Beispiel mag erläutern, warum der Dealer auch im modernen Japan kaum durch eigene Vertreternetze zu ersetzen ist, solange es 2,0 Mio. Einzelhändler gibt.

Mit jedem Betrieb muß sich das Herstellerunternehmen auseinandersetzen. Das bedeutet mehrere hundert Kontakte pro Woche, die alle zeitmäßig bewältigt werden wollen. Sowohl der Stammsitz der Kaisha als auch die Niederlassungen gleichen Bienenstöcken, mit einem regen Verkehr von kommenden und gehenden Händlern und Vertretern.

Produkt- und Sortimentspolitik

Gute japanische Unternehmen sehen das Produkt als den zentralen strategischen Parameter an. Der große Industrie-Pionier Matsushita, Konosuke, äußerte im Sommer 1970 auf der Expo in Osaka in einem Gespräch, daß er sich als Inhaber selber 50 Jahre lang als erster Produkt-Manager seines Unternehmens gefühlt habe.

Die Erforschung der Kundenwünsche wird dabei außerordentlich ernst genommen und die Mitarbeiter der Entwicklung werden veranlaßt, den direkten Dialog mit dem Verbraucher ihrer Produkte zu suchen. Generell lassen sich drei Produktkategorien im japanischen Konsumgütermarkt unterscheiden:

1. Traditionelle japanische Produkte

Hierzu gibt es noch eine große Zahl von den Nahrungsmitteln über Textilien bis zu Kult-Gegenständen, wie sie etwa bei der Teezeremonie Anwendung finden. Ihre Formen und Qualitäten haben sich über Jahrhunderte entwickelt und sind streng vorgegeben. (Ein ausländischer Hersteller wird sich schwerlich auf dieses Gebiet begeben.)

2. Luxuswaren

Dies sind entweder ausländische Waren oder Produkte ausländischer Anmutung mit Beschriftung in lateinischer Schrift und oft englischer Sprache. Sie dienen als Dekoration oder als Geschenke. Zweimal im Jahr, zu den großen Feiern zur Jahreswende sowie zum Ahnengedächtnis im Sommer, gibt es Anlaß zu wahren Geschenkorgien in Japan. O-seibo und o-chugen heißen diese Gelegenheiten. Manche Unternehmen tätigen bei diesen Anlässen bis zu 40% ihres Umsatzes. Neben einer berühmten Marke, hoher Qualität und der Herkunft aus einem angesehen Kaufhaus spielt dabei auch die gediegene Verpackung eine wichtige Rolle.

3. Massenartikel

Hier handelt es sich um preiswerte Massengüter, mittlerer oft minderer Qualität, wie sie täglich in normalen japanischen Haushalten gebraucht und vor allem verbraucht werden. Nur wenigen ausländischen Herstellern ist es bisher gelungen, im japanischen Medien- und Preiskampf auf diesem Gebiet beeindruckende Erfolge zu erzielen.

Eine Reihe japanischer Hersteller fertigt und vertreibt die Produktkategorien (2) und (3) nebeneinander. Die Luxusprodukte bilden dabei die Zuglokomotive, den eigentlichen Volumen-Umsatz bestreiten jedoch die Massenartikel. Das schicke Sport-Kabriolett im Schaufenster eines PKW-Ausstellungsraumes fesselt die Augen aller begeisterten Betrachter, die dennoch später bescheiden eine hausbackene Limousine kaufen.

Im Unternehmen arbeiten viele Abteilungen zusammen, um das rechte Produkt zu konzipieren und dann später nach dem Prinzip des kaizen zu verbessern und kostenmäßig günstiger zu gestalten. Die Identifikation der Mitarbeiter dabei ist besonders groß; alle würden sich für Produkte ihres Unternehmens schämen, die in der Öffentlichkeit durchfallen oder gar Mängel zeigen. Von der rationellen Herstellung und der Preispositionierung hängt zudem das Unternehmensergebnis ab, an dem alle partizipieren.

Das japanische Unternehmen bemüht sich zunächst ausschließlich um seinen japanischen Heimatmarkt. Die Produkte müssen dort einen optimalen funktionellen Nutzen aufweisen, leicht und handlich sein, bedienungsleicht und zudem nach japanischem Stilempfinden gut proportioniert und formschön.

Dies sind gewissermaßen Grundvoraussetzungen, die der ernstzunehmende Wettbewerb auch einhält. Das Bemühen des exzellenten Unternehmens geht dahin, als erstes mit einer neuen Produktidee herauszukommen. Dies bedeutet viel im japanischen Handel, denn das Flair des Innovators bildet eine sehr wichtige Verkaufshilfe und verbessert das gesamte Unternehmens-Image.

Später müssen dann im schnellebigen Japan alle zwei Jahre Produktverbesserungen und somit relaunches (Wiedereinführung) erfolgen. Hier können nun alle Mitarbeiter zeigen, daß sie geistig wendiger und vor allem schneller als die Konkurrenz sind.

Das bedeutet, bei der Marken-Konzeption ist von vornherein darauf zu achten, daß später viele Produktänderungen unter Beibehaltung der Marke möglich sind.

Denn die Einführung neuer Marken kann wegen der äußerst kostspieligen japanischen Medien-Landschaft nur relativ selten erfolgen. Die meisten japanischen Unternehmen arbeiten deshalb mit wechselnden Submarken, während sie ihren Firmennamen als Markendach ganz groß herausstellen. Das gilt echten Markenartiklern oft zwar als unorthodox, doch die Japaner tun es in der richtigen Einschätzung, daß der geplagte Konsument sich nicht tausende Marken von hunderten von Wettbewerbern einprägen kann. Unternehmen, deren Umsätze einige hundert Mio. DM überschreiten, geraten in den Zwang, entweder eine neue Marke aufzusetzen oder ihren gesamten Markenauftritt zu verwässern.

Mit dem funktionalen Nutzen eines Produktes verbindet man in Japan zusätzlich positive Assoziationen, oft genug regelrechte Life-Style-Konzepte. Hier wird sehr streng zwischen der rauhen Männerwelt, der Welt der Kinder, oder solcher Menschen die es bleiben wollen, der avantgardistischen Jugend und der sehr femininen mittleren weiblichen Generation unterschieden. Ein eigentlicher Seniorenmarkt hat sich hingegen noch nicht recht etabliert.

Neben den genannten Segmenten ist eine unaufhörliche weitere Zersplitterung im Gange, die Golfer oder Wanderer, Bastler oder Go-Spieler anspricht. Für weniger große Unternehmen bedeutet dies den Zwang zu konsequenter Konzentration oder zum Aufspüren von Marktnischen. Jede Produkt- und Sortimentspolitik in Japan wird jedoch vom absoluten Qualitätsanspruch überlagert, dessen Geist die daran beteiligten Experten in Marketing, Forschung und Produktion allezeit beseelt.

Image und Kommunikationspolitik

Es darf bereits klar geworden sein, daß corporate image ein besonders kostbares Gut japanischer Unternehmen ist. Seine Kommunikations-Botschaften müssen deshalb ganzheitlich aufeinander abgestimmt sein.

Unternehmens-Image

Das Auftreten der Mitarbeiter, der Zustand von Gebäuden, die der Öffentlichkeit zugänglich sind, die Philosophien der Unternehmensleitung, PR-Maßnahmen und die Produktwerbung müssen überzeugend aufeinander abgestimmt sein. Das klingt wie eine weltweit gültige Binsenweisheit. Doch in wenigen Ländern, wenn überhaupt in einem, dürften die bekannten Unternehmen so sehr von der Öffentlichkeit mit Respekt und Sympathie bedacht werden wie in Japan. Wenn man die Fernsehzeitung aufschlägt, stellt man fest, daß die meisten populären Sendungen von einem bekannten, ja beliebten Unternehmen gesponsert werden. Das setzt sich über das Museum eines Whisky-Herstellers und das Baseball-Team einer Kaugummi-Firma bis zum Freizeitpark eines Kaufhauses, das gleichzeitig noch eine wichtige Eisenbahnlinie unter gleichem Namen betreibt, fort.

Es ist auch schwer vorstellbar, daß ein Rundfunk-Journalist vom Fahrzeug, das den Präsidenten eines befreundeten Staates befördert, als einem Produkt eines „bekannten Stuttgarter Herstellers" spricht; da heißt es kurz und informativ in Japan, daß der ausländische Präsident in einem Benz vorgefahren sei.

Man kann den Spieß eher umdrehen und befürchten, daß alles, was ohne den klangvollen Namen eines Hauses, einer großen Marke auftritt, Schwierigkeiten begegnet, Anerkennung und Vertrauen zu gewinnen. Yumei na meika = ein berühmter Hersteller zu sein, ist ganz wichtig in Japan: kein bekannter Name, das heißt auch kein Gesicht! Deshalb trommeln die großen Unternehmen unaufhörlich für ihr Image, so wie sie sich sehen möchten. Zu ihrem Kummer gelingt es besonders im modischen Bereich mittelgroßen ausländischen Unternehmen oft und schnell, einen geachteten Namen auf der Basis von exklusiver Eleganz aufzubauen.

Im Januar 1981 erschien ein Bestseller (5) für Jugendliche in Tokyo, der im darauffolgenden Juni bereits in die 74. Auflage ging; zwei Monate später überschritten die Verkaufszahlen die Million und danach gab es einen explosionsartigen Boom mit dem Wort Kristall als Synonym für die neue Weltanschauung der japanischen Jugend.

„Nantonaku kurisutaru" (Originaltitel) zeigt der japanischen Jugend, wie „man" lebt und liebt, wo „man" einkauft, wo „man" ißt, was „man" für Musik hört und was „man" kauft und trägt. Ein zentraler Dialog des Büchleins ist folgender: „Letzten Endes haben wir eine Schwäche für Markennamen. Unsere Generation. Das heißt, vielleicht sogar alle Japaner. Wohl alle. Wenn ausländische Markennamen dran sind, sehen die Sachen eben irgendwie gut aus, selbst wenn es unter Lizenz in Japan hergestellte sind. Macht man die Firmenschildchen ab, verkaufen sich dieselben Klamotten absolut nicht. Das Fixiertsein auf bestimmte Marken ist vermutlich nichts anderes als Eitelkeit. Andererseits, wenn man dabei ein gutes Gefühl hat, ist es dann nicht okay? Schließlich verbindet man mit Markennamen – und das ist überall so – eine gewisse Identität."

In diesem kleinen Roman werden alle Assoziationen durch Musiktitel (emotionale) oder Markennamen (materielle) ausgedrückt, die jeweils auf der linken Seite aufgelistet sind und der Jugend Japans sozusagen Verhaltenssicherheit geben. In Wirklichkeit handelt es sich bei den aufgeführten Marken tatsächlich weitgehend um Namen von Unternehmen: Liberty's, Courreges, Nike, Louis Vuitton, Alpha Cubic, Munsing, Roberta, Marlboro, Lanvin, Lacoste, Jaeger, Swensen's, Harveys Dry, Maggia, Fila, Yves Saint Laurent, Dior, Wella, Crest, Estee Lauder, Vespa, Fidji, Hanae Mori, Trussardi, Ungaro, Valentino, Hermes, Trident, Fendi, Virginia Slim, Ralph Lauren, Amber House, Cointreau, Chanel, Guerlain. Nur vier japanische sind unter den 35 in dem Buch aufgeführten Marken.

Produktwerbung

Das dominierende Medium für Werbung ist das Fernsehen mit seinen zahlreichen Kanälen, die zum Teil 20 Stunden senden und nur zwei davon strahlen keine Werbung aus. Interessant ist, daß alle oben aufgeführten Häuser oder Marken viel Zeitschriften- jedoch nur sehr wenig oder keine Fernsehwerbung betreiben.

Da es sich bei der Romanheldin des obigen Buches um eine Studentin (mit Nebenberuf als Modell) der oberen Mittelklasse handelt, kann sie sich naturgemäß relativ teure Marken, die nicht zu bekannt sind, leisten.

Für Massenartikel stellt sich die Situation ganz anders dar: Um sich in der Flut der Werbeansprachen zu behaupten, benötigen die Unternehmen enorme Werbe-Etats. Doch es genügt keineswegs in Japan, ein Produkt durch Werbung bekannt zu machen, damit es dann im Supermarkt automatisch gekauft wird. Das Produkt muß gut sein und die Marke, die beworben wird, darf sich nicht im Widerspruch zu den kulturellen Werten des Landes befinden. Trotz aller Neugier auf das Neue sind die Japaner nicht revolutionär gesinnt; hingegen vermögen sie es, einer raschen Evolution zu folgen. Diese kann sehr wohl mit etwas Geduld über einige Monate hinweg dargestellt werden.

Dabei kann man eine neue Marke recht schnell als Trendsetter etablieren, wenn man sich einer bekannten jungen Persönlichkeit aus dem

Musik-, Film- oder Kunstgeschäft bedient. Um langfristig erfolgreich zu sein, muß in Japan jedoch hinter einer Marke der Hersteller stehen und zwar mit einem soliden, sympathischen Image. Der Marktforschungs-Experte Fields (6) meint, daß in den USA sehr wohl Marken existieren, bei denen die Verbraucher in der Mehrzahl den Hersteller dazu nicht kennen. In Japan hingegen würde dies niemals möglich sein. „Da gibt es eine akute Kenntnis des Unternehmens, das die Produkte herstellt."

Deshalb ist jeder Flop außerordentlich schädlich für das gesamte Image eines Unternehmens. Fraglos sind deshalb gute Werbekonzepte ungemein wichtig. Ebenso wichtig ist jedoch in Nihon eine perfekte Ausführung derselben. Hierzu noch einmal Fields (7): „In Japan kann eine schlechte Ausführung ein gutes Konzept vernichten, ohne Rücksicht darauf, wie kraftvoll letzteres auch sein mag. Die Wichtigkeit der Form, wie sie sich in der Verpackung repräsentiert, und die Bedeutung *wie* man eine Botschaft herüberbringt, wie sie sich in der Ausführung einer TV-Werbung darstellt, kann nicht überbetont werden."

Etwaige Nachlässigkeiten werden nicht verziehen, weil beim Konsumenten das Gefühl dominiert, meinetwegen hat man sich nicht die richtige Mühe gegeben.

Umgekehrt kommt die Werbebotschaft am besten an, die sich der schönen Sehnsüchte und Träume (akogare) der Japaner annimmt. Mit dem Genuß eines guten Sherry will sich eine junge japanische Dame in die romantische Stimmung Südspaniens – wie sie sie erträumt – hineinversetzen. Werbung ist deshalb überwiegend mit Life-Style-Konzepten in Japen befrachtet. Das verlangt, mit den Trends und Stimmungen der aktuellen Sprache und letzten Entwicklungen vertraut zu sein. In den entsprechenden Abteilungen, die an diesen Konzepten arbeiten, müssen deshalb junge sensible Experten, durchaus auch weibliche (anders als sonst in der senioritätsbewußten Kaisha) sitzen.

Marketing Mix und Gesamtorganisation

Die gesamte Organisation eines guten japanischen Unternehmens als lebendige menschliche Einheit ist deshalb auf die Markterfordernisse und das Hinüberbringen der eigenen Anliegen ausgerichtet.

Schon Anfang der sechziger Jahre waren selbst große japanische Elektro-Unternehmen in Sparten organisiert, die ihre eigene Entwicklung, Marktforschung, Fertigung und Werbung betrieben. Die Anforderungen an das Marketing von Generatoren, Telefonen, Transistoren, Elektromotoren, Küchengeräten, Kabeln und Röntgen-Geräten sind eben sehr spezifisch und die Werbung dafür muß sehr unterschiedlich sein.

Dennoch muß sich das Unternehmen mit einem einheitlichen corporate image darstellen, weshalb diese entsprechenden Aktivitäten beim shacho angebunden sein sollen.

Produktentwicklung und Qualität

Zum dritten Mal wird die Bedeutung der Entwicklung von Produkten und dies im Kontext mit den Qualitätsanforderungen herausgestellt. Genau dies Thema zieht sich wie ein roter Faden durch alle Aktivitäten und das Bewußtsein unserer Kaisha. Alle Mitglieder des Unternehmens arbeiten letztlich hierfür und leben davon. In nur wenigen Unternehmens-Grundsätzen, die mindestens einmal monatlich, in vielen Fällen aber auch wöchentlich und manchmal täglich, von der Belegschaft skandiert werden, fehlt ein entsprechender Slogan, der herausstellt, daß man für die Befriedigung der Bedürfnisse des Volkes – oder neuerdings auch der ganzen Menschheit – sein Bestes geben will.

Die zahlreichen, in japanischen Unternehmen tätigen Qualitäts-Zirkel, dienen nicht nur der aktuellen Qualitäts-Verbesserung, sondern vor allem auch der Pflege der entsprechenden Gesinnung und spirituellen Atmosphäre für Kultur. Kurzfristige Rentabilitätserwägungen und ein Denken in klugen Kompromissen treten an dieser Stelle zurück hinter dem durchdringenden Gesamt-Konzept von Qualität.

Es ist sehr schwer, Qualität in einem Unternehmen durchzusetzen, wo diese nur von einigen Führungskräften propagiert wird und dann von wenigen Experten implementiert werden soll. Da ein Antagonismus zwischen Mitarbeitern und Management in japanischen Unternehmen kaum besteht, ist es dort möglich, alle denkenden Menschen in das TQC (Total Quality Concept) einzubinden. Nur viele, ja alle am Herstellungs- und Vermarktungsprozeß beteiligten Augen, können auf jeder einzelnen Stufe, vom Konzept über den Einkauf bis auf die Verteilung, den Service und die Gestaltung noch eines kleinen Preisschildchens, auf die ständige Qualitätsverbesserung effektiv Einfluß nehmen.

Da „wir" **von** dem und **mit** dem Qualitätsanspruch „unseres" Unternehmens leben, wird dies keinesfalls eine abstrakte Norm, sondern gelebte Realität.

In der Sparte arbeiten konsequenterweise Fertigung und Vertrieb/ Marketing in enger Rückkoppelung miteinander. Die horizontale Solidarität zwischen den Fertigungsleuten unterschiedlicher Sparten ist demgegenüber viel schwächer ausgebildet. Qualität wird daher bei der Produktentwicklung in einem Sinne, der weit über die technische Qualität hinausgeht, ausgelegt.

116 Strategisches Zentrum: Absatz und Marketing

In diesem Sinne bildet TQC eine generelle Management-Konzeption in Japan; es handelt sich im Grunde um die ständige Verbesserung der Erfüllung der Management-Pflichten auf jeder Ebene. Im Zentrum stehen:

1. Die Entwicklung neuer Produkt-Konzepte
2. Die Qualitätssicherung
3. Die Sicherheit
4. Die Sicherstellung der Ausbringungs-Quoten
5. Die Sicherung der Lieferdaten
6. Die Produktivitäts-Verbesserung
7. Die Kostenersparnisse
8. Das Beschaffungsmanagement
9. Der optimale Vertrieb
10. Das passende Marketing
11. Der gutfunktionierende after sales service
12. Die ständige Anpassung der Gesamtorganisation
13. Die reibungslose Überlappung der verschiedenen Management-Funktionen
14. Die Rückkoppelung aller mit Qualität befaßten Aktivitäten
15. Das Wirksamwerden der Qualitäts-Politik über das ganze Unternehmen hinweg.

Diese Prozesse erfahren immerwährende Verbesserungen und Veränderungen. Das total quality concept „ist niemals von einem Tag auf den anderen das gleiche" (8).

Preisentscheidung

Es gehört per Satzung zu den Zielen in vielen japanischen Unternehmen, die Volksgemeinschaft gut und preiswert zu versorgen. Gutenberg (9) merkte bereits an: „Würde man die Selbstfinanzierungsquote in den Preisen der Erzeugnisse deutscher Unternehmen auf die japanischen herabsetzen, dann würden die Preise dieser beiden Länder viel näher aneinanderrücken, als das zur Zeit der Fall ist."

Japanische Führungskräfte bevorzugen die Deckungsbeitragsrechnung (direct costing) ganz klar vor einer Vollkostenrechnung. Durch diese Einstellung wird die entschlossene Einführung neuer Produkte entschieden erleichtert. Gerade die noch schwachen Kinder (Produkte) der Familien bedürfen anfangs besonderer Fürsorge und Unterstützung. Japanische Führungskräfte werfen europäischen Managern gerade in diesem Punkte oft vor, risikoscheu zu sein.

Natürlich ist es daher ideal, wenn der Präsident des Unternehmens (shacho) über das Budget für corporate image, PR und Marktforschung verfügt. Diese Ausgaben kommen den jungen Produkten und Konzepten zugute, ohne ihnen die entsprechenden Kosten in der Kalkulation aufzubürden: Zu enges betriebswirtschaftliches Zuordnen würde ihnen den Start erschweren, ja diesen meistens verhindern. Geschäftserfolg ist im vorhinein nicht rechenbar, sondern begründet sich auf unternehmerische Initiative und auf unternehmerisches Risiko. Die Finanzabteilungen sorgen dafür, daß über alles die Gesamtkosten gedeckt bleiben. Aus den zusätzlichen Margen der gutlaufenden Produkte ziehen sie deshalb dann ihre Gewinnmargen. Die abstrakte deutsche Kostenträger- und Kostenstellenrechnung dient daher in Japan allenfalls als Kontroll-, nicht jedoch als Entscheidungsinstrument.

Die Finanzabteilung puscht zusammen mit der gesamten Unternehmensführung die Entwicklung, damit attraktive neue Produkte und Designs entstehen. Mit dem wirklich starken Produkt wird eine starke Marktposition erarbeitet, die hohe Erträge verspricht. Die Preise sind dabei ausschließlich an der Nachfrage orientiert, die bei genügendem USP auch beim Zehnfachen der eigentlichen Kosten liegen dürfen.

Mit Hilfe solcher guten Erträge entsteht dann ein strategisch gefächertes Spektrum neuer Aktivitäten mit Neueinführungen, die zunächst nur die direct costs einfahren (oder wenig darüber). Dieses Vorgehen ermöglicht jungen Leistungen die notwendige Ertüchtigungsphase, die eine kurzfristig orientierte Kostenträgerrechnung von Beginn an ersticken kann. Vielen westeuropäischen Unternehmen mangelt es nicht an der Kenntnis dieser Zusammenhänge, aber doch häufig an Mut und Augenmaß, sie zu implementieren.

Aufgrund rationaler Fertigung, geringer Verwaltungskosten, niedriger Lagerkosten und vor allem hoher Stückzahlen ist der ex factory price der erbrachten Leistungen im Vergleich zu Deutschland meist niedriger. Das erlaubt (besonders im Export) günstige Preisstellungen.

Die Verteuerung japanischer Produkte ereignet sich erst durch das aufwendige inländische Distributionssystem. Die Vergabe vieler Vertriebs- und mancher Marktfunktionen an Dritte beläßt damit dem Hersteller-Unternehmen – wegen der Begrenzung des Fixkostenblocks – eine hohe Elastizität.

„Ein grundlegender Unterschied zwischen deutschen und japanischen Unternehmen ergibt sich auch bezüglich Sonderleistungen und des Kundendienstes (after service). Der Preis für ein Automobil schließt alle Standardextras ein, während diese in der Bundesrepublik Deutschland zusätzlich berechnet werden. Die gleiche Methode der Stufenkalkulation erfordert gewöhnlich für jede spezielle Leistung einen gesonderten Zuschlag. Gerade der Service (sabisu) und der after service spielen im japanischen Absatzgeschehen eine hervorragende Rolle. Ein Kaufakt ist dort keine einmalige Aktion, sondern er begründet eine dauernde menschliche und geschäftliche Beziehung. Von der Tasse Tee bis zu Ergänzungen, Änderungen und Reparaturen reicht dabei die Erwartung der Kunden, ohne daß sie Sonderzuschläge tragen wollen. Ein hinreichender Prozentsatz für diese Aufwendungen ist deshalb von vornherein in jede Preiskalkulation einzubeziehen" (10).

Physische Distribution

Tokyos Straßen – und die anderer Städte – sind voll von kleinen und großen Lieferwagen, von denen viele auch im Auftrag unserer Kaisha, zu Kunden unterwegs sind. Weder im Haushalt noch beim Einzelhändler gibt es Platz, um mehr als für wenige Stunden oder Tage Vorräte aufzubewahren. Die japanische Hausfrau ist – auch weil sie stets Frisches auf den Tisch bringen will – praktisch täglich zum Einkauf unterwegs. Sie ist jedoch anspruchsvoll bezüglich gewünschter Belieferung. Auch größere Anschaffungen von Möbeln, die auch das Kaufhaus nicht in der Stadt lagert, will sie innerhalb von zwei Tagen angeliefert sehen; eine Vertröstung über 2, 4 oder gar 6 Wochen hinweg, wie in Deutschland nicht selten, nimmt sie nicht hin.

Die beiden großen Verbrauchs- und Industriezentren Japans sind der Kanto-Raum um Tokyo (ca. 25,0 Mio. Menschen) und der Kansai-Raum um Osaka (ca. 15,0 Mio. Menschen). Da Japans geographische Gestalt von weitem an eine Ellipse erinnert, wundert es nicht, daß es auch zwei Brennpunkte ausgebildet hat. Der Bau einer ersten Fertigung mit angeschlossenem Lager wäre also etwas westlich von Tokyo richtig und ein zweiter Standort könnte dann etwas östlich von Osaka liegen. Dazu kommen noch größere Auslieferungsläger, auf den großen Inseln Hokkaido und Kyushu sowie Shikoku. Erstere sind bereits durch Tunnel mit der Hauptinsel Honshu verbunden, letztere steht kurz vor der Anbindung durch Brücken.

Weitere Zentren des Verbrauchs liegen um Fukuoka und vor allem um Nagoya.

Der Schwerpunkt des Konsums des japanischen Staates insgesamt liegt ca. 90 km westlich der Metropole Tokyo. Wegen der exorbitanten Mietkosten Tokyos hält man in der Hauptstadt nur wenige Büros für die Geschäftsleitung, Stabsabteilungen, Marketing Service und Besucherempfang. Vertriebsabteilungen liegen an der Stadtperipherie, Lager und Fertigungen davon noch einmal einige Dutzend Kilometer entfernt.

Marketing Mix und Gesamtorganisation 119

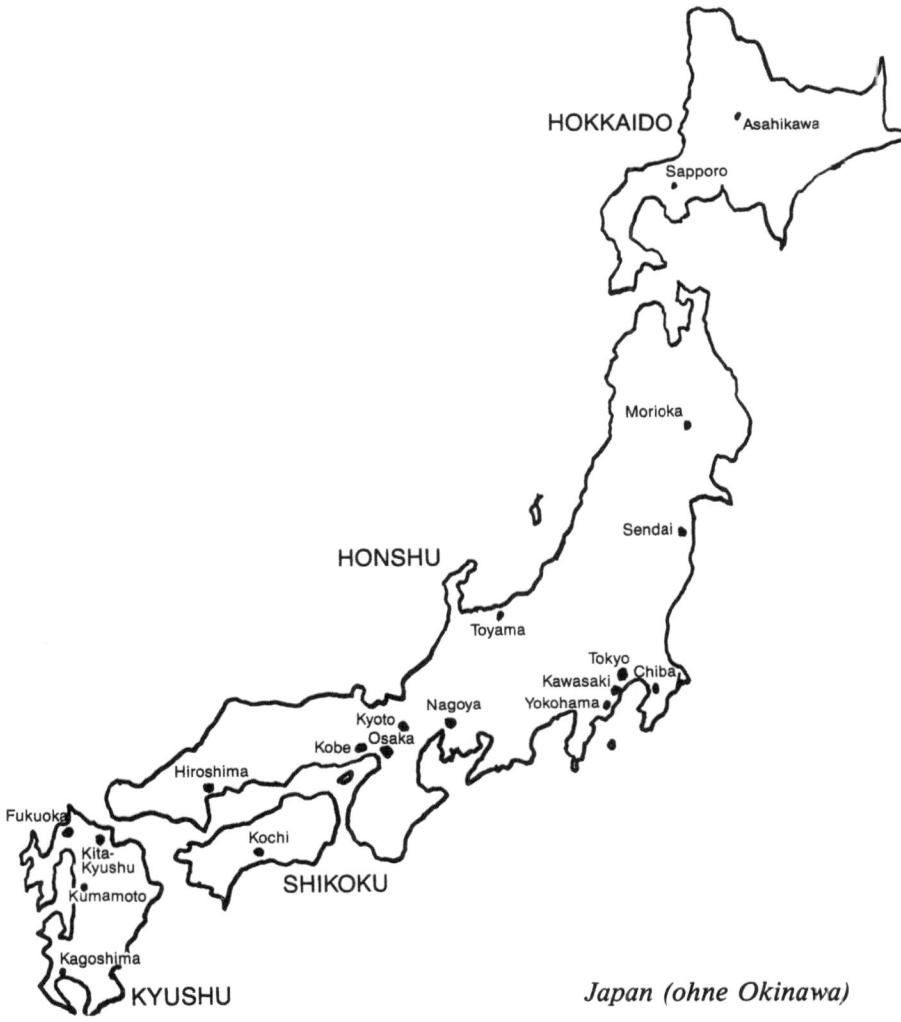

Japan (ohne Okinawa)

In großen japanischen Unternehmen sind die Fertigungen direkt den Vertriebspartnern zugeordnet. Wie die Beschaffung ist auch das Logistikwesen aus diesem Grunde zum großen Teil dezentralisiert. Die Spartenführungen und damit auch die Fertigungsleitungen sehen ihre Aufgabe vor allem in pünktlicher Warenbereitstellung und hohen Qualitätsstandards. Organisatorisch starre Systeme fehlen zugunsten einer organischen Zusammenarbeit der verschiedenen Bereiche. Das reduziert bürokratischen Aufwand. Die hohe Flexibilität sowohl der eigenen Mitarbeiter als auch der Zulieferanten ermöglicht sparsames Wirtschaften mit Materialbeständen. Auf der Vertriebsseite sieht das Bild nicht so günstig aus. Hier spiegelt sich die Kehrseite des Beschaffungswesens wider, das vom Vertrieb stets hohe Lieferbereitschaft, ein breites Sortiment und unverzügliche Ersatzteillieferungen verlangt.

Zur eigentlichen physischen Distribution, bei der die japanischen Unternehmen auf die Straße gehen, da die Bahn vornehmlich der Personenbeförderung vorbehalten ist, bedienen sich japanische Unternehmen weitgehend externer Transportfirmen. Diese erweitern meistens ihren Service auch auf Kommissionierung, Endverpackung und Verladung und rollen dann bis an die Großstädte heran, worauf ein abgestuftes System kleiner Wagen dann schließlich bis zum Einzelhandel und, wenn notwendig, auch bis zum Verbraucher vordringt. Bei den hohen Mieten wird überall bis zur Decke gestapelt, es bleibt kaum Raum für Gänge und vor allem Lade- und Wendebuchten. Deshalb ist Containerverkehr kaum möglich und der Einsatz von Paletten – die nicht landesweit vereinheitlicht sind – sehr stark eingeschränkt. Auch hier gilt, daß die Kostenvorteile aus der Fertigung bei der Distribution größtenteils wieder verloren gehen.

Verkaufsförderung

Gelegentlich schicken japanische Unternehmen ihre Mitarbeiter auf die Straße, um Warenproben an Passanten zu verteilen.

Die Mitglieder von Uchi no Kaisho (unserem Unternehmen) erleben dann als Buchhalter oder Maschineneinrichter am eigenen Leibe, wie schwer es ist, Produkte sogar kostenlos an den Mann zu bringen.

Durch die Personalisierung der Geschäftsbeziehungen kommt besonders der Verkaufsförderung mit ihren individuellen Komponenten erhebliche Bedeutung in Japan zu.

Geschenkwesen

An erster Stelle sei das Übermitteln von Geschenken erwähnt. Nicht nur zu den zwei saisonalen Geschenkhöhepunkten im Sommer und zur Jahreswende, auch unterjährig zu allen möglichen Anlässen ergießt sich eine Flut von Geschenken auf die Großhändler, auf die Einzelhändler und auch noch auf die Endverbraucher.

Dem Verfasser ist der drastische Spruch eines japanischen Geschäftsfreundes noch im Ohr, der bei der Vorbesprechung eines Besuches anmerkte: „Wenn Du dort ohne aufwendiges Geschenk hingehst, kannst Du den Besuch auch gleich in Unterhosen antreten."

Das Austauschen von Geschenken besitzt in der japanischen Gesellschaft einen fast rituellen Charakter. Deren wertmäßige Höhe wird genau nach dem Status des Beschenkten bemessen und es ist wichtig, das jeweils richtige Gegengeschenk zu wählen. Auch die kaishain erhalten eine Fülle von Geschenken von Lieferanten und sonstigen Geschäftspartner. Sie fühlen sich dadurch in ihrem Selbstwert bestätigt, auch wenn dies nach westlichem Verständnis oft bis in die Nähe der Beeinflussung reicht.

Dazu veranstaltet das Unternehmen oft aufwendige Weihnachtsparties für die Stamm-Belegschaft oder zumindest das kambukai (Mittel-Management), bei denen durchaus das Tragen eines Smokings vorgeschrieben sein kann.

Viele Betriebe, besonders Großhändler, geben eine aufwendige Neujahrsparty, bei der sie neben Darbietungen und reichem Essen auch Geschenke übermitteln, mit dem ausdrücklichen Bemerken, daß sie einen Teil der Gewinne, die sie durch ihre Kunden erwirtschaftet hätten, mit diesen nun teilen wollten. Gerade an diesem Punkt wird das Anliegen japanischer Geschäftsleute sichtbar, großen Wert auf die Kundenbeziehungen zu legen und nicht die Gewinnerzielung in den Vordergrund zu stellen.

Ausstellungen

Bei vielen japanischen Verwaltungsgebäuden fällt auf, daß sie ihre schönsten Räume, Schaufenster im Erdgeschoß und überhaupt den größten Bauanteil, showrooms mit wechselnden Ausstellungen ihres Produkt- und Leistungsangebotes vorbehalten. Auch hierin drückt sich der absolute Kundenbezug eines Unternehmens aus. Gerade solche Ausstellungsräume bringen die Kunden ins Haus und führen zu mannigfachen persönlichen Kontakten.

Dazu kommen Fachausstellungen und große Branchen-Messen, die die japanische Wirtschaft inzwischen entdeckt hat und mit Begeisterung beschickt. Da die Menschen gern der Enge ihrer Büros oder Wohnungen entfliehen, sind Messen zumeist reichlich besucht. Auch hier darf nur Erstklassiges dargeboten werden und der Service hat effizient, aufmerksam und extrem höflich zu sein.

Display-Materialien

Mannigfache Display-Materialien wie Aufkleber, Thekenaufsteller, Warenständer etc. tragen auch in Japan die Botschaft des Unternehmens in das outlet des Einzelhandels. Spezifisch hierbei sind die Rücksichtnahme auf die Saison und die Enge aller Örtlichkeiten in Nippon. Deshalb sind beispielsweise Mobiles, die unter der Decke schwingen, sehr populär.

Gut macht es sich auch, wenn man in einen Warenständer ein Fach einbaut, das der Geschäftsführer des Ladens für eigene Zwecke benutzen kann, zeigt dies doch, daß man an ihn gedacht hat. Gerade bei Display-Material wie Postern und Handzetteln ist es wichtig, daß der zuständige Vertreter ein freundliches Verhältnis zum Geschäft unterhält, denn bei der Fülle der vom Wettbewerb angebotenen Materialien landen 85% im Papierkorb, während Zweck und Kosten der Aktion verfehlt sind, wenn man nicht zu den begehrten 15% gehört, die Gefallen finden und oft lange Zeit im Laden verbleiben.

Preisausschreiben

Bei der Form des Preisausschreibens gilt es besonders vorsichtig in Japan zu sein. Kleine Gewinne und Aufmerksamkeiten sowie Ware des Hauses ergeben Sinn und Sympathie. Doch man kann kein Kilo Gold für einen Sieger aussetzen; dies würde gewiß die Teilnehmerzahl anheben, danach jedoch umso mehr frustrierte und verärgerte Nichtgewinner hinterlassen, da Eifersucht ein besonders hervorstechendes japanisches Charaktermerkmal darstellt.

Sampling

Da der Japaner es liebt, seine Ware anzufassen und auszuprobieren, verteilen Hersteller, deren Produkte es möglich machen und die Vertrauen zu ihren eigenen Erzeugnissen haben, zahlreiche Warenmuster. In der Kosmetik-Branche oder Automobil-Branche läßt sich dies mit kleinen Nachahmungen der Originalprodukte (miniature samples) besonders leicht verwirklichen.

Der notorische Hinweis in westlichen Kaufhäusern „Bitte nicht berühren", würde von japanischen Kunden mit großem Unverständnis aufgenommen werden. Manche teure Spielzeugeisenbahn wird dort von kleinen potentiellen Kunden zugrunde gerichtet. Bei ihrer großen Identifikation mit der bevorzugten Marke, würden sie einen Entzug der Spielmöglichkeit keineswegs verstehen wollen.

Der persönliche Einsatz

Für den Kunden, gleich auf welchem Niveau, repräsentieren die Firmenvertreter, die er kennenlernt, das Unternehmen – sein Unternehmen (Uchi no Kaisha).

Menschliche Beziehungen führen zum gesicherten Umsatz in Japan. Menschliche Beziehungen entwickeln sich dort jedoch proportional zur miteinander verbrachten Zeit. Wer den Kindern des Einzelhändlers bei den Schulaufgaben hilft, den Großhändler bei der Steuererklärung berät oder dem Neffen des Kettenladenbesitzers ein Stipendium für eine US-amerikanische Prestige-Universität verschafft, der muß langfristig um sein Umsatzpotential bei diesen Kunden nicht fürchten. Der Zeitaufwand für die Kundenbetreuung in Japan ist deshalb unerhört. Es bedarf hoher Identifikation mit dem eigenen Unternehmen, um dieses Spiel mitzuspielen und die notwendigen Zeitopfer zu erbringen.

Besonders effektiv sind gemeinsame Reisen, vor allem, wenn sie ins Ausland führen. Ob der Großhändler seine besten 30 Kunden oder das Hersteller-Unternehmen seine besten 30 Großhändler einlädt, immer ist es entscheidend, daß die eigentlichen Bezugspersonen teilnehmen. Das sind die direkt engagierten Vertreter, die wichtigen Führungskräfte, aber auch einmal der Sachbearbeiter in der Kontokorrent-Abteilung oder vom Fuhrpark, der mit dem Kunden häufig in Berührung kommt. Gerade die Situation weitab von zu Hause, ohne Sprachkenntnisse und bei ungewohnten Speisen, ruft eine enge Zusammengehörigkeit in der Gruppe hervor, die später durch Foto-Austausch und Erinnerungsalben weitergeführt wird.

Neben der menschlichen Nähe und Wärme wird immer erwartet, daß der Geschäftspartner, mit dem man es zu tun hat, nesshin (eifrig, bemüht) ist. Als Beispiel hierfür kann der Großhändler dienen, der einen Betriebsausflug durchführt; mit großer Anerkennung stellt er fest, daß der für ihn zuständige Hersteller-Vertreter sich an diesem Tag (und auch schon vorher) für die Durchführung der Organisation zur Verfügung stellt.

Dessen Unternehmen berechnet dafür natürlich nichts, sondern stellt noch die Picknick-Pakete zur Verfügung.

So werden Bänder geknüpft, die Uchi no Kaisha, unser Unternehmen, mit allen Beteiligten um es herum dauerhaft verweben. Hierdurch wird klar, daß es Generationen dauern kann, bis solche Netzwerke geknüpft sind. Es erhellt auch, wie wichtig es ist, daß die Mitarbeiter eine Generation lang im Unternehmen tätig sind, denn neue Gesichter werden in den dicht verwobenen Zirkeln der japanischen Lieferanten-Kundenbeziehungen immer mit Reserve aufgenommen.

Es wird daher aber auch verständlich, daß die kaishain bei einem renommierten Unternehmen arbeiten wollen. Sie möchten voller Stolz ihr Firmen-Emblem am Rockaufschlag tragen, Gutes über das Unternehmen in der Zeitung lesen und attraktive Werbung im Fernsehen erblicken, auf die sie dann von Bekannten und Familienmitgliedern angesprochen werden.

Der Vertreter eines guten Unternehmens in Japan hat selbstverständlich eine Hochschulausbildung, da er sonst nicht auf dem richtigen Niveau mit den Kunden verkehren kann. Verkaufsgespräche in Japan können durchaus einmal mit einem 30 Minuten langen Exkurs über eine Kalligraphie-Ausstellung oder das Konzerterlebnis vom Abend zuvor beginnen.

Dazu gehören ein tadelloses Auftreten, gute Manieren und vor allem elegante Bekleidung, im Regelfalle der dunkelblaue Anzug mit Weste, weißem Hemd und dezenter (jimi) Krawatte sowie blankgeputzten Schuhen. Auf die Nachfrage, warum sich jemand in Japan vorteilhaft über seinen Gesprächspartner äußert, gehört neben die Antworten atatakai okyakusama (ein warmherziger Gast), ii hito (allgemein ein guter Mensch) aber auch suteki na kata (eine schicke Person). Die Verpackung läßt sich eben auch beim Menschen nur schwer von der Leistung bei der Beurteilung trennen. Okyakusama bedeutet übrigens gleicherweise Gast und Kunde!

Die Vertreter werden als Spiegel ihrer Unternehmen angesehen, was sie in Wirklichkeit ja auch sind. Sie geben alle die Kenntnisse, Verhaltensweisen und Zuwendung an die Geschäftspartner weiter, die sie in ihrem Unternehmen und von ihren Chefs selber erfahren haben. Wenn sie nicht von ihrem Unternehmen und seinen Produkten überzeugt sind, strahlt dies negativ auf die Händler und letztlich deren Endkunden ab.

Der Primat des Service

In den westlichen Vertragsgesellschaften endet der Kontakt mit dem Gewinn des Verkäufers und dem Nutzen des Käufers. Die Japaner sagen, mit dem Abschluß eines Verkaufsaktes wird eine langwährende Geschäftsbeziehung erst begründet. Im Kern werde auch kein Produkt verkauft, sondern ein Service-Paket, dessen Bestandteil das Produkt ist. Hier handelt es sich nicht um semantische Feinheiten, sondern eine andere Philosophie des Dienstes von Menschen an Menschen. Das anschauliche Beispiel liefern japanische Kaufhäuser, wenn sie um 10.00 h morgens öffnen. Mit einem wohllautenden Gongschlag springen pünktlich die weiten Türen auf. Die hereingleitenden Besucher werden rechts und links je von einem kacho freundlich begrüßt und bedankt. Sodann schreiten sie durch ein Spalier sich eifrig verbeugender junger Damen. Diese stehen auch an den Rolltreppen, um mit einem Tuch das Handgeländer ständig zu säubern. Bei Fahrten in obere Stockwerke im Aufzug fährt eine adrett gekleidete junge Dame mit, die mit wohllautender Stimme auf jeder Etage die dort angesiedelten Abteilungen vorstellt. Mit gemessenen Bewegungen, damit kein Gefühl der Hast aufkommt, drücken sie Knöpfe und halten Türen auf. An den Verkaufsständen selbst lassen die Verkäuferinnen ihre Kunden sich ungeniert umsehen und müssen erst nachdrücklich gebeten werden, wenn man in ein Verkaufsgespräch eintreten will. Das Gekaufte wird sodann sorgfältig in ausgesuchtes Geschenkpapier eingewickelt und gegebenenfalls bringt ein Assistent ein schweres Teil auf die Straße. Die Ware kann auch nach Hause geschickt werden, wenn sie sperrig ist.

Ein Umtausch geschieht in höflichem Einvernehmen und wird äußerlich nicht als Last von der Bedienung gekennzeichnet. Der Verfasser kaufte im Odakyu-Kaufhaus in Tokyo einen wertvollen großen Wohnzimmerschrank aus Kirschholz. Nach kurzer Zeit, es war Winter und der Luftbefeuchter im Wohnzimmer in Betrieb, zeigten sich weiße Flecken auf dem dunklen Holz. Es erfolgte die Bitte an die Frau des Hauses, im Odakyu nach einem geeigneten Säuberungsmittel für die Flecken nachzufragen. Als der Verfasser nach einiger Zeit von einer Dienstreise zurückkehrte, waren die Flecken weg. Die Beratung im Kaufhaus hatte ergeben, daß der gesamte Schrank kurzerhand ausgetauscht worden war.

Jedes japanische Unternehmen unterhält Abteilungen für Kunden-Reklamationen, die selbst im Einzelfall von der Unternehmensleitung außerordentlich ernst genommen werden. Der Austausch fehlerhafter Produkte ist das Wenigste. Höfliche, oft persönliche Entschuldigungen werden mit kleinen Geschenken für die erlittenen Unbequemlichkeiten verbunden. Der Kunde wird dabei immer zuvorkommend höflich behandelt, auch wenn er offensichtlich einmal im Unrecht ist. Diese kulante Behandlung hat in Japan auch zu einem Schmarotzertum geführt. Wenige Unverschämte haben sich darauf spezialisiert, Firmen wegen erlittener Unbill durch deren Produkte zu beschuldigen und Schadensersatz zu fordern; gelegentlich drohen sie, ihre Wiedergutmachung durch darauf spezialisierte yakuza (Mafia-Mitglieder) einfordern zu lassen. In manchen Branchen werden Karteien über diesbezügliche Subjekte geführt und untereinander im Telefon-Service ausgetauscht. Auch in solchen Fällen vermeidet das Unternehmen jedes Aufsehen und zahlt im Zweifelsfalle eine kleine Summe aus.

Wer eine japanische Tankstelle besucht, wird mit großem Hallo von einer Schar diensteifriger Geister empfangen. Verläßt er sie mit einem kleinen Geschenk, sind größere Flecken und der Schmutz von seiner Windschutzscheibe beseitigt. Mit freundlichen und lachenden Gesichtern springen sodann einige junge Burschen auf die Straße und bugsieren den Wagen ins japanische Verkehrsgewühl ein. Bitte kommen Sie bald wieder, ertönt es im wohleinstudierten Chor.

Selbst der kleine Betrieb Tankstelle hat sich seine eigene Kultur zugelegt, von der er erwartet, daß sie den Gelegenheitskunden zum Dauergast konvertieren kann.

In guten Restaurants ist es eine Freude, die gut eingespielten und überaus servicefreudigen Teams zu beobachten. Wartezeiten wie in Deutschland bis zur Bestellung und von da bis zur Bedienung und Bezahlung sind kaum vorstellbar. Auch hier gilt wieder, daß jeder kleine Betrieb sein Image pflegt und hochhält. Am Eingang hängt deshalb horizontal ein kleines Stoffbanner, der sogenannte noren, der den Wahlspruch des Lokales oder Geschäftes in kraftvollen Charakteren zeigt und dies symbolisiert den goodwill des Betriebes.

Mit beißendem Spott charakterisierte einmal Malaysias Premierminister Mahathir Erfahrungen mit Kraftwerkserbauern. Bei einer ähnlichen Reparatur habe man (wegen der Osterferien) drei Wochen warten müssen, bis zwei Service-Leute aus Europa eingeflogen seien, wobei sie zunächst den Samstag und Sonntag im Hotel und am Strand verbracht hätten und dann seien nochmals mehrere Tagen verloren worden, bis die richtigen Ersatzteile nachgekommen wären. Anders beim japanischen Erbauer; beim Anruf habe er noch in der gleichen Nacht ein Team von sechs Leuten samt Ersatzteilen in Marsch gesetzt, die vom nächsten Morgen an vier Tage und Nächte durchgearbeitet hätten, bis die Stromversorgung wieder in Gang gekommen sei. Gerade dieser extensive Service macht japanische Lieferanten nicht nur zu Hause, sondern auch auf dem Weltmärkten zu begehrten Geschäftspartnern und gefürchteten Wettbewerbern.

Da gerade Service sehr stark vom persönlichen Einsatz abhängig ist, zahlen sich hier die Philosophie des totalen Qualitätskonzeptes und das allgemeine gute Betriebsklima vorteilhaft aus. Nur die absolute Identifikation der Mitarbeiter mit ihrem Unternehmen und dessen Zielen ermöglicht die zuvor geschilderten Erfahrungen.

Dies ist vom Prinzip her wieder nichts Neues für westliche Firmen. Aber die japanischen Unternehmer realisieren entsprechende Erkenntnisse in praktischer und systematischer Anstrengung unter Einbeziehung aller an solchen Aktionen Beteiligter.

Es ist jedoch auch einzuräumen, daß ein deutscher Mitarbeiter sich in der Regel besser zum „harten Arbeiter" als zum „weichen Bediener" eignet. Der Verfasser sah einmal, wie der frühere deutsche Bundespräsident Heinemann vor der Deutsch-Ostasiatischen Gesellschaft unwillig einem dienstwilligen Geist bedeutete, er wolle seinen Wagenschlag selber öffnen, was er dann auch tat, samt dem Schließen der Tür; Verständnislosigkeit zeigte sich in den Augen der Japaner, die dieser für sie skurrilen Szene beiwohnten.

Service wird in Japan freudig gegeben, empfangen und genossen. Das Wohl des Gastes und Kunden stehen höher als der eventuelle eigene Stolz und die eigene Bequemlichkeit. Das Wort okyakusan bedeutet ja gleicherweise Gast und Kunde. Das Angebot eines „Gästezimmers" vor einem kleinen Logierhaus in Süddeutschland kann man sich in Japan auch sehr wohl vorstellen; das Angebot eines „Fremdenzimmers" hingegen nicht. Durch die Geschäftsbeziehung tritt man doch in eine freundliche menschliche Beziehung ein! Das Geschäft muß auch in Japan Geld und Gewinn bringen; darüber hinaus soll es aber auch Freude bereiten und den Stolz auf das eigene gute Unternehmen stärken.

Verhalten zum Wettbewerber

Im wettbewerbsfreudigen Japan spricht man vom Wettbewerb allgemein als „kato kyoso" (wörtlich: übermäßiger Wettbewerb); gemeint ist "halsabschneiderischer" Wettbewerb. Es liegt bereits im Selbstverständnis aller Mitglieder der Unternehmen, daß das *ihre* namba wan sein sollte und daher strengt man sich aufs Äußerste an, auf der Siegerseite zu stehen und nicht Verlierer zu werden.

Das geschieht jedoch unter äußerer Einhaltung der Spielregeln und mit einem Lächeln. Der Grund dafür sind die Verbraucher, die sich selbst ein Urteil über die Unternehmen und deren Angebote bilden möchten. Eine plumpe Bevormundung, die ja ein Verächtlichmachen der Konkurrenten bedeutet, lassen sie sich nicht gern gefallen.

Obgleich vergleichende Werbung durchaus möglich ist in Japan, geht es im Fernsehen, insbesondere im Vergleich zu den USA, sehr friedfertig zu. Die Werbung bevorzugt einen soft approach, das heißt, sie weckt positive und sympathische Empfindungen. Fernsehkampagnen im „Stil des weißen Riesen" wären nicht sehr populär in Japan.

Ebenso stößt der Spruch der gleichen Firma, „P & G macht keine Gefangenen", in Japan auf Unverständnis. Ein Vernichtungsfeldzug wäre im Ausland vorstellbar, jedoch kaum direkt im Inland.

Es ist immer gefährlich, einen angeschlagenen Gegner in die Enge zu treiben. Also läßt man ihm eine Nische zum Überleben, da seine Mitarbeiter ebenfalls ein Anrecht auf Arbeit und Bezahlung haben.

Da die Sympathien auch in Japan oft mit den Kleinen und Schwachen gehen (Mickymaus-Effekt), sind auch die derart geschwächten Gegner störend. Deshalb werden Strategien dahin gehen, ihn abhängig zu machen und unter Wahrung der Selbständigkeit nach außen in das eigene Imperium einzufügen.

In vielen Branchen ist der Markt in Japan auf diese Weise oligopolisiert, ja gelegentlich monopolisiert worden. Der eindeutige Marktführer in Nihon setzt bestimmte Regeln fest und niemand der kleineren Mitbewerber ist gut beraten, gegen diese Regeln zu verstoßen. So wie in Japan ein kleinerer PKW immer dem größeren, zielbewußten Lastwagen – ohne Relevanz der aktuellen Verkehrsregeln – die Vorfahrt lassen wird, verhalten sich auch kleinere Firmen im Wettbewerb gegenüber den größeren.

In jedem Zweig versuchen die Unternehmen in Japan eine Rangfolge zu etablieren oder Ordnung zu schaffen, wie sie sagen. Immer, wenn ein neues Geschäftsfeld entsteht, läßt sich dieses Verhalten beobachten. Seit Jahren tobt ein Kampf zwischen den Supermarktketten, bei dem der Marktführer vor einigen Jahren selbst in eine kritische finanzielle Lage geriet.

Aber immer gilt der alten Handelsspruch „if you can't beat them, join them" (wenn du sie nicht schlagen kannst, verbünde dich mit ihnen). Da die Chefs der Unternehmen in vielerlei Berufsorganisationen zusammensitzen und gemeinsam miteinander arbeiten, sind Anknüpfungspunkte für ein gemeinschaftliches Zusammengehen auf dem einen oder anderen Sektor immer gegeben.

Yoshino vermutete bereits vor einem Jahrzehnt, daß „dieser Trend sich sehr wohl verstärken könnte, da der Wettbewerb zunehmend intensiver wird und die attraktiven neuen Märkte bald saturiert sein werden" (11).

Das kosei torihiki iinkai (etwa Kartellamt oder Behörde gegen unfairen Wettbewerb) hat deshalb einen schweren Stand in Japan, zumal es immer wieder einmal offen vom MITI düpiert wird, das starke japanische Unternehmen in Nippon wünscht, die dank ihrer Kraft auch auf den Weltmärkten bestehen können.

Alle Wettbewerbs-Arrangements geschehen strikt auf höherer Management-Ebene. Denn die kampfeslustigen und wettbewerbstrainierten kaishain würden auf ihrer Ebene in der Anbandelung mit den befehdeten Wettbewerbern schlicht Verrat sehen.

Strenge Rivalität besteht zwischen den großen Unternehmenskonglomeraten (kigyo keiretsu). Doch auch sie verläuft bei aller Härte konziliant im Ton und die Spitzenmanager arbeiten zusammen, wo immer das sinnvoll ist, z. B. in der Forschung oder bei Aktionen in Übersee. In der Retail-Szene hat die Regierung durch zwei Gesetze (Kaufhaus-Gesetz von 1956 und Kettenläden-Gesetz von 1974) dafür gesorgt, daß sich die Großformen des Handels nicht zu Lasten der Millionen Kleinläden unbegrenzt ausdehnen können. Der örtliche „Klein-Einzelhandel" kann jeweilig erfolgreich Einspruch gegen die Eröffnung eines weiteren Kettenladens durch einen Großfilialisten einlegen.

5. Zugeordnete Kernfunktionen

Die fünf Kernfunktionen, Finanzwirtschaft, Rechnungswesen, Produktion/Logistik, Forschung & Entwicklung sowie Personal und Soziales, erhalten in japanischen Unternehmen den gleichen Stellenwert wie in nordatlantischen Unternehmen auch. Bemerkenswert ist, daß sie als Service-Bereiche für die alles durchdringende und subsumierende Funktion des Absatzes gelten.

Eine jede Gewinn- und Verlustrechnung beginnt ganz oben mit der Zahl „Umsatz", bevor dann alle möglichen Aufwendungen oder Kostenverteilungen aufgelistet werden können.

Finanzierung und Investition

Bevor ein betrieblicher Prozeß anlaufen kann, müssen das Betriebskapital und das Investitionskapital bereitgestellt werden. Dabei unterscheidet sich das betriebliche Gebaren in Japan nur in Nuancen von Unternehmen in anderen Ländern.

Finanzierungsgestaltung

In vielen japanischen Unternehmen finden wir heute eine gesunde Eigenkapitalquote um 30%, während sie zuvor jahrzehntelang bei 20% und darunter lag. In konservativen westlichen Ländern sah man bei einem Verschuldungsgrad von 80% ein Unternehmen meist in gefährlicher Situation. Japanische Unternehmen haben jedoch seit Beginn der Industrialisierung 1868 erfolgreich und einigermaßen komfortabel mit der Geldknappheit gelebt. Dies erklärt sich zum großen Teil aus der Verflechtung der japanischen Unternehmen in riesigen Konglomeraten, die im folgenden Kapitel noch dargestellt wird.

Japanische Unternehmen sind sowohl in vertikaler als in horizontaler Richtung verbunden: zunächst in der Mutter-Tochter-Beziehung, sodann aber vor allem durch die kreuzweisen Beteiligungen der Mütter untereinander. Dies bedeutet natürlich, daß Lieferschulden innerhalb einer Gruppe einen anderen Charakter als den mit fremden Dritten haben. Auch die Kredite der Hausbank, die gewöhnlich an der Spitze einer Industriegruppe steht, an eines ihrer Mitglieder, müssen anders als strikte Fremdverschuldung gesehen werden. Daneben gibt es noch kleinere Posten auf der Passivseite, die ebenfalls keinen rigiden Fremdkapital-Charakter besitzen, wie zum Beispiel Deposits abhängiger Großhändler oder auch Einlagen von Mitarbeitern, die in Japan oft statt ihr Geld zu einer fremden Bank zu tragen, lieber mit gleichartig verzinsten Einlagen im eigenen Unternehmen zu dessen Finanzierung beitragen. Sie zeigen hier großes Vertrauen in Uchi no Kaisha (das eigene Unternehmen) (1).

Per 31. 7. 1987 waren 1154 japanische Unternehmen an der „First Section" und 698 an der „Second Section" der Tokyoter Börse notiert. Diese hohe Zahl weist schon darauf hin, daß Kapitalbeschaffung in Japan relativ leicht erscheint. Ein unverhältnismäßig großer Teil des notierten Kapitals befindet sich allerdings, aufgrund der gegenseitigen Beteiligungspolitik in den industriellen Gruppen, in den Händen befreundeter Unternehmen oder institutioneller Anleger.

Japanische Unternehmen, die unabhängig bleiben wollen, haben allerdings ihr Grundkapital niedrig gehalten und zäh über Jahrzehnte hinweg Gewinne thesauriert, so daß heute aufgezahltes Eigenkapital und Reserven im Verhältnis 1:10 oder gar 1:20 stehen können. Ein hohes Aktienkapital war auch wegen des Dividendenzwanges auf die Stammaktien nicht beliebt (was sich in jüngster Zeit wegen der extrem hohen Aktienpreise dramatisch geändert hat), während die Zinssätze in Japan jahrzehntelang von Regierungsseite niedrig gehalten wurden. Natürlich waren die Zinskosten als Betriebskosten steuerlich absetzbar. Die japanische Zentralbank (nichigin) ist nicht unabhängig, sondern untersteht dem Finanzministerium. Bis Ende der siebziger Jahre war es patriotische Pflicht der Banken – obgleich sie oft sehr klamm mit ihren eigenen Mitteln waren – die Industrie mit Geld zu versorgen.

Privatpersonen bekamen prinzipiell keine Kredite, sei es für den Hausbau oder die PKW-Anschaffung. Wegen der niedrigen Zinsen behielten die Banken als Besonderheit 20% des gewährten Kredits als „Depot" gleich unverzinslich ein, um so im Mischsatz ihren Zinssaldo zu verbessern.

Die jüngste Situation ist demgegenüber völlig anders. Die Banken sind gut mit Liquidität versorgt und auch Privatleute können heute relativ leicht an Kredite herankommen. Die Fähigkeit, sich Geld zu leihen, ist heute für die Unternehmen, die über Grundbesitz verfügen, drastisch angestiegen. Die bereits hohen Landpreise Tokyos haben sich noch einmal binnen weniger Jahre um das Drei- bis Vierfache erhöht.

Auch die Geldbeschaffung an der Börse ist attraktiv geworden, seit sich der Aktien-Index z. B. in Tokyo vom Jahr 1960 auf 1990 verzwanzigfacht hat. Natürlich achten auch japanische Banken auf die unterlegten Sicherheiten bei Kreditgeschäften, dafür sorgt allein schon die Bankenaufsicht. Doch es war faszinierend zu sehen, daß Verantwortliche der Kredit-Institute sich zuerst das verantwortliche Management der kreditsuchenden Unternehmen anschauten und über dessen Zukunftsplanungen unterrichteten, bevor sie ihre Kreditentscheidungen trafen. Offensichtlich war die Einschätzung der Management-Kapazitäten wichtiger als die Einschätzung der Bilanzrelationen.

Anfang der siebziger Jahre war es durchaus möglich, daß eine Fertigung ihre Ware an ein branch office per Wechsel verkaufte und dieses die Produkte wieder per Wechsel an eine Vertriebsfirma gab. Beide Wechsel wurden – nach genauer vorheriger Information – von der Hausbank akzeptiert, obgleich bekannt war, daß es sich bei allen Dreien weitgehend um die gleichen Eigentümer handelte. Der Vertrieb sodann weiter an Großhändler geschah ebenfalls wieder per Wechsel, die dann allerdings nicht mehr diskontierfähig waren.

Für eine Reihe von Jahren funktionierte dieses System, das unter anderem den wirtschaftlichen Aufstieg Japans ermöglichte, weil hier wirklich alle Institutionen unter Einschluß auch der Regierung zusammenarbeiteten.

Investitionskanäle

Jedes japanische Unternehmen versucht mit wenig Raumbedarf auszukommen, das lehrt schon der Augenschein in überfüllten Büros, vollgestopften Lägern, engen Verkehrsflächen und auch ausgefuchster Maschinenaufstellung in den Werkhallen.

Dennoch bemüht sich das japanische Unternehmen sehr früh Grundbesitz aufzubauen. Das hat mit der außerordentlichen Situation des japanischen Grundstückmarktes in den großen Ballungszentren zu tun. Letztlich schlagen dafür hohe Mieten in allen angebotenen Leistungen mit einem erheblichen Faktor durch. Da die Grundstückspreise über lange Zeiträume hinweg um das doppelte und oft viel mehr der Inflation anstiegen, befanden sich Unternehmen ohne eigenen Grundbesitz immer in einer Strangulation durch die anhängigen Mietkosten. Für die voraussehbare Zukunft scheint sich an dieser Situation wohl nichts zu ändern. Allerdings ist genau aus diesem Grunde vielen Unternehmen – insbesondere ausländischen – gar kein selbständiger Marktzutritt mehr möglich.

Je mehr Land ein Unternehmen in guter Lage besitzt, desto kühner kann es expandieren. Erstens erhält es reichlich Kredite mit der möglichen Besicherung durch eben diesen Grundbesitz und zweitens kann im Falle gefährlich enger Liquidität immer wieder ein kleines Stück Land zu hohem Buchgewinn veräußert werden.

Große japanische Unternehmen verfügen über enorme Reserven in ihren Bilanzen, wo die Grundstücke manchmal nur zu einem Zwanzigstel und viel weniger ihres aktuellen Wertes bilanziert sind.

Das erklärt zu einem erheblichen Teil die hohe Bewertung japanischer Aktien. Auch für japanische Unternehmen gilt, daß die wichtigste Investition die in den Markt ist. Gerade in Nippon wird immer wieder sichtbar, daß kurzfristige Ertragsziele ganz eindeutig dem Aufbau von Marktanteilen geopfert werden. Dennoch darf aus strategischen Gründen die Arrondierung des Grundbesitzes dort nicht vernachlässigt werden. Ausländische Unternehmen, die mit ihrer Fertigungskapazität und Bürobedarf Unterschlupf bei japanischen Partnern gesucht haben und dort vorteilhaft eine Weile leben können, bezahlen dafür mit dem hohen Preis schwindender Unabhängigkeit. Die alles überragende Bedeutung der Bodenpreise spielt auch eine Rolle, wenn sich junge Leute um eine Stelle in einem Unternehmen bewerben. Hat ihr künftiger Arbeitgeber, besonders wenn es sich um einen ausländischen handelt, durch Bodenerwerb gezeigt, daß er sich wirklich langfristig und stabil etablieren will, dann fällt die Eintrittsentscheidung viel leichter, als wenn das nicht der Fall ist.

Bei Investitionen in Gebäude sieht das anders aus. Da wo ein Verwaltungsgebäude in prominenter Lage gleichzeitig das corporate image stützt, wird auch hier viel investiert. Das kann auch gelegentlich bei einer Fabrik so sein, die zum Beispiel sichtbar an der Shinkansen-Linie (staatliche Schnellbahn) liegt. Doch als Regel gilt, daß einfache Verwaltungsräume, Lagerhallen und Werkgebäude mit minimalem Aufwand errichtet werden. Das hat folgende Gründe:

1. Die knappen Finanzierungsmittel sind zu schonen
2. Priorität hat grundsätzlich die Marktinvestition
3. Dort wo nicht für das Unternehmen repräsentiert werden muß, lebt der Japaner in der eigentlichen Arbeitswelt bescheiden
4. Der schnelle technologische Wandel in den Fabriken und Lägern, wie auch in den Verwaltungsbereichen, darf nicht durch dicke, unverrückbare Betonmauern aufgehalten werden
5. Die immer virulente Erdbebengefahr fast überall im Lande, kann mehrstöckige Gebäude, die nicht besonders kostspielig errichtet sind, leicht zum Einsturz bringen

6. Die japanische Steuergesetzgebung sieht als useful lifetime bei festen Gebäuden (concrete buildings) 50–65 Jahre vor. Nicht feste, namentlich auch Holzstrukturen, haben dagegen nur eine Abschreibungszeit von 20–26 Jahren.

Als Ergebnis finden sich durchweg in den Vorstädten und auf dem Lande bemerkenswert primitive Nutzgebäude. Anders sieht es wieder bei Maschinen und elektronischen Datenverarbeitungsanlagen aus, die jeweils vom Feinsten und Modernsten gekauft werden, um qualitätsmäßig und wirtschaftlich ständig wettbewerbsstark zu bleiben. In beiden Fällen beträgt die Abschreibungsfrist 6 bis 15 Jahre. Doch hier wird allgemein von der Wahlmethode Gebrauch gemacht, die es erlaubt, die Maschinen in den ersten Jahren mit doppelten Raten abzuschreiben. Dies bedeutet wiederum, daß sich in den Bilanzen entsprechende stille Reserven befinden.

Zu den strategischen Investitionsentscheidungen zählt der japanische Unternehmer auch Beteiligungen bei Lieferanten, verbundenen Agenturen (wie Designing und Werbung) und vor allem bei Distributeuren und Großhändlern. Bei letzteren erlangt er dadurch die Kontrolle, vornehmlich über Exklusivität und Marketing, ohne dabei die unternehmerische Erfahrung des Inhabers, der weiterbeschäftigt wird sowie die niedrige Kostenstruktur dort, zu verlieren.

In seinem strategischen Vorgehen hält der Japaner sich an die Strategie des Go-Spiels. Im Vergleich zum Schach geht es nicht von Wahrscheinlichkeit und der Möglichkeit einiger weniger ingeniöser Züge aus, sondern über einen langen Zeitraum hinweg werden Dutzende von gleichen Steinen gesetzt, aus denen sich dann bestimmte Muster entwickeln, bis der Gegner schließlich umzingelt ist. Dabei ist stets langfristig zu operieren und das Spielfeld ist ständig in seiner Gesamtheit im Auge zu behalten.

Geduldiges strategisches Vorgehen prägt nicht nur die Investitionen, sondern das gesamtheitliche geschäftliche Verhalten japanischer Unternehmer.

Rechnungswesen und Kostenbehandlung

Verallgemeinernd soll hier vorab angemerkt werden, daß das japanische Rechnungswesen sich auf hohem Stand repräsentiert und vor allem auf Marktflexibilität und Wachstum ausgerichtet ist, ohne dabei den festen Boden unter den Füßen zu verlieren. Hingegen ist die Einstellung zu betriebswirtschaftlicher Kostenrechnung deutscher Prägung eher reserviert.

Informatischer Regelkreis

Der externe Zweck des Rechungswesens, das heißt die Rechungslegung für den handels- und steuerrechtlichen Jahresabschluß, soll nachstehend übergangen werden, da er kaum anders als in Übersee gehandhabt wird.
Der interne Zweck, Grundlagen für Planung, Steuerung und Kontrolle der unternehmerischen Abläufe zu erarbeiten, soll im Brennpunkt nachfolgender Ausführungen stehen.
Moderne japanische Unternehmungen versuchen, das gesamte Rechnungswesen in einen informatischen Regelkreis einzubringen. Die Grundlagen eines Gesamtkonzeptes, dezentrale Konfiguration und die Ausstattung eines jeden relevanten Arbeitsplatzes mit einem Bildschirm, sind gewöhnlich vorhanden. Bei der Firme Toshiba wurde dem Verfasser als Konzept erläutert, daß um den geschlossenen Regelkreis Informationen herum, die Organisationsstrukturen angelegt, die Räume ausgelegt und die gesamten Gebäude überhaupt errichtet würden.
Tatsache ist, daß jedermann im Rechnungswesen Zugriff auf beinahe alles dort hat, wenngleich es auch einige Restriktionen beziehungsweise Verdichtungen im Personalbereich gibt.
Abstrakte Prinzipien werden zugunsten der Praktikabilität und der Übersichtlichkeit des Ganzen geopfert. Die Steuerbilanz soll sich eigentlich von der Handelsbilanz herleiten. Dies antizipierend, werden in der Handelsbilanz bereits alle steuerlichen Anforderungen von Beginn an beachtet, was praktisch zur Umkehrung des Maßgeblichkeitsgrundsatzes führt. Diese Berücksichtigung der steuerlichen Vorschriften und Möglichkeiten beeinflußt die Bewertungsstetigkeit, zeigt aber ein zutreffendes Bild der augenblicklichen Lage. Außerdem verzichtet man auf die Beachtung theoretischer Bilanzierungsgrundsätze, die eine Reihe von zusätzlichen Rückstellungen und Abschreibungen notwendig machen würden. Da sie aus dem versteuerten Gewinn gedeckt werden müßten, führten sie temporär zu überproportionaler Besteuerung, was der japanischen Unternehmung nicht vernünftig erscheint. Der Mangel vielleicht zu geringer Reservenlegung wird im Hinterkopf immer dadurch kompensiert, daß man um die enormen stillen Reserven aus Grundbesitz weiß.
Ähnlich unkompliziert verfährt man mit dem Realisationsprinzip der Gewinne. Juristisch geht mit dem Abschluß eines Kaufvertrages das Eigentum an der verkauften Leistung bereits auf den Käufer über, ohne daß eine physische Eigentumsübergabe sofort erfolgen muß. Pragmatisch sieht man hierbei mittel-langfristig keine Ergebnisverfälschung, da jedes Jahr ja wieder gleichartig verfahren wird. Paysen sagt dazu (2): „Das Realisationsprinzip wird vom japanischen Unternehmen allerdings nicht immer sehr streng ausgelegt. In der Bilanzierungspraxis ist es be-

sonders zum Jahresende nicht ungewöhnlich, Umsätze auszuweisen, ohne daß die Lieferung des Gegenstandes bzw. der Dienstleistung bereits erfolgt ist." (Ein Risiko könnte sich hier in der Tat aufbauen, wenn die Verkäufe am Jahresende von Jahr zu Jahr überproportional hoch steigen würden.)

In diese Richtung geht auch, daß die Beachtung des Imparitätsprinzips nicht zwingend verlangt wird. Verluste sind also nur dann auszuweisen, wenn sie mit großer Sicherheit eintreten werden, sozusagen unvermeidlich sind. Das japanische Unternehmen argumentiert hier, daß der Kampfgeist der Mitarbeiter es nicht zuläßt, schon einen Verlust zu zeigen, wenn durch hohen Einsatz noch eine Chance besteht, das Blatt zu wenden.

Hingegen wird eine steuerlich zulässige „außerplanmäßige Abschreibung" vorgenommen, wenn das Gesetz dies wegen eine Modewechsels oder besonderen technischen Fortschritts erlaubt. Die Mitarbeiter werden dann darauf drängen, den abgewerteten Vermögensgegenstand so schnell wie möglich zu ersetzen.

Alle diese Handhabungen in der japanischen Rechnungslegung, lassen sich der Vereinfachung und Übersichtlichkeit halber vertreten. Das galt allerdings nicht bis 1977 für die fehlende Vorschrift, konsolidierte Abschlüsse für verbundene Unternehmen vorzulegen. Hier waren Mißbräuche möglich und es kamen häufig Manipulationen vor.

Generell gehen Schnelligkeit und Übersichtlichkeit im Rechnungswesen in Japan vor penibler Genauigkeit nach abstrakten Prinzipien zu der einen oder anderen Stelle. Deshalb erfolgt auch der totale Einsatz der EDV auf diesem Gebiet, denn nur so sind kurzfristige Soll-Ist-Vergleiche sowie Budget-Abweichungen und vor allem eine rasche Management-Information (MIS) möglich.

Jahresabschlüsse müssen in Japan drei Monate nach Schluß der Rechnungslegungsperiode erscheinen, also bis zum 31.3. eines Jahres muß die Jahreshauptversammlung dann durchgeführt sein, wenn das Rechnungsjahr das Kalenderjahr ist. Unternehmen in Deutschland hingegen lassen sich damit bis über 6 Monate Zeit, so daß die Bekanntgabe der Zahlen der Öffentlichkeit kaum noch dient.

Kalkulationsauffassungen

In Deutschland sind die Unterschiede bei den Methoden der Rechnungslegung und der betriebswirtschaftlichen Kostenrechnung zwischen den Unternehmen nicht allzu groß. In Japan gilt das nur für die Rechnungslegung. Im betriebswirtschaftlichen Bereich biegen sich die Firmen jeweils ihre eigenen Systeme zurecht. Einige Universitäten (Kobe, Hitotsubashi, Yokohama, auch Tokyo) arbeiten an allgemeinen plausiblen Systemen, doch insgesamt überwiegen die finanzorientierten und vom Rechnungswesen her gewohnten Prinzipien.

Hauptanliegen waren in der Nachkriegszeit besonders die Einhaltung der vorgegebenen Kosten — per Kostenstelle und Zeiteinheit — sowie die Kostensenkung.

Wie im vorigen Abschnitt kurz gezeigt, behindert die Steuergesetzgebung in Japan die Entwicklung einer klassischen innerbetrieblichen Kostenrechnung. So wird — nur als Beispiel — eine Bewertung von Beständen zu Standardkosten in der Steuerbilanz nicht anerkannt.

Der japanische Unternehmenspraktiker interessiert sich bei Kostensenkungsbestrebungen natürlich lediglich für die Höhe des Gewinns und nicht die Kontrolle der Kosten. Er geht also bewußt verschwenderisch mit dem Drucken von goldglitzernden Etiketten um, wenn er dadurch höhere Erlöse erzielen kann, die seine Spanne absolut und relativ vergrößern. So sind auch der Aufwand für eine teure Party oder kostspielige Auslandsreisen für Kunden zu sehen. Deren Erfolg tritt im allgemeinen erst mittel-/langfristig (wenn überhaupt) auf. Er läßt sich auch mit herkömmlichen Kostenträger-Erfolgsrechnungen nicht messen. An die Stelle der Kontrolle setzt die japanische Unternehmung Mitarbeitern gegenüber bewußt ihr Vertrauen. Aus der Loyalität mit dem Unternehmen, in Verbindung mit intensiver einschlägiger Schulung, erwächst das Verantwortungsbewußtsein, das sich bei der total quality control in nachweislichen Erfolgen niederschlägt.

Die Kostenkontrolle ist im Prinzip um so wirksamer, in je kleinere Unterstellen die Verantwortungsbereiche aufgeteilt werden. Das widerspricht aber dem Gesamtheitsdenken im Unternehmen, wo eben jeder nicht nur seinen engen Bereich, sondern das Gesamte im Auge haben soll. Kostenverschwendung geschieht ja eben nur selten in den übersichtlichen Kostenstellen, sondern meist dazwischen an den Schnittstellen, wo keine direkte Verantwortung getragen wird. An die Stelle der Kostenkontrolle tritt daher die Kostenrechnung für die Gewinnplanung. Diese hinwiederum bedarf der Unterstützung durch das direct costing, das nicht direkt mit den offiziellen Rechnungslegungsverfahren verknüpft ist. Vielmehr stellt man die jeweils gewählten Verfahren auf die anhängigen Entscheidungen ab. „Diese verschiedenen Kostenrechnungsverfahren, die in enger Beziehung mit der Lösung von Entscheidungsproblemen stehen, lassen zugleich eine Veränderung des Grundgedankens der Unternehmensführung erkennen. Man löst sich von der auf der Voraussetzung der Regelmäßigkeit der Unternehmensphänomene beruhenden systembezogenen Problembehandlung und geht zur individuellen Improvisation über" (3).

Die Aufteilung in Sparten oder divisions der modernen Unternehmung bildet unternehmerische Einheiten, die Entscheidungsfreiheit, aber auch Übersicht über ihren Gesamtprozeß von Forschung, Planung, Beschaffung, Produktion und Absatz haben müssen. Dem entsprechen die modernen Fertigungsverfahren (z. B. in der Automobilindustrie), wo der Zerlegung in Arbeitsschritte wieder die Zusammenführung von Prozessen folgt; ganz zu schweigen von der Vollautomatisierung, wo sich die einzelnen Arbeitsschritte nicht mehr unterscheiden und entsprechende Kosten nicht wirksam zuordnen lassen. Die Stück-Kalkulation endet daher in den meisten japanischen Unternehmen immer mehr bei den direkten Kosten wie Materialeinsatz und direkten Lohnkosten, Stücklizenzen etc.

Immer größere Bedeutung gewinnt die Erfassung der Gemeinkosten und deren strategische Verteilung, die sich nicht mehr am vermuteten Kostenverursachungsprinzip allein orientieren sollte.

Daher ist allerdings eine Erfahrung unter 215 börsennotierten Aktiengesellschaften in Japan aus dem März 1985 (4) überraschend, die als Ergebnis ausweist, daß 183 Unternehmen, also 85%, ihre Gemeinkosten ganz oder teilweise auf die Geschäftsbereichsleitungen verteilen. Das verwischt in der Tat die Ergebnisverantwortung der Bereichsleiter; weniger wegen gewisser Willkürlichkeiten bei der Schlüsselung, sondern weil sie wenig Einfluß auf die Wirtschaftlichkeit der von den Zentralbereichen Logistik, EDV, Planung, F & E etc. erbrachten Leistungen haben; aber es ergeben sich Zuschlagssätze für die Kalkulation in den Bereichen, die dann zwar strategisch innerhalb der Sparte verteilt werden können, allerdings Entlastungen oder Belastungen zwischen den Bereichen verhindern oder zumindest zum Entscheidungsgegenstand einer Sitzung der Unternehmungsleitung machen.

Für die japanische Praxis darf davon ausgegangen werden, daß Kostenkalkulationen nach den direct costs selten nach Prinzipien, sondern meist nach markt- oder beschäftigungstrategischen Kriterien erfolgen.

Produktion und Logistik

„Marketingexperten von Weltklasse: Die Japaner", ist die Meinung von Kotler (5). Für diejenigen, die Marketing als die bekannte Kunst verstehen, einem Eskimo einen Kühlschrank zu verkaufen, verdienen die Japaner ein solches Prädikat sicher nicht. Doch wenn man die japanische Unternehmung als ein menschliches Gebilde begreift, das im Markt mit preiswerten, nützlichen, eleganten, qualitätssicheren Produkten zur rechten Zeit jetzt und einem guten Service danach aufwartet, dann trifft das Urteil Kotlers zu. Dies wird möglich vor allem durch die enge Koppelung von Marketing, Produktion, Logistik sowie Forschung und Entwicklung.

Die Güterbereitstellung

Güterbereitstellung ist für den japanischen Fertigungsbetrieb ein aktiver Prozeß, an dem er großen Anteil nimmt. In westlichen Ländern hetzen die Fertigungsleute hinter Terminen her, zu denen sie Produkte bereitstellen sollen, die „die da im Marketing ausgeheckt haben".

Da Fertigungsexperten in Japan an allen Gesprächen von der ersten Produktidee an teilhaben, kommen sie mit dem Vertrieb gemeinsam zu einem realistischen Bereitstellungsdatum. Technische Überraschungen werden ebenfalls durch die aktive Beteiligung verringert. Der gewünschte Qualitätstandard ist klar definiert und in gemeinsamer Anstrengung werden alle denkbaren Kosteneinsparungen realisiert. Vom Vertrauen in das Produkt getragen, peilt man gleich eine Stückzahl an, die nach dem Gesetz der Kostendegression Preise ermöglicht, die Wettbewerber, zumal solche im Ausland, kaum schlagen können. Die notwendigen Investitionen werden früh und konsequent beschlossen. (Eine flankierende gute Werbung und Absatzförderung sind dann gleichberechtigte Selbstverständlichkeiten.)

„Die Ursachen der japanischen Preisvorteile zu identifizieren und zu qualifizieren ist eine Aufgabe, die andersartig für jedes Produkt, jeden Markt und jede Gruppe von daran beteiligten Unternehmen ist. Die Ursachen der Überlegenheit sind heute anders als in der Vergangenheit und werden wieder anders in der Zukunft sein... Heute liegt der Grund für die Wettbewerbsvorteile in der hohen Flexibilität" (6).

Diese hohe Flexibilität schlägt sich an der Umsetzung einer Produktidee nieder, die mit großer Geschwindigkeit vor sich geht. 1983 gab es zwei westliche Firmen mit Prototypen von Video-Kasetten-Recordern. Gleich eine ganze Meute von japanischen Herstellern stürzte sich darauf und warf sie zu einem bestimmten Zeitpunkt auf den Markt, als die eigenen Ingenieure noch immer weitere Verbesserungen anbringen wollten. Danach kamen sie einige Jahre lang mit stets verbesserten Modellen heraus. Diesem Feuerwerk an Betriebsamkeit war die westliche Konkurrenz nicht gewachsen und heute kontrollieren Japaner über 90% des Weltmarktes.

Auch die Logistik gehört zu den Gründen für diese hohe Schnelligkeit gepaart mit niedrigen Kosten. Schiffe können so konstruiert werden, daß sie schwere Maschinen eines Herstellers befördern, der direkt am Meer gebaut hat. Praktischerweise liegt sein Stahllieferant gleich nebenan. Es entstehen praktisch keine Umschlagkosten. Auf der Rückfahrt von Indonesien zum Beispiel, können solche Schiffe aufgrund ihrer besonderen Konstruktion gleich noch Eisenerz von Australien mitnehmen, wo Japaner hinwiederum Hafenanlagen konstruiert haben, die sich für eine besonders rasche Beladung eignen. Das Erz gelangt dann in wenigen Tagen zum Stahlhersteller, dem Nachbarn unseres Maschinenfabrikanten.

Im Kleinen praktizieren die meisten Hersteller Nippons ein just-in time-Prinzip, daß die Komponenten, Teile und Rohstoffe preisgünstig dann auf maßgeschneiderten Fahrzeugen anliefert, wenn sie benötigt werden. Die Zwischenlager lösen sich damit automatisch auf. Da nun die Aufträge aus dem Vertrieb selten exakt wie ursprünglich geplant eingehen und auch im Produktionsprozeß Stockungen wegen Pannen eintreten können, läuft zum Beispiel ein Fließband so schnell, wie die vor- oder nachgeschaltete Stufe und die Materialanlieferung es erlauben. Die dort Beschäftigten richten sich auf den wechselnden Arbeitsrhythmus ein.

Die angelieferten Teile tragen kleine Karten (kanban) mit sich, die anzeigen, jetzt kommt eine Modell-Variante. Das ermöglicht die Herstellung verschiedener Typen, eine wichtige Wettbewerbswaffe im japanischen Markt, an dem gleichen Band. Wird der Prozeß durch eine besonders ausgefallene Variante gestört, dann wird diese in einer Schleife ausgesteuert und erst dann wieder dem Prozeß zugeführt, wenn ihre Bearbeitung dem üblichen Takt entspricht.

Diese Art der Güterbereitstellung erfordert viererlei:

1. Gut kooperierende Unterlieferanten
2. Ein Produktionslayout, das möglichst schon bei fünfzigprozentiger Auslastung den Break-even-point erreicht
3. Ein flexibles, EDV-gestütztes Planungssystem
4. Flexible, vielseitig einsetzbare Menschen, die sich einen Blick für das Ganze bewahrt haben.

Zur Faktor-Qualität: Verbrauchs- und Potentialfaktoren

In einem ständigen Prozeß bemüht sich die japanische Unternehmensleitung um die Verbesserung der Produktionsfaktoren, um die Produktivität zu steigern und die Kosten über alles zu senken.

Die ressourcenarmen japanischen Inseln haben von jeher zu sparsamem Umgang mit den Verbrauchsfaktoren, gleich ob sie als Rohstoffe, Werkstoffe, Zulieferteile, Baugruppen oder Hilfsstoffe in die Produkte eingehen oder als Energien, schnellebige Werkzeuge, Reparaturmaterialien oder Leistungen Dritter nur den Fertigungsprozeß unterstützen, gezwungen.

Vielleicht kann man sagen, ohne die Mikroelektronik und Zwänge zur Miniaturisierung wäre der heutige Wohlstand Japans, bei seiner Ressourcen-Armut sowie den langen Beschaffungs- und Absatzlinien, gar nicht möglich geworden. Kleinere Geräte sind nicht nur handlicher, sondern erfordern auch nur einen geringen Materialeinsatz und damit letztlich weniger Rohstoffe.

„In Japan sind Dinge, die in ihrer Größe reduziert und peinlich genau ausgeführt wurden, nicht bloße Miniaturen. Sie haben mehr Charme und Kraft, als ihre größeren Gegenstücke und es umgibt sie etwas von einer mysteriösen Aura" (7). Kaum jemand wird ein großes Fernsehgerät in Nihon bewundern, doch leuchten die Augen, wenn sie ein Bildgerät erblicken, daß einem kleinen Taschenkalender oder Taschenrechner ähnelt.

Teile oder Baugruppen, die in solche Mini-Geräte eingehen, werden im Konstruktionsbüro in Japan entwickelt, dann aber beim Unterlieferanten – der heute häufig in Südostasien sitzt – gefertigt.

Der Energieverbrauch bleibt ein Problem in japanischen Unternehmen. Zwar benötigen kleinere Geräte weniger Strom als größere, doch insgesamt halten sich die erzielten Einsparungen bisher in Grenzen.

Bei den Potentialfaktoren wurde weiter vorn bereits die Bedeutung insbesondere von Grundstücken unterstrichen. Japan ist eine Insel und Inseln wachsen kaum. Zwar gibt es noch zu nutzendes Land, doch der Standortvorteil an der pazifischen Küste mit ihren Häfen ist gar zu attraktiv für die Unternehmen. Hinzu kommen die Vorteile der Agglomeration von Zulieferern, Unterlieferanten und der gesamten Infrastruktur einer gewissen Ballung. Deshalb wird Land in solchen Lagen immer mehr gefragt und immer intensiver genutzt werden.

Bei den Fertigungs- und Lagergebäuden gilt Kurzlebigkeit. Ein traditionelles japanisches Wohnhaus wird rund alle 20 Jahre abgerissen – wie der Heilige Schrein von Ise seit mehr als 1 1/2 Jahrtausenden. Die leichte Bauweise im Verein mit einem feuchten subtropischen Klima im Sommer sowie dem Einfluß korrodierender Luftmassen vom Meer her bewirken eine rasche Verwitterung. Dies hängt auch mit einem Kult des Neuen und Frischen zusammen. Gebrauchtwagen und andere benutzte Gegenstände sind sehr schwer in Japan zu veräußern. Auch eine Hose wird kaum ausgebessert. Ein Loch im Hemd oder Socken ist ehrenwerter als das Tragen gestopfter Sachen.

Auf Maschinen und maschinelle Anlagen richtet sich in erster Linie die Aufmerksamkeit eines Unternehmens. Aufmerksam werden weltweit alle relevanten Messen besucht, um die neueste Technologie einzukaufen oder doch ein paar Ideen mit nach Hause zu bringen. Gelingt das nicht zur Zufriedenheit, dann werden eigene Entwicklungen in oft unorthodoxer Weise in Angriff genommen.

Der heutige Japaner ist sehr bequem; selbst für kurze Fußwege benutzen sogar junge Leute ein Taxi. Schon vor zwanzig Jahren wurden in Büros elektrische Bleistiftanspitzer – die rund das 15fache konservativer Handgeräte kosteten – benutzt. Hier hinein paßt die Bevorzugung von automatisierten Vorgängen, Vorrichtungen und ganzen Fertigungsabläufen.

Der Roboter ist des Japaners liebstes Kind und überall wird an Prototypen gearbeitet, die dem Menschen Mühe abnehmen sollen. Die Mitarbeiter des Unternehmens erwarten auch, daß ihre Unternehmen alles zur Verfügung stellen, was an arbeitserleichternden Geräten im Markt zu kaufen ist.

Vor 25 Jahren tauchten in Japan in vielen öffentlichen Gebäuden Glastüren auf, die sich bei der Annäherung automatisch öffneten und dann auch wieder schlossen. Ein japanischer Beamter äußerte sich zehn Jahre später verwundert, daß ihm in Deutschland solche Türen nur selten begegneten. Man entgegnete ihm, daß das Prinzip natürlich lange bekannt sein. Jedoch würden deutsche Firmen genau rechnen, ob dem Aufwand ein entsprechender Nutzen gegenüberstehe und im positiven Falle auch noch warten, bis die alte Tür irgendwie defekt sei. Noch stärker verwundert schüttelte er den Kopf; schon um des Fortschritts willen – von der unbezahlbaren Bequemlichkeit gar nicht zu reden – müsse sich doch ein modernes Unternehmen so etwas zulegen.

Der vierte Potentialfaktor, der arbeitende Mensch, ist sicher der wichtigste und gewichtigste in Japan. Er wird durch zwei entscheidende Motivationsfaktoren gesteuert, die sehr wichtig für die Arbeit im Unternehmen sind:

1. „Kein Japaner kann die Erwartungen derer über ihm oder die Erwartungen derer unter ihm unerfüllt lassen."
2. „Es ist zu sagen, daß die spontane Empfänglichkeit einzelner Japaner wie auch von Gruppen für alles, was neu ist und potentiell zu Wachstum und Entwicklung beitragen kann, eine auffällige Bedingung für japanische Aktivität und japanischen Fortschritt darstellt" (8).

Auf der Basis dieses Potentials darf das Unternehmen die richtige Universität und die rechte Richtung der Arbeitsanstrengungen erwarten. Gezieltes Training, punktuelle Vergütungen und eine um das Wohl des Menschen bemühte Haltung des Managements tragen dazu bei, daß dieser menschliche Schatz dem Unternehmen langfristig erhalten bleibt. Das Bewußtsein „wir sind die Kaisha" und „ich kann stolz auf ‚Uchi no

142 Zugeordnete Kernfunktionen

Kaisha' sein", vermittelt den besten Unternehmen Japans ihre ihnen eigentümliche Dynamik.

Zur Faktor-Qualität: Dispositive und Zusatzfaktoren

Zu den dispositiven Faktoren zählt man im allgemeinen die Planung, Fertigungsvorbereitung, die Einrichtung des Ablaufprozesses und die anhängigen Kontrollprozesse.

An dieser Stelle soll das japanische kanban-System vorgestellt werden, da es sehr gut das Arbeitsverhältnis der kaishain zu zeigen vermag.

Der japanische Betrieb erkennt es als seine Aufgabe, qualitativ hochwertige Leistungen zu relativ niedrigen Kosten zur rechten Zeit und in steter Anpassung an Entwicklungsfortschritte für ständig wechselnde Verbraucherpräferenzen bereitzustellen. Das schließt nicht unbedingt „Produktion" mit ein. Mindestens die Teilefertigung kann an Unterlieferanten weitervergeben werden.

Der Autohersteller Toyota beschreibt es als sein Selbstverständnis, Weltmarktgeltung mit exzellenten Produkten wie PKW's zu gewinnen. Das Erreichen dieses Ziels erfordert unbedingt gute Forschung, perfekte Planung, hohe Qualitätsanforderungen, niedrige Herstellkosten und viel Flexibilität. Deshalb sind für das Unternehmen Konstruktion, dispositive Prozesse, Endmontage und Kontrolle wichtig; hingegen stellt die Herstellung verschiedener mechanischer oder elektrischer Teile keine primäre Aufgabe dar und kann Dritten überlassen werden. (Bei großen Pressen sowie automatischen Fertigungsstraßen für Motorblöcke bestehen aus Gründen technologischer Delikatesse und wegen deren hoher Investitionsvolumina Ausnahmen.)

Neben die mathematischen Modelle der Produktions- und Kostenfunktionen sowie der Elementarfaktoren tritt das humane Element im japanischen Betrieb, das über Motivation und Mitwirkung entscheidend zur Produktionsverbesserung beiträgt:

- Das bringt erstens den Potentialfaktor „arbeitender Mensch" in den Mittelpunkt der Aufmerksamkeit. Ihn sah Gutenberg (9) in den Auflagen 1–9 (1951–1963) seines Bandes „Produktion" kaum anders als Maschinen. Ab der 10. Auflage wird hingegen herausgestellt, daß geistige, körperliche und charakterliche Eignungsstrukturen der Arbeitskräfte sowohl beträchtliche latente und sofort realisierbare (z. B. durch Motivation) als auch erhebliche latente, aber erst mittel- bis langfristig realisierbare (z. B. durch Ausbildung) Potentiale bieten.
- Zweitens handelt es sich um die dispositiven Faktoren, die in der neueren betriebswirtschaftstheoretischen Literatur (10) mit der Un-

ternehmensleitung und ihren Zielen identifiziert werden. In Japan wird die Fertigungssteuerung auf der Werkstattebene von den betroffenen Arbeitsgruppen vorgenommen, die dabei Planung, Organisation und Kontrolle ausüben. Demgegenüber darf sich die Tätigkeit des Managements vornehmlich auf die Erarbeitung der Ziele und deren strategische Durchsetzung sowie deren Kommunikation an die Gesamtheit der Belegschaftsmitglieder konzentrieren.
- Letztlich steht in Japan die Unternehmung als menschlicher Gesamtorganismus im Vordergrund, während die einzelnen Betriebsteile mit ihren Spezialfunktionen dahinter zurücktreten. Da zum Beispiel die Begrenzung von Finanzmitteln die Möglichkeit eines Unternehmens limitiert, kommt ihnen im Produktions-Kombinationsprozeß große Bedeutung zu. Das gilt ebenso für alle funktionellen Verzahnungen mit den Bereichen Einkauf, Logistik, Kundenservice und Marktflexibilität. Das japanische Unternehmen beschäftigt sich daher intensiv damit, das Unternehmen zum sich selbst kontrollierenden Regelkreis zu entwickeln.

Das Schlagwort kanban steht für die Endvision einer flexiblen Automatisierung, die auf lagerfreier Produktion basiert, um ein jedes Produkt in geforderter Qualität, kostengünstig an dem Zeitpunkt herzustellen, zu dem es der Markt anfordert (11). Das erfordert es, die einzelnen Arbeitsgänge, Arbeitsstrukturen und Produktionspläne in Partnerschaft von Management und Werkstattgruppe in ganzheitlicher Unternehmensbetrachtung zu überdenken. Die Verknüpfung zweier Fertigungsaspekte, die beide der Kostenminimierung dienen, namentlich der „Produktion auf Abruf" sowie der „Automation", können dabei erhebliches Konfrontationspotential bergen, das es durch gut organisierte Prozeßabläufe zu verringern gilt.

Hierbei sind klassische betriebswirtschaftstheoretische Modelle oft wenig hilfreich, da sie gern von drei praxisfremden Modellen ausgehen:

1. der Ablauf des Produktionsprozesses geschehe in einem Aggregat (die Regel ist jedoch die Stufenproduktion)
2. der Produktionsablauf geschehe in der Zeit Null (Produktionsgeschwindigkeit ∞) oder die Betriebszeit sei zumindest konstant und damit nur für die Abschreibungszeit der Gebäude, Maschinen und Werkzeuge interessant (gerade die zur Überbrückung zeitlicher Disparitäten für notwendig erachteten Disparitäten binden Mittel, verursachen Zinsen, erschweren Produktumstellung und führen zu Qualitäts-Beeinträchtigungen)
3. der Potentialfaktor Mensch sei physisch nicht teilbar (der japanische Betrieb erreicht hiergegen eine hohe Flexibilität durch das organisierte

Mittel des innerbetrieblichen Arbeitsplatzwechsels und erreicht dadurch eine hohe „menschliche Teilbarkeit" im Produktionsablauf).

„Vorteile der Anwendung des Kanban-Systems reichen vorwärts von der Fertigung bis in die Distribution und rückwarts bis zu den Lieferanten" (12).

Eine wichtige Funktion des kanban bildet die Bereitstellung des Materials. Neben dessen „Sicherstellung" tritt aber gleichgewichtig die Minimierung oder Vermeidung von Zwischenlagern. Dies geschieht durch täglichen Vergleich des tatsächlichen Verbrauchs mit den Planzahlen. Allabendlich wird dann dem vorgeschalteten Werk oder Unterlieferanten (z. B. per Standleitung) eine neue Anforderung übermittelt.

Die Grundidee des kanban liegt darin, eine Synchronisierung sowohl zwischen den Verbrauchs- und Potentialfaktoren als auch zwischen den einzelnen Fertigungsbereichen zu erzielen. Kurzfristig geht das nur über Materialmengenanpassungen, mittel- bis langfristig können alle Elementarfaktoren geändert werden, die helfen den Materialfluß zu optimieren und die im Produktionsprozeß befindliche Materialmenge zu minimieren.

Vereinfacht geht es darum, dem traditionellen Prinzip, das den Fertigungsfluß in der Richtung vom Vorlieferanten bis hin zur Teilefertigung, Vormontage und Endmontage steuert, ein Programm der Steuerung von den aktuellen (absatzbestimmten) Endmontageprogrammen bis hin zur Vormontage, Teilefertigung und schließlich zum Vorlieferanten entgegenzusetzen; hierbei fordert jede Stelle von der vorhergehenden nur soviel an, wie sie benötigt.

Für ein integriertes Konzept der Ablauforganisation mit der Funktion Werkstattsteuerung bedarf es nach von Briel (13) folgender Kriterien:

- geringe Teilezahl
- geringe Rüstzeiten in Losfertigungsbereichen
- wirtschaftliche Fertigung von Losgrößen $\geq$ Tagesbedarf
- Vorhalten Reservekapazität
- möglichst gleichmäßiger Teilebedarf
- Aufbau selbststeuernder Regelkreise auf den einzelnen Fertigungsstufen
- Teile-Qualität nahe 100%
- hohe Qualifikation der Mitarbeiter, damit sie Steuerungstätigkeiten übernehmen können.

Wenn demgemäß viele Teile auf einer teuren Anlage gefertigt werden, funktioniert kanban nur dann, wenn diese Anlage ohne großen Aufwand schnell umgerüstet werden kann. Für die Konstrukteure solcher Anlagen liegt hier die zukünftige Herausforderung. Dabei sind die Kapitalkosten hierfür durch die Reduzierung des Umlaufvermögens zu kompensieren. Eine Ausweitung von kanban über die Werkstattfertigung hinaus auf Transportsysteme, Export-Import-Abwicklung, Einkauf und Zulieferer mündet in ein anspruchsvolles Konzept kompletter integrierter Logistik. Für die Zusatzfaktoren, die außerhalb der Unternehmung liegen, tritt mit ähnlicher Motivation das Top-Management ein.

Zero Defect

„Zero Defect" ist das Ziel der Qualitätszirkel in Japan oder des TQC-Konzeptes. Zum äußeren Zeichen dessen, daß sie es ernst hiermit meinen, trägt zum Beispiel das Kabinenpersonal von Japan Air Lines mehrere Wochen im Jahr eine Spange mit einem grünen Kreuz am Uniformaufschlag. Das entscheidende Prinzip bei zero defect bildet die Übernahme der gesamten Verantwortung durch eine Gruppe.

Beispiel: Angenommen in Stuttgart sitzen 12 Kräfte im Betriebsbüro; ihre Aufgaben sind Arbeitsvorbereitung, Aufschreibungen, Lieferantenverhandlungen, Qualitätskontrolle, Reparaturen und allgemeine Büroaufgaben wie Textverarbeitung. Im Betrieb arbeiten an einer Fertigungslinie 40 Arbeitskräfte, deren Qualifikation niedrig ist und die ihre eigene Funktion im gesamten Prozeß von Fertigung und Vertrieb kaum einzuschätzen vermögen.

Ihre Arbeit ist relativ monoton und das Ziel ist der schnelle Feierabend, bei dem jeder für sich vom ganzen Firmengeschehen auf Distanz gehen kann.

In Nagoya beträgt die Gruppenstärke an einer vergleichbaren Fertigungslinie 44 kaishain; alle sind sehr motiviert, vielseitig ausgebildet und zu guter Zusammenarbeit bereit. Ihr rechnerischer Anteil an allgemeinen Betriebsbüros, zum Beispiel für die EDV-Anlage, beträgt nur zwei Köpfe.

Das ergibt eine Einsparung von sechs Arbeitskräften beim Vergleich sowie von Reibungsverlusten, die sich immer zwischen analytisch zergliederten Teilfunktionsbereichen einstellen. Wichtiger als diese Einsparung ist aber das Engagement einer homogenen Gruppe an der Linie, die unaufhörlich durch Reparaturen, gegenseitiges Einspringen, Qualitätskontrolle, Materialversorgung und Diskussion mit der vorgeschalteten Betriebseinheit sowie der nachgeschalteten Betriebseinheit für einen ununterbrochenen, störungsfreien Lauf ihrer Anlage sorgt. Es leuchtet ein, daß ein Qualitäts-Zirkel in dieser Gruppe ideale Ansatzmöglichkeiten für alle Arten der Verbesserung erkennen, diskutieren und ausprobieren kann.

Das Unternehmen richtet dann analog Zirkel für die Potentialfaktoren Grundstücke, Gebäude, allgemeine Anlagen ein, die in ähnlicher Weise an Verbesserungen wirken. Es liegt sodann auf der Hand, zwischen diesen verschiedenen Zirkeln Diskussionsmöglichkeiten einzurichten, die so Gelegenheit erhalten, auf die Gesamtheit der dispositiven Faktoren einzuwirken. Das gilt gleicherweise für Planungselemente, Organisationsabläufe und Kontrollverfahren. Die Kenntnis der Praxis und das gemeinschaftliche Mitdenken der Beteiligten ergibt dann eine Vermeidung von Fehlern im Vorfeld, Pannenbehebung sowie vielfältige Rationalisierungsmöglichkeiten.

Im Gegensatz zum konventionellen Management, das Nachdruck auf die physischen Aspekte bei der Arbeit legt, wird beim zero defect (ZD) dem psychologischen Aspekt Vorrang verliehen.

Schlagworte und Ermahnungen von Management-Seite helfen nicht, Fehler die immer wieder begangen werden, abzustellen.

Der Grundanspruch von ZD ist rigoros: Alle Fehlerquellen werden abgestellt. Das widerspricht der allgemeinen Erfahrung „Irren ist menschlich". Mitarbeitern, die glauben, Fehler würden immer wieder passieren, ist entgegenzuhalten, daß sie auf gar keinen Fall bei der Lohnabrechnung einen Fehler zu ihren Lasten tolerieren werden; gleiches gilt für die Diagnose eines Arztes oder die Zeitansage im Rundfunk.

ZD teilt die Gründe für Fehler in drei Kategorien:
(1) Sorglosigkeit
(2) Defizite in der Ausbildung
(3) Inadäquate Arbeitsverhältnisse

Alle drei sollen und können abgestellt werden. Sorglosigkeit kann durch Selbsterziehung in der Gruppe überwunden werden. Für die Beseitigung von Ausbildungsdefiziten müssen Mitarbeiter und Manager gemeinsam sorgen. Die Verbesserung der Arbeitsverhältnisse gehört in den Aufgabenbereich des Managements; wenn es für eine offene und freie Diskussionsatmosphäre sorgt, dann werden von den Mitarbeitern genügend Hinweise eingehen, denen es sich nachzugehen lohnt.

Als Kern der ZD-Bewegung wird die Motivation zum entsprechenden Handeln und Verhalten angesehen. Das Management formiert Kleingruppen (zwischen 5 und 20 Mitgliedern) in allen Unternehmensbereichen. Sodann formuliert es ein generelles Ziel: In einer ersten Kampagne (von ca. 6 Monaten) wird zum Beispiel der Ausschuß um 50% herabgesetzt oder LKW's dürfen nicht länger als 5 Minuten auf ihre Beladung bei der Fertigwarenabholung warten.

Jede Gruppe geht dann daran, hilfreich vom Chef assistiert, jedoch in eigener Führerschaft, einen Organisationsplan aufzustellen. Am Ende steht der feierlich begangene ZD-Tag des Unternehmens.

Nach Beratungen mit den verbundenen Gruppen setzt sich die Gruppe ihre eigenen Ziele. Sie legt auch fest, woran der Erfolg gemessen werden soll. Großer Wert wird auf die Selbständigkeit der Gruppenmitglieder gelegt, in der jeder ein Führer und der Gruppenleiter nur ein Koordinator sein soll.

Die entsprechende Atmosphäre gedeiht naturgemäß, wenn die Unternehmensleitung und die einzelnen mittleren Führungskräfte sich dem System voll verschreiben. Sie haben zusätzliche Zeitopfer für Motivationsansprachen, geforderte Hilfen und beratende Teilnahme an Sitzungen zu erbringen. Es ist nützlich, daß jeder Bereich oder sogar jede Abteilung, ein eigenes ZD-Team bildet, das die Gesamtzielsetzung vorgibt, aus der die vielen kleinen Teams dann ihre eigenen Zielsetzungen ableiten.

Sodann gilt es klar herauszustellen, wie die Ziele gemessen werden sollen; z. B. in Prozent x von y etc. Dann werden einfache Meldeformulare erarbeitet, die genau Zeit, Ort und Art eines Defektes aufzeigen. Aus den Fehlermeldungen müssen anschließend die vermuteten Fehlerquellen geortet werden.

Die Vermeidung und Abstellung der Fehler kostet naturgemäß Geld: zusätzliche Laborkontrollen, bessere EDV-Kontrolle, Umstellung von Fertigungsprozessen usw. Nakajima (14), Vize-Präsident der Japan Management Association, empfiehlt, daß diese Kosten nicht mehr als 2,5% vom Umsatz betragen sollen, es sei denn, sie könnten durch Anhebung der Verkaufspreise kompensiert werden.

Während die Qualitäts-Kampagne läuft, gibt es immer wieder Vorträge von leitenden Herren zum Sinn und Zweck von ZD. Bereits während der Kampagne wird durch entsprechende Analyse und Dokumentation Sorge dafür getragen, daß die entdeckten Fehler sich künftig nicht wiederholen.

Der gesamte Prozeß der Fehlersuche und -vermeidung wird geplant und einige Kernsätze dazu werden niedergeschrieben.

Diese mögen dann am Arbeitsplatz angeschlagen oder den einzelnen Mitarbeitern auf einem Briefbogen ausgehändigt werden.

Der gesamte Prozeß wird von einigen Inspektoren überwacht und stimuliert. Sie bedürfen externen Methoden-Trainings und sind mit den Zielen und Absichten der jeweiligen Vorhaben genau vertraut zu machen.

Wenn der große ZD-Tag erreicht ist, gibt es eine besondere Feierstunde, an der alle Mitarbeiter im Werk und vor allem ihre Führungskräfte bis hin zum shacho teilnehmen. Alle – oder zumindest die besten – Vorschläge und Verfahren werden von den Gruppen kurz vorgestellt. Die besten werden ausgezeichnet und prämiert. Der shacho gratuliert den Siegern und händigt ihnen Abzeichen oder Urkunden aus.

„Da gibt es jedes Mal Seufzer der Erleichterung, wenn die Ziele erreicht sind. Wenn man nicht vorsichtg ist, wird das Programm in diesem Moment zu Ende sein. So ist es dann notwendig, neue Teams aufzubauen und sie neu beginnen und ihre eigenen Verbindungen schaffen zu lassen" (15).

Alle Mitglieder müssen nach der Maxime arbeiten, daß auch der geringste Job es wert ist, gut getan zu werden, wenn es nützlich für Uchi no Kaisha ist. Nur wenn die Unternehmensleitung sich hierin selber allezeit vorbildlich verhält, dann kann insgesamt der Enthusiasmus für die ZD-Bewegung über lange Zeit wachgehalten werden. Dabei soll es das Ziel sein, diese Bewegung auf Tochterfirmen, Niederlassungen, Lieferanten und alle Geschäftspartner zu übertragen und möglichst auch noch die Kunden einzubeziehen.

Neben der Absicht, Fehler zu vermeiden oder abzustellen und damit das allgemeine Niveau des Unternehmens qualitativ zu heben, hat die ZD-Bewegung auch die Absicht, die kaishain zufriedener und glücklicher in ihren Tätigkeiten zu machen. Dabei kann sie auf die allgemeine freudige Bereitschaft in Japan, in der Arbeitsgruppe Befriedigung zu suchen, setzen.

So führt die Arbeit nicht nur zur Selbstverwirklichung am Arbeitsplatz, sondern wird auch emotionellen Bedürfnissen der Menschen, wie Mitwirkung, Anerkennung und gemeinschaftliches Erleben, gerecht.

Herr Yoshio Beniya, Fertigungsleiter eines Betriebes der Körperpflegemittel-Herstellung mit 170 Mitarbeitern in der Nähe Tokyos, erlebte es, daß sein Unternehmen im Juni 1986 mit dem „8th ZD Practice Price" von 1724 Kandidaten aus ganz Japan ausgezeichnet wurde. Vorgänger waren u. a. Mitsubishi Heavy Industries (Takasago), Toshiba, Tokyo Optical, NEC-Kansai und Sumitomo Light Metal; (obgleich seine Betriebsstätte nicht wie eine Microchip-Fabrik ausgerüstet war). Der Jury hatte imponiert, wie autonom die Teams organisiert waren, und daß eine Gruppe von 8 Frauen, die Hälfte davon früher in der Landwirtschaft beschäftigt, sehr genau ihre Fehlerquellen lokalisiert und ausgemerzt hatte, was sie in überzeugender Form auch graphisch zu dokumentieren wußte. Dabei wurde die begeisterte Mitarbeit aller Gruppenmitglieder sichtbar, die teilweise nach Feierabend ihr „Hobby" (so nannten sie es) durchdiskutiert hatten. In der Folge gewannen weitere Teams dieses Betriebes noch drei andere regionale Preise. Für Beniya galt es „Verschwendungen bei Effektivität, Zeit und Platz" abzuwehren und sich daher Verbesserungseffekte bei „Menschen, Finanz- und Materialeinsatz" vorzunehmen. Für ihn galt die Überzeugung, daß wenn „kraftvolles top-down-Management und passioniertes bottom-up-Wirken in der gleichen Richtung tätig sind, Fehler rasant gegen Null tendieren".

Die zero-defect-Bewegung in diesem Betrieb hat 1979 begonnen und von Beginn Erfolge gezeitigt, die dann etwas unerwartet 1986 auch zu der externen erlesenen Anerkennung führten.

Stammwerk Ibaragi

Folgende Zahlen rechtfertigen alle ZD-Bemühungen:

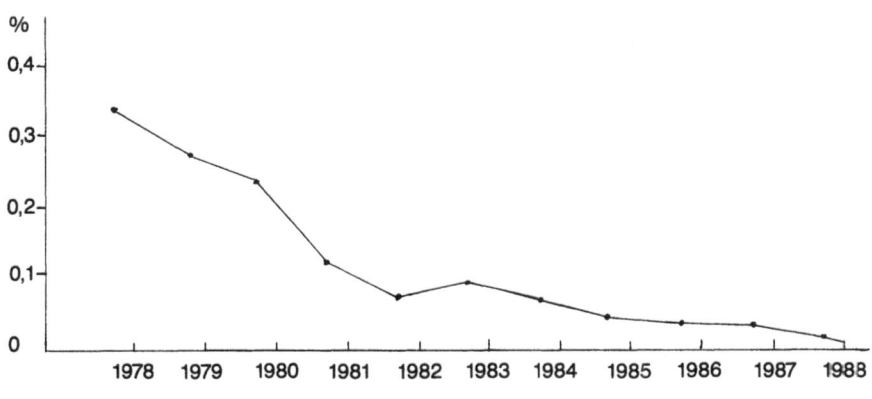

Verbesserung von Ausschuß bei Fertigware (in % des outputs)

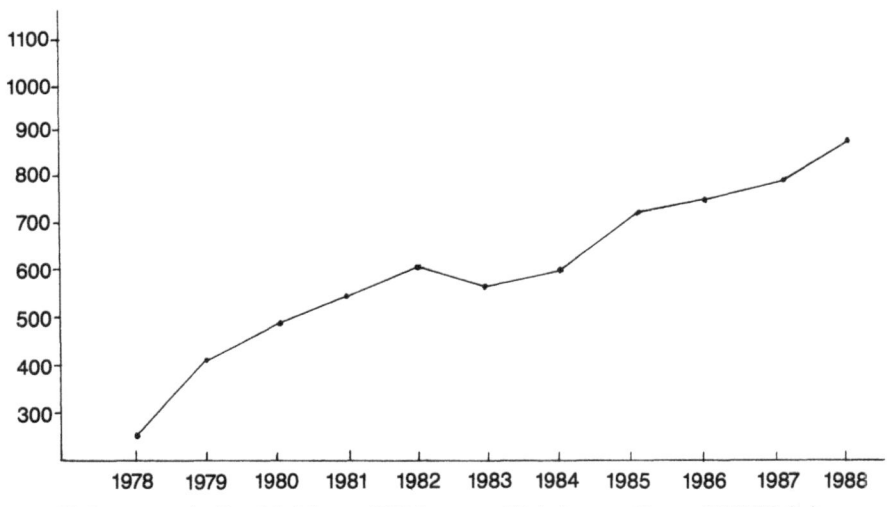

Verbesserung der Produktivität – Fülleistung an Einheiten pro Person (1000 Einheiten pro Person)

Beniya denkt stets an den Markt, den er oft und gern besucht. „Was verkäuflich ist, entscheidet der Verbraucher." Dazu gehört der bekannte Kundenwunsch „value for money" zu erhalten. Der Verbraucher benötigt gute Produkte und Uchi no Kaisha benötigt gute Erträge für uns alle und unsere Zukunft; beides muß im Wettbewerb erreicht werden: „Dort setzen sich nur Sieger durch".

Stammwerk Ibaragi

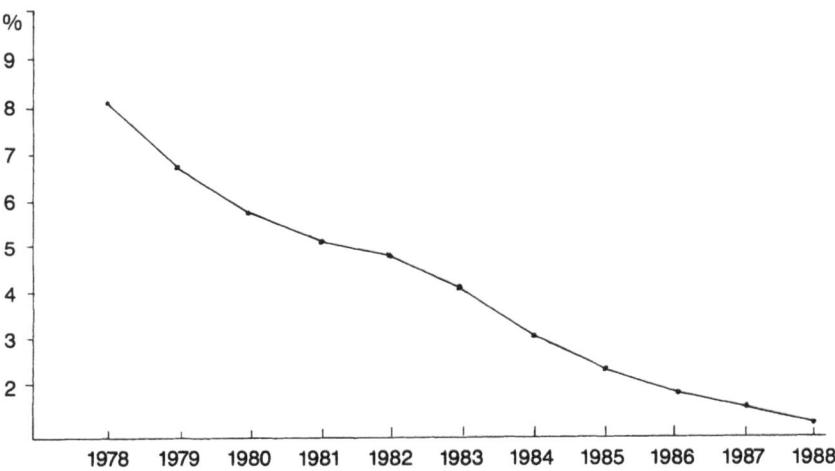

Verringerung Stillstandszeiten von Maschinen (in %)

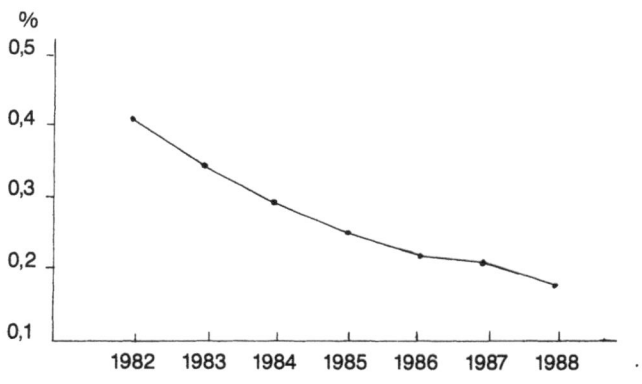

Verbesserung des Ausschusses bei Verpackungsmaterial (in %)

ZD-Aktivitäten Zweigwerk Iga-Ueno

ZD表彰・充填係

年	賞	機種	氏名	内容
'79	社長賞	レーマン	沢田 幸子G	ラベルサイズ変更提案
'79	社長賞	IWKA	早田 ヨミ子G	カートネッター排出装置等提案
'79	推委長賞	目標達成 提案	・嶋崎 令子G・井野 のぶ子G・岡野 和子G・桜井 初枝G ・井野 のぶ子G・江口 正枝G・千葉 智恵子・高橋 いち ・菅野 和行	
'80	社長賞	クーグラー2	岩崎 光子G	ボトルカートンのロス低減活動
'80	推委長賞	目標達成 提案	・鈴木 久子G・神崎 梅子G・佐久間 昭子G・駒崎 よしみG ・吉田 恵美子G ・雑賀 敬子G・川口 洋子	
'81	社長賞	IWKA	岡野 和子G	充填量管理活動
'81	社長賞	シブヤ	川口 洋子G	生産性向上活動
'81	社長賞	ストルンク	辻田 和子G	充填量管理活動
'81	社長賞	ホリックス	土肥 栄G	シャンプー リンスの生産性向上活動
'81	社長賞	ストルンク	辻田 和子G	充填量管理活動
'81	推委長賞	目標達成 提案	・細谷 ちよG・高野 久栄G・吉田 恵美子G・土肥 栄G ・黒田 つね子G ・栗山 典子G・神崎 梅子・細谷 ちよ・成尾 啓子 ・前田 秀子・嶋崎 令子	
'82	社長賞	コマツ	小松 喜久枝G	フィルムロス低減等活動
'82	社長賞	分注器	木村 節子G	生産性向上活動
'82	社長賞	UV	興津 澄江G	容器ロス低減等活動
'82	社長賞	クーグラー2	根本 芳枝	作業合理化提案
'82	社長賞	ホリックス	竹尾 初枝G	作業合理化提案
'82	社長賞	フタバ	鈴木 久子	液あふれ防止提案
'82	社長賞	分注器	木村 節子G	生産効率向上提案

Zugeordnete Kernfunktionen

Betriebswirtschaftliche Logistik

Für die Logistik im japanischen Unternehmen gilt gleicherweise wie für die Produktion der Primat der schnellen Belieferung der Kunden, was hinwiederum eine schnelle Bereitstellung der Produkte erfordert.

Wegen des allgemeinen und notorischen Platzmangels geschehen Anlieferungen vielmals und in kleinen Mengen und der Distributionsprozeß, über mehrere Großhandelsstufen hinweg, vergrößert das Verkehrsaufkommen noch weiter. So wimmelt es auf Japans Straßen tagaus, tagein von Nutzfahrzeugen, die das Verkehrsbild bestimmen, da der Personenverkehr sich weitgehend über öffentliche Transportmittel abwickelt. In vielen japanischen Unternehmen betragen die Kosten für die Logistik (Transport und Lager) 5 bis zu 10% der Gesamtkosten.

Bis in die achtziger Jahre hinein wurde dieser Bereich in japanischen Unternehmen als Gesamtkomplex nicht überall genügend beachtet. Entsprechend den üblichen Dezentralisierungsgewohnheiten wurde unzusammenhängend gearbeitet. Inzwischen gilt diesem Gebiet volle Aufmerksamkeit und die logistischen Funktionen werden nach einem Gesamtplan — wenn in der Abwicklung auch weiterhin vielfach dezentral — in die entsprechenden Funktionsabläufe integriert.

Es geht dabei sowohl um die makrologistischen (meist externen) als auch die mikrologistischen (meist internen) Systeme. Gerade auf diesem Gebiet hat die Entwicklung moderner Software für Logistikprobleme enorme Fortschritte gebracht.

Besondere Probleme, die zum Teil japanspezifisch sind, gilt es dabei zu lösen:

– die fehlende Normierung bei Paletten und Containern
– die teilweise engen Straßen ohne Wendemöglichkeiten
– die allgemeine Platznot in Regalen und Lagern
– die hohen Kundenanforderungen, insbesondere auch an rasche Lieferungen
– alle Exporte ins Ausland gehen nach „Übersee"
– die relative Untauglichkeit von Bahn und Post für Warentransporte und Güterbewegungen
– virulente Erdbebenerwartungen.

Wegen der letzteren Bedrohung unterhalten viele Unternehmen zwei und mehr Werke und Distributions-Zentren. Das erfordert interessante Optimierungsprogramme bezüglich der Fertigungsprogramme und auch Lagerschwerpunkte.

Es gibt aber auch Vorteile in der Logistik für Japans Unternehmen:

- das Fehlen großer heimischer Kohlevorkommen im Verhältnis zu England, Frankreich, Deutschland oder USA; Subventionen auf diesen Gebieten sind sicher ein Klotz am Bein der betroffenen Volkswirtschaften
- dito für Erzvorkommen. Es kostete (1973) $ 3.50, um eine Tonne Erz von Brasilien nach Japan zu verschiffen; die gleiche Fracht von Minnesota nach Pittsburgh betrug $ 6.50 (16)
- der größte Anteil der japanischen Industrie sitzt auf einem 600 km langen Küstenstreifen am Pazifik und garantiert so relativ kurze Wege untereinander, zumal auch hier die Verkehrserschließung beinahe total ist
- praktisch die gesamte japanische Industrie liegt an der pazifischen Küste und erlaubt aufgrund der guten Häfen preiswerten Transport von Massengütern
- die japanische Schiffsbau- und Lastwagenindustrie ist außerordentlich leistungsfähig. Sie stellt nicht nur originelle Lösungen bereit, sondern sorgt vor allem für *preiswerte* Transportfazilitäten.

Es darf auch in diesem Zusammenhang als ein Charakteristikum für die japanische Wirtschaft angesehen werden, daß sie ihre Nachteile wegsteckt, aber in vollem Ausmaß ihre Stärken ausspielt.

Innovationen

Japans Manager werden zunehmend ungehaltener, wenn ihnen im Ausland mangelnde Innovationskraft vorgehalten wird; in ihrer steten Bemühung um excellence liegen ihnen Innovationen im Blut und am Herzen. Vernünftigerweise werden von den Unternehmen alle Innovationen des Weltmarktes aufgenommen, die technisch-ökonomisch interessant sind. Wo sie nicht voll befriedigen oder ein empfundenes Problem nicht hinreichend lösen, werden sie durch ergänzende Innovationen verbessert. Sind keine Lösungen vorhanden, dann werden zum Teil sehr originelle neue Entwicklungen vorangetrieben. Von vielen modernen Unternehmern (Honda, Matsushita, Morita) wurden persönlich solche Innovationen angeregt, befruchtet und zum Abschluß gebracht. Zu einem Teil ihrer eigenen Zeit standen sie im Entwicklungslabor, in der Konstruktionsabteilung oder auf dem Testfeld. „Der Aufstieg Japans zur zweitstärksten Wirtschaftsmacht der Welt, ist zu einem guten Teil das Ergebnis intensiver Forschungs- und Entwicklungsaktivitäten (F & E) und einer langfristig angelegten Forschungs- und Technologiepolitik" (17).

Sowohl in der Öffentlichkeit als auch im Unternehmen herrscht ein ausgesprochen forschungsfreundliches Klima. 85% aller Schulabgänger verfügen über einen Schulabschluß nach 12 Jahren, wodurch das allgemeine Bildungsniveau der Öffentlichkeit sehr hoch liegt. Sowohl eine akademische Bildung als auch die akademischen Ausbilder genießen hohe Achtung. Der Unterricht in den Naturwissenschaften nimmt in der japanischen Schule einen besonders breiten Raum ein.

Im typischen japanischen Großunternehmen finden sich im mittleren Management ca. 65% Fachleute aus technologischen und weitere 15% aus naturwissenschaftlichen Bereichen; andere 15% kommen aus dem Finanz- und Kosten-Controlling und nur der Rest hat allgemeine Fächer wie Jura, Volkswirtschaft, Soziologie, Psychologie etc. studiert. Deshalb nehmen die kaishain, insbesondere aber die Mitglieder des kambukai (middle management), regen Anteil an den Arbeiten und Erfolgen ihrer Forscher und Entwickler, die kein Aschenputteldasein im Unternehmen führen, sondern mitten in der Gemeinschaft stehen. Wird ein Patent für Uchi no Kaisha erteilt, dann sind alle stolz darauf.

Von der technisch-naturwissenschaftlichen Forschung in Japan werden weniger als 30% vom Staat finanziert – etwa zu gleichen Teilen in Instituten und Universitäten – während die Unternehmen den Rest auf sich nehmen. Der Anteil dieses Aufwandes am Bruttoinlandsprodukt liegt bei ca. 3% und damit etwa auf der Höhe der Bundesrepublik Deutschland oder den USA. Da er zu rund 70% aus Gehalts- und Lohnanteilen besteht, ist zumindest der zeitliche input in Nihon relativ höher, da Forscher ihre Projekte in kritischen Phasen in Japan rund um die Uhr betreuen.

„Das japanische Beispiel zeigt, daß die Höhe der Forschungsausgaben allein nicht entscheidend für deren Effizienz ist. Es kommt wesentlich auf das Forschungsmanagement, die Forschungsorganisation und andere qualitative Elemente an. Spürt man der hohen Effizienz von Forschung und Entwicklung (hoher output an Technologie bei relativ bescheidenem Mitteleinsatz) in Japan nach, stößt man auf eine Reihe von Besonderheiten... Die besonders ausgeprägte Fähigkeit der Japaner, auch in der Forschung harmonisch zusammenzuarbeiten und Einzelinteressen zurückzustellen" (18). Dabei spielen Ethos und Gesinnung des Individuums, eingebettet in die Unternehmensgemeinschaft, sicherlich eine grundlegende Rolle.

Im Sommer 1985 führte Japan eine Wissenschaftsmesse über fünf Monate in Tsukuba, 80 km nordöstlich von Tokyo, durch, die 30 Mio. Zuschauer zählte. Die großen japanischen Industrieunternehmen brachten mehrere Milliarden DM auf, um ihre Forschungsvorhaben und Zukunftsvisionen von einem beautiful tomorrow darzustellen. Allein diese EXPO '85 dürfte eine enorme Schubkraft für Interesse, Begeisterung und Engagement bei hunderttausenden von jungen Japanern für die

Forschung entwickelt haben, die langfristig durch allgemein technologiefreundliches Klima und gerichtete Aktionen reiche Früchte tragen wird.

Die japanischen Unternehmen bevorzugen in den letzten Jahren eine Konzentration auf die Hochtechnologie. Hierfür werden konkrete steuerliche Anreize geboten.

„Japans Forschung und Entwicklung wird zu mehr als 70% von den Firmen getragen: Mit günstigen Krediten und Steuernachlässen werden erreichbare Innovationsziele gefördert, die sich schnell in Produkten (oder deren Verbesserung) niederschlagen. Sehr zum Nachteil für Europa und die USA werden 95% der wissenschaftlichen und technischen Veröffentlichungen nur in Japanisch verfaßt. Denn zu Unrecht nehmen die meisten westlichen Forscher nach wie vor an, daß alles, was in einer für sie unverständlichen Sprache geschrieben ist, zwangsläufig unwichtig sein muß" (19).

Das Unternehmen Matsushita Electric beschäftigt in 23 Forschungslaboratorien über 10 000 Forscher und Ingenieure. Von der Materialbasis ausgehend, über die Funktionsforschung bis zur Fertigungstechnologie, bedienen sie über 100 operative Bereiche von Haushaltsgeräten über Komponenten bis zu industriellen Ausrüstungen mit ihren Ergebnissen. Als Resultat entwickelte sich dieses Unternehmen zu Nippons größtem Patent-Halter, mit rund 100 000 geschützten Erfindungen in Japan und der Welt (20).

Die Anmeldungen für Patente und Gebrauchsmuster – von der zuständigen japanischen Behörde großzügig behandelt – bilden in der Kaisha jedoch nur einen kleinen Teil der von den Mitarbeitern angeregten und implementierten Verbesserungen und oft echten Innovationen, insbesondere in den Produktionsprozessen, jedoch auch bei Büroabläufen. Dabei ist das Vorschlagswesen weniger formalisiert als in deutschen Betrieben und es werden auch keine Erfindervergütungen bezahlt. Die Solidarität innerhalb des gesamten japanischen Unternehmens, in dem jeder versucht sein Bestes zu geben, würde das Herausheben Einzelner nicht zulassen. Im Gegenteil würde sich der innovative Eifer der zu kurz gekommenen Mitarbeiter merklich verringern. Noch weniger würden erfinderische Köpfe im Marketing oder in der Datenverarbeitung es hinnehmen, daß, wie in Deutschland, nur technische und chemische Innovationen belohnt, kreative kaufmännische oder organisatorische hingegen unbelohnt bleiben würden.

Anerkennungen werden deshalb in materieller Form nur Gruppen gewährt; dies auch nur in relativ bescheidener Form. Individuen erhalten allenfalls Medaillen oder Urkunden. In jedem Falle sorgt die Geschäftsleitung bei wichtigeren Innovationen dafür, daß diese als Unternehmensergebnis publiziert werden, so daß alle auf Uchi no Kaisha stolz sein können. In der Tat ist es für das Gesamtunternehmen, das sich täglich vielen neuen Situationen ausgesetzt sieht, vital wichtig, wenn über die gesamte Mitarbeiterschaft hinweg ständig durch kreative Improvisationen und neue Ideen auf die sich wandelnden Verhältnisse reagiert wird. Möglicherweise liegt hier ein Grund dafür, daß mehr praktische Entwicklung im japanischen Unternehmen als Grundlagenforschung geschieht, die ja oft auf brillianten Einzelleistungen beruht, zu denen Japaner im Prinzip selbstverständlich fähig sind.

Personalwesen und allgemeine Verwaltung

Im japanischen Unternehmen sind Personalwesen und allgemeine Verwaltung fast immer in einem Vorstandsbereich somu (wörtlich etwa „Gesamt-Verwaltungsangelegenheiten") zusammengefaßt. Dem jinjibu (Personalwesen) und kanribu (Verwaltungswesen) wird eine hervorragende Bedeutung zugemessen, da sie für das Betriebsklima nach innen und das Unternehmens-Image nach außen Verantwortung tragen und so ebenso wichtig wie Finanzen, Produktion, Vertrieb und Forschung sind. Die Leiter von somu werden sehr häufig in Japan in ihrer späteren Laufbahn zu Vorstandsvorsitzenden der Unternehmen gekoren.

Die personalpolitische Verantwortung

Der wirtschaftliche Fortschritt einer Nation − und damit auch sein Potential für Wohlstand, soziale Sicherheit, Bildungswesen und Kulturaufwand − hängt vom technologischen Fortschritt ab, der hinwiederum von den exzellenten Unternehmen getragen wird.

Diese zeichnen sich durch hohe Produktivität aus. Hierzu bedürfen sie gut ausgebildeter und motivierter Mitarbeiter, die allen technologischen und organisatorischen Wandlungen einer schnellebigen Zeit zu folgen vermögen. Solche Mitarbeiter müssen angeworben, gehalten und ausgebildet werden. In Westeuropa herrscht nur bei den oberen Führungskräften und Spezialisten Flexibilität vor. Für die breite Masse der Beschäftigten sind Löhne, soziale Leistungen und Arbeitszeiten (häufig sogar Arbeitsgeschwindigkeit) starr für die gesamte Branche eines Landes festgeschriebene Daten. Insofern sind für die Arbeitskräfte Unternehmen dort weitgehend austauschbar, weshalb zum Beispiel regionale Mobilität sich nicht lohnt.

Demgegenüber bestehen zwischen japanischen Unternehmen große Unterschiede, die von Branche, Region und jeweiliger Ertragslage bestimmt sind. Daher gestaltet sich auch der Wettbewerb um gute Mitarbeiter sehr intensiv. Hier ist nun der personalpolitische Bereich gefordert, durch gute Sozialleistungen, ein hohes Firmen-Image, gutes Klima innerhalb der Betriebe und überzeugende Zukunftskonzepte (da außerbetrieblicher Firmenwechsel selten ist) gute Kräfte an das Unternehmen zu binden. Die individuelle Entscheidung der Unternehmenswahl in Japan ist dabei eine Angelegenheit der Familie und der sozialen Umgebung. Insbesondere die Familie erhält nicht nur ihren Lebensstandard, sondern auch ihren Status durch das Unternehmen des Haushaltsvorstandes.

„Die individuelle Entscheidung eines Mannes, in einer Arbeitsgruppe mitzuwirken, geschieht nur nach Ansehung seiner Beziehungen zu anderen in der gleichen sozialen Einheit, die als Haushalt bekannt ist" (21).

Daher ist es sehr wichtig, was Nachbarn und Bekannte, vor allem aber angesehene Personen als Meinungsbildner, über ein Unternehmen zu sagen wissen. Japanische Unternehmen geben sich deshalb außerordentliche Mühe, eine gute und effiziente Öffentlichkeitsarbeit zu betreiben. Dies muß gestützt werden durch spektakuläre Aktionen wie Ausstellungen, Stiftungen, manchmal erfolgreiche Baseball-Teams, firmeneigene Krankenhäuser und vieles mehr.

Gewiß ist auch die Lohnfindung wichtig, doch sie findet strikt kollektiv statt.

Die Nicht-Festangestellten erhalten in guten Unternehmen weit bessere Gehaltsbedingungen als bei Unternehmen schlechter Struktur oder in Klein- und Mittelbetrieben. Die Bezüge bestehen zu ca. 85% aus einem festen Einkommen, das mit der Firmenzugehörigkeit bis etwa 50 Jahre steigt und dann bis zum Ausscheiden mit 55–58 Jahren stagniert; 15% sind ein Bonus in Abhängigkeit von der Ertragslage des Unternehmens, was bis zu drei Monatsgehältern bedeuten kann. Das sind etwa 65% des Gesamt-Jahreseinkommens vergleichbarer Rangstufen bei Festangestellten. Weibliche Kräfte liegen wiederum vergleichbar nur bei 65% dieser Bezüge, wobei meist noch der Bonus-Anspruch entfällt.

Insgesamt sinkt in Großunternehmen der Anteil Nicht-Festangestellter; erstens weil man für Hilfsarbeiten gern betriebsfremde Arbeitskolonnen beschäftigt und zweitens, weil man eine stetig wachsende Zahl von Spezialisten höherer Qualifikation benötigt, die zweckmäßig in das feste Arbeitsverhältnis eingebunden werden.

Die Festangestellten stehen in einem sehr differenzierten Gehaltsgefüge, das über mindestens 15 Stufen – in einigen Unternehmen auch über 25 und mehr Stufen – geht. Innerhalb der einzelnen Rangstufen (wie shunin, kakaricho, kacho-dairi etc.) gibt es meistens wiederum fünf Stufen. Dies bedeutet jährlich eine kleine positive Einkommensentwicklung und mit jeweils wenigen Jahren Abstand auch eine Rangverbesserung. Familie, Nachbarschaft und Bekanntenkreis beobachten solche Entwicklungen sehr genau, so daß die kaishain unter einem permanenten Streß stehen, die Stufenleiter langsamer oder schneller emporzuklettern. Bleibt eine jährliche oder wenigstens zweijährige Entwicklung aus, dann stellen sich Streßerscheinungen beim Mitarbeiter und vor allem Irritationen bei Frau und Familie ein. Dabei geht es um das Festgehalt, das etwa 60 – 70% des Gesamt-Jahreseinkommens ausmacht. Der Rest sind die Boni, die im Mittel zwei Gehälter im Sommer und drei Gehälter im Winter betragen.

Je nach Ertragssituation kann die Spannweite in seltenen Fällen auch zwischen null und fünfzehn liegen. Dies erzeugt das Wir-Gefühl der Mitarbeiter in Uchi no Kaisha, da sich der Einsatz jedes Einzelnen letztlich im Unternehmensergebnis und dann direkt auch im eigenen Portemonnaie zeigt. Für die Unternehmensleitung bedeutet es eine willkommene Umwandlung eines Teils der Lohn- und Gehaltsfixkosten in variable Kosten und damit geringere Ausschläge im Ergebnis nach oben und unten.

Bei Führungskräften gestaltet sich die Erfolgsbeteiligung über das Einkommen schwieriger, da Boni als Tantiemen gelten, die nur aus dem versteuerten Gewinn der Gewinn- und Verlustrechnung gezahlt werden dürfen – und dann in den hohen Einkommensklassen noch einmal mit über 60% Lohnsteuer besteuert werden. Hier werden stattdessen Aktien des Unternehmens zu sehr günstigen Bedingungen an die Mitglieder des Top-Managements ausgegeben (aus den USA als stock options bekannt). Außerdem werden eine Fülle anderer Vorteile gewährt, die steuerlich möglichst nicht den Tatbestand eines geldwerten Vorteils erfüllen und auf diese Weise dann doch der Besteuerung unterliegen würden. Beliebt ist das Überreichen teurer Geschenke an Geschäftsfreunde in anderen Unternehmen – die sich ihrerseits dann entsprechend (und nach diskreter Absprache) revanchieren. Auch bei Dienstreisen zu exotischen Plätzen, Karten zum Sumo-Turnier oder dem Dienstwagen hält sich der Fiskus zurück. Bewirtungsspesen werden hingegen – bis auf einen Pauschalbetrag – voll versteuert, so daß das ohnehin teure Steak in einem Tokyoter Restaurant sich noch einmal um rund 60% in den Kosten erhöht. Auch Mietkosten werden oberhalb eines bescheidenen Grundsockels voll versteuert. 1989 sah diese Rechnung für einen ausländischen delegierten Geschäftsführer wie folgt aus:

Appartement mit fünf Räumen in guter Lage (kein besonderer Luxus) DM 22 000,- pro Monat Miete. DM 1500,- steuerfrei; DM 20 500,- mit ca. 60% (je nach Zahl der Kinder etc.) versteuert.

Gesamtkosten pro Monat also rund DM 44500,–, die das Unternehmen für seine Führungskraft aufzuwenden hat, zusätzlich zum Gehalt, das als Daumenregel doppelt so hoch (netto) sein muß, wie in der Bundesrepublik Deutschland, um den Lebensstandard zu halten.

Wegen der enormen Besteuerung, die aus einer nationalen und einer lokalen Steuer (von Ort zu Ort variierende Bürgersteuer) etwa im Verhältnis 2:1 besteht, entsenden ausländische Firmen ihre Mitarbeiter zum 15. Januar, da die Bürgersteuer dann erst im Folgejahr erstmals berechnet wird und nehmen sie zum 15. Dezember eines Jahres zurück, da dann für das nicht volle Jahr ebenfalls keine Bürgersteuer zu entrichten ist. Wenn dann der Mann zwischen den Jahren seinen Urlaub verbringt und bei den Behörden kurzfristig an- und abgemeldet wird, lassen sich ganz legal Steuern sparen.

Die japanischen Unternehmen verfügen über eigenen Wohnraum für ihre Mitarbeiter und oft auch den gehobenen Bedarf ihrer Direktoren. Da die entsprechenden Gebäude oft zwanzig Jahre und älter sind, werden sie steuerlich sehr moderat veranlagt, da die horrenden Steigerungen der Grundstückspreise einen permanenten Prozeß darstellen.

Die japanische Personalabteilung widmet ihre ganze Kraft und Energie der Betreuung ihrer Mitarbeiter, gerade auch auf dem Gebiet von Zuwendungen, die steuerfrei bleiben; dies ist auch notwendig, da es für die Mitarbeiter nur wenige persönliche Abschreibungsmöglichkeiten gibt. Auch findet man kaum Branchen-Gewerkschaften, die solche individuellen Zuwendungen ungern geben und sie bevorzugt wieder zum standardisierten Besitzstand erheben wollen. Der Personalabteilung ist dabei keine Mühe zu groß, viele, auch individuelle, Lösungen auszudenken und verwaltungsmäßig durchzuziehen.

Dadurch gewinnen die Mitarbeiter permanent den Eindruck, daß sie sich in einer wohlmeinenden Unternehmensfamilie – eben Uchi no Kaisha – befinden.

Am Arbeitsplatz gehört dazu der bequeme elektrische Bleistiftanspitzer und die ausgiebige Benutzung des Telefons zur Erledigung privater Angelegenheiten. Der Verfasser sah einmal in einem großen Unternehmen, wie spät nachmittags ein junger Mann auf einen Schreibtisch stieg und sich dabei der Jacke, Weste und Hose entledigte. Zu seiner Verwunderung nahm kaum jemand Notiz davon und der Mitarbeiter ließ sich unbefangen von einem herbeigeeilten Schneider einen neuen Anzug anmessen, da ja der pausenlose Einsatz für das Unternehmen kaum einen Termin außerhalb zulassen würde.

Dies Gefühl der Geborgenheit führt zu ausgiebigem Zeitungslesen, Privatgeschwätz, hellem Lachen und Papierkügelchen-Bombardements, wenn nicht gerade höhere Chargen oder Besucher anwesend sind. Es kommt auch – wenngleich selten – vor, daß jemand einen Tag unerwartet im Betrieb fehlt. Da der Chef ihn als durchweg fleißigen Mann kennt, stellt er am nächsten Tag keine Frage. Tut er es doch, kann die Erklärung des Mitarbeiters lauten, daß er sich an dem Tag absolut nicht zum Arbeiten gefühlt habe. Der Chef quittiert es mit verständnisvollem Nicken, denn ein unkonzentrierter Mitarbeiter würde hinderlich an diesem Tag beim Arbeitsablauf sein. Hinter dem bewunderten Einsatz und Engagement japanischer Arbeitskräfte, die durchaus niemand in die Wiege gelegt wurden, stehen sehr viel Verständnis und Wohlwollen des eigenen Unternehmens.

Das Ausbildungswesen

Da die Forderung des Unternehmens an die Personalabteilung lautet, gut ausgebildete und motivierte Mitarbeiter bereitzustellen, unternimmt diese außerordentliche Anstrengungen im Ausbildungswesen.

Bereits in den ersten Wochen seines neuen Lebens als sarari man (gemeinhin Festangestellter) erfährt der Berufsanfänger ein umfangreiches Training, in dem er sich insbesondere die spezifische Unternehmenskultur aneignen soll.

Er lernt aber auch viele Führungskräfte kennen, die jeweils mit einem Vortrag auftreten, wobei auch die Vorstände und der Unternehmensleiter nicht zurückstehen. Schließlich erhält er als „Paten" einen älteren, möglichst einflußreichen Mitarbeiter zugeteilt, der ihn in jeder erdenklichen Weise unterstützen und fördern soll.

Nach der Einführungszeit wird vornehmlich nach dem Prinzip "training on the job" vorgegangen, während theoretische Ausbildung flankierend hinzutritt. Lange Orientierungsprogramme, monatelange Informandenzeiten und den Lehrling, der die Milch- und Teeversorgung der älteren Mitarbeiter sicherstellt, gibt es nicht.

Die job rotation, das Versetzen von Arbeitsplatz zu Arbeitsplatz, bildet den obersten Ausbildungsgrundsatz. Das ganzheitliche Verständnis der Unternehmensabläufe bringt verantwortungsvolle Mitarbeiter an jedem späteren Arbeitsplatz zustande. Dazu gehört auch die Bekanntschaft mit möglichst vielen Mitarbeitern an den verschiedenen Stellen im Unternehmen. Nur in einem entsprechenden Klima können kanban-Verfahren oder zero-defect-Gruppen effektiv wirken.

Dabei mutet das Unternehmen den Mitarbeitern extreme Versetzungen zu: Von der Verkaufsstelle in Sapporo zur 2500 km entfernten Lagerwirtschaft in einem Warenverteilzentrum in Fukuoka; von der Fließbandarbeit in einem Werk in Nagoya zu einer EDV-Stelle in Hiroshima;

und von der Personalabteilung eines Labors in Sendai zur Finanzabteilung in Tokyo.
Für diese Verhaltensweise gibt es vier Gründe:
1. Die Versetzungen bilden ein Training in Flexibilität
2. Der Versetzte muß immer wieder aufs Neue seine soziale Anpassungs- und Einpassungsgeschicklichkeit beweisen
3. Der Aufstiegskandidat erkennt die Gesamt-Zusammenhänge des Unternehmens
4. In den großen japanischen Konglomeraten ist der Arbeitnehmer in erster Linie corporate man, also Sumitomo- oder Mitsubishi-Mitglied; der Berufsstolz eines Ingenieurs oder Finanzfachmannes tritt dahinter zurück.

Die Grundidee ist immer wieder, daß jeder alles im Unternehmen tun können sollte. Das befähigt zur Anpassung an die sich rasch ändernden Technologien der modernen Zeit und zur autonomen Steuerung des Unternehmens durch seine organisatorischen Grundeinheiten.

Das praktische Erlernen einer Funktion oder Fähigkeit auf einer Planstelle wird vertieft durch lange abendliche Gespräche mit Vorgesetzten und Kollegen. Dabei wird viel Wert darauf gelegt, daß der Auszubildende die Zusammenhänge nicht nur weiß, sondern auch begreift. Es genügt in Japan nicht, einen Sachverhalt bekannt zu geben, sondern im kleinen Kreis wird das Vorgetragene hinterfragt, analysiert und oft in Frage gestellt. Erst wenn die Zusammenhänge bekannt sind und eine gewisse Plausibilität erkennbar wird, dann identifizieren sich Mitarbeiter mit einer Aufgabe. Bei einer Gebrauchsanweisung etwa für chemische Artikel wollen die Kunden lange fachliche Erläuterungen dazu haben – auch wenn sie nicht alles verstehen; sie mögen es nicht, daß ihnen ein Hersteller einfach etwas vorsetzt und schon um der Wahrung ihrer Würde willen, bestehen sie auf anspruchsvollen fachlichen Erklärungen.

Diese Einstellung mag auch aus dem Umgang mit den chinesischen Kanji-Schriftzeichen kommen. Der Europäer setzt synthetisch Laute zu Wörtern zusammen, die er dann geschrieben keinesfalls immer begreift. Die Kanji sind aus mehreren Teilzeichen zusammengesetzt, die zum Verständnis des ganzen Begriffs beitragen. Ihre Komplexität erfordert daneben ein lebenslanges Üben, denn rasch sind sonst schwierige Konfigurationen vergessen, während die 20–30 Zeichen eines phonetischen Alphabets natürlich nicht vergessen werden können. Dies fördert die europäische Einstellung des apodiktischen „Ich weiß das". Der Japaner stellt hingegen vieles in Frage und bemüht sich fortlaufend darum, Dinge noch besser zu verstehen. Niemand beherrscht auch nur die Hälfte der existierenden 50–60000 Kanji.

So orientiert sich das Ausbildungswesen der Kaisha am Prinzip des immerwährenden Lernens nicht nur von Fakten, sondern auch von Hintergründen und Zusammenhängen.

Der „soziale Kitt"

Das japanische Unternehmen wird vornehmlich als soziale Einheit erkannt. In seinem eigenen Wachstumsprozeß entwickelt es eine spezifische soziale Legierung, die es von anderen Unternehmen unterscheidet und pflegt den eigenen Stil, so daß jeder Mitarbeiter überzeugt von Uchi no Kaisha sprechen kann. Neben die technologische Wettbewerbskomponente tritt noch eine soziale. Beides zusammen ergibt die relativ starke Wettbewerbsfähigkeit guter japanischer Unternehmen. Zerfällt diese soziale Legierung, dann nützen auch die besten Produkte und Fabriken nichts; das Unternehmen sinkt in Japan in die Mittelmäßigkeit oder wird von der Schwerkraft eines kräftigeren Gebildes eingefangen.

Das soziale Milieu der Kaisha bleibt geprägt durch das Modell der Familie (ie). Die Beziehungen innerhalb der Firmenfamilie gewinnen so einen biologischen Hintergrund, der durch den täglichen Umgang emotional vertieft wird. „Die internen Beziehungen des ie sind allein biologischer Natur und erzeugen keinerlei Gefühl der Überlegenheit oder Unterlegenheit" (22). So herrscht ein unbefangenes Miteinander innerhalb der gesunden japanischen Unternehmung, das sich jedoch in wilden Wettbewerbsgeist verwandelt, wenn es nach außen auf einen Wettbewerber gerichtet wird. In dieser Hinsicht erinnert es an eine gute Mannschaft im Wettkampfsport.

Das Personalwesen und die allgemeine Verwaltung arbeiten permanent an den wachsenden Kohäsionskräften dieses Kitts, wenn sie zum Beispiel die Urlaubsreisen der Firmenmitglieder oder deren Trauerfeiern für Hinterbliebene organisieren.

„Die Personalabteilung in einer ausländischen Firma ist stets viel kleiner als in einem japanischen Unternehmen und ihr Personalleiter besitzt weniger Autorität und Verantwortlichkeit als ein Personalleiter in einem japanischen Unternehmen" (23).

Die Erziehung zum Generalisten im japanischen Unternehmen, der eine breite Sicht und viel Vorausschau in gegebenen Situationen besitzt, setzt sich über enge und kurzfristige Einschätzungen im betrieblichen Alltag hinweg. Seine intime Verbindung mit den Besonderheiten seines Unternehmens bindet ihn sehr fest daran. Die Angst vor dem anderen sozialen Netzwerk eines fremden Unternehmens, das erst mühsam und mit viel Zeitverlust erlernt werden muß, verhindert, daß japanische Mitarbeiter im allgemeinen zu außenstehenden Firmen wechseln. Mitarbeiter, die sich nicht in den sozialen Kitt eines Unternehmens legieren lassen, werden auf sublime Weise ausgeschieden, was in japanischen Unternehmen nicht selten, aber immer geräuschlos geschieht.

Bei gezielten Abwerbungen zeigt die Erfahrung, daß dann nicht Einzelne, sondern Gruppen und oft komplette Unternehmensteile zum Gegner überlaufen, insbesondere wenn deren Vorgesetzte für diesen Schritt gewonnen werden können. Der „soziale Kitt" hält dann zwar, jedoch auf eine dem Unternehmen unangenehme Weise. Die häufige Frage lautet zur Zeit, inwieweit sich die Verhältnisse in Japan wandeln werden. Denn erstens nimmt die Individualität der Japaner zu Lasten von Gruppenbindungen zu und zweitens werden Erfahrungswerte zunehmend obsolet.

Global betrachtet leben in der heutigen Generation soviel Menschen auf der Erde, wie in allen rund hunderttausend Generationen vor ihnen zusammen! Diese Generation entwickelt ihre eigenen, traditions- und bindungslosen Wert-(oder Unwert-)Vorstellungen und pfeift auf die Normen und Erfahrungen der Vorgänger. Darin liegt der Alptraum der kanryo, der japanischen Elite-Beamten, daß sich der gesamte japanische Verbund auflösen könnte. Hier werden sie ohne Zweifel in den nächsten Jahren gegensteuern, wahrscheinlich durch wachsenden Nationalismus.

Letzten Endes werden sie – so unsere These – wieder zu einem neuen, jedoch wieder japanspezifischen Konzept für ihren Zusammenhalt finden.

Das Unternehmen Kao in Japan experimentiert bereits mit neuen Lösungen und hat sensationellerweise intern die Anrede mit Titeln abgeschafft, ohne jedoch den üblichen Respekt vor den Führungskräften zu opfern.

6. Zur Dualität japanischer Unternehmen

„Die Struktur der japanischen Industrie und ihre bisherige Entwicklung ist nur verständlich, wenn man das besondere Verhältnis von Groß- und Kleinunternehmen in Japan kennt. Das Charakteristikum der japanischen Industrie ist das Nebeneinander von großen und modernsten Unternehmungen und einer Fülle von mittleren und kleineren Betrieben, deren technischer Standard oft sehr unzulänglich ist" (1). Dieser Satz von K. Hax gilt heute noch.

Die bisherigen Ausführungen bezogen sich auf die guten und die großen Unternehmen in Japan. Dabei mag eine gewisse Idealisierung zu erkennen sein. Jedoch gehören zum Gesamtbild der japanischen Unternehmenslandschaft auch die kleineren und mittleren Unternehmen. Von rund 750 000 Unternehmen im industriellen Sektor sind nur rund 2000 größere Betriebe mit mehr als 500 Beschäftigten, das heißt statistisch nur 0,27%. Diese Dualität trägt symbiotischen Charakter. Ohne die „Opfer", die in vielen japanischen Kleinbetrieben erbracht werden, würden die Großunternehmen nicht so effizient wirtschaften, wie dies im nordatlantischen Bereich oft nicht ohne Neid beobachtet wird.

Japanische Kleinunternehmen

Zu den rund 750 000 industriellen Kleinbetrieben kommen rund 350 000 Großhandels- und 1,7 Mio. Einzelhandelsbetriebe.

„Die Klein- und Mittelindustrie hat in Japan einen wesentlich größeren Anteil am Beschäftigungs- und Produktionsvolumen als in den westlichen Industrieländern und hat diesen Anteil in den letzten Phasen des Industrialisierungsprozesses nicht nur behaupten, sondern zum Teil auch noch ausdehnen können" (2).

Die kleinen und mittleren Unternehmen Nippons bilden einen besonders dichten Humus in der Wirtschaft, auf dem die Großunternehmen blühen und gedeihen. Einen Kardinalfehler der kommunistischen Staatswirtschaften bildete die Abschaffung der kleinen Händler und Gewerbetreibenden. Wenn zumindest die Versorgung der Bevölkerung mit Nahrungsmitteln in China gesichert ist, dann muß dies auf die Liberalisierung in der Landwirtschaft nach 1977 zurückgeführt werden.

Unterlieferantenbetrieb

Ein großer Teil der industriellen Kleinbetriebe in Japan liefert den größeren Unternehmen zu. Ein kleinerer Teil fertigt entsprechend den Gesetzen freier Marktwirtschaft alles, was der Markt und damit die Konsumenten an Bedürfnissen und Wünschen artikulieren. Sie besetzen somit Marktsegmente, die für Großbetriebe schwer auszumachen sind oder von den Losgrößen her nicht in hochrationalisierte Ablaufprozesse passen. Im Kern handelt es sich hierbei um Familienbetriebe. Für ihre Inhaber – und auch noch die darin beschäftigten Verwandten sowie die eine oder andere Vertrauensperson – handelt es sich wieder um Uchi no Kaisha. Im Prinzip eifert man der Idee der sozialen Kohäsion aus den Großbetrieben nach, in der Realität läßt sich dies bei den begrenzten Mitteln und vor allem den rigiden Schwankungen in der Beschäftigung kaum durchziehen. Das bedeutet, außer der Kernmannschaft ist der Rest der Mitarbeiter hoher Fluktuation unterworfen: weniger in ländlichen, sehr stark in urbanen Gebieten. Die Zulieferer der Großindustrie stellen meistens Ausgründungen dar, während die unabhängigen Kleinproduzenten sich oft aus Handwerksbetrieben entwickelt haben.

Unternehmen wie Toyota oder Toshiba haben oft einen Kranz von Tausenden kleiner Zuliefererbetriebe um sich herum gruppiert. Im klassischen Fall wird ein bewährter Meister des Mutterunternehmens mit 55 Jahren pensioniert. Wenn er 35 Jahre im Unternehmen gearbeitet hat, dann erhält er statt einer Rente eine Abfingungssumme von 35–45 Gehältern in Höhe seiner letzten fixen Monatsbezüge. Davon könnte er, selbst bei geringer Inflation – in den 60er und 70er Jahren lag diese im Mittel jedoch bei mindestens 7% – nur drei bis vier Jahre leben, während Japan die höchste Lebenserwartung der Welt mit über 77 Jahren für Männer aufweist. Die staatliche Rente reicht normalerweise nicht einmal zur Bezahlung der Mieten aus. Deshalb muß der Meister weiterhin einem Erwerb nachgehen. Mit der Hilfe seiner Abfindung und einer Beteiligung seines früheren Arbeitgebers gründet er ein Kleinunternehmen, das zum Beispiel Teile für sein früheres Unternehmen herstellt. Er kennt die Menschen dort, weiß um die Qualitätsanforderungen und ist jederzeit bereit, sich abzustimmen und auch nachts oder sonntags dafür zu sorgen, daß der just-in-time-Prozeß des Stammwerkes nicht ins Stocken gerät. Aus der Sicht des Großunternehmens wird hierdurch eine außerordentliche Elastizität erreicht. Behebung von Fehlerquellen, kleine Verbesserungen, auch Preisanpassungen in schwierigen Zeiten, Pufferfunktion im Lagerbereich und einiges mehr bietet so der Kleinbetrieb. Der im Prinzip straff organisierte und linear ausgerichtete Großbetrieb kann hingegen weder samstags nachts arbeiten noch im Bedarfsfall Löhne kürzen oder den Mitarbeitern Zinslasten für Überbestände aufbürden. Zu Lasten des Kleinbetriebes besitzt das Stammunternehmen hier ein homöostatisches Regelsystem.

Die Vorteile für das Kleinunternehmen liegen in seiner relativen Unabhängigkeit, dem Schutz durch den großen Partner im Notfall (z. B. durch Kreditgabe oder Bürgschaften) und ganz allgemein der Möglichkeit, sich selbst zu verwirklichen durch Verbesserungen und auch Entwicklungen.

Zwischen den Partnern (Großunternehmen und kleinere Zuliefererbetriebe) gibt es dabei praktisch keine Bürokratie. Die mündliche persönliche Erklärung reicht im allgemeinen; für die Lieferspezifikationen werden kurzerhand die werksinternen Listen überreicht oder − moderner − per Telefax übermittelt. Der Kleinbetrieb bildet die ideale „verlängerte Werkbank" für das Großunternehmen.

Klein-, Mittel- und Großbetriebe sind horizontal integriert. Auch ohne − oder mit nur geringer − Kapitalbindung bemühen sie sich um eine harmonische Zusammenarbeit. Sie praktizieren eine Arbeitsteilung in dem Sinne, daß jeder das tut, für was er am besten qualifiziert ist. Mit einem Bild aus der Logistik: Je nach der geforderten Beförderungsmasse setzt man kleine, mittelgroße und wirklich große Lastwagen, Schiffe oder Flugzeuge ein. In diesem Sinne koexistieren die verschiedenen Unternehmensgrößen nicht nur miteinander, sondern sie bilden ein Netzwerk der Zusammenarbeit. Für den Grad der Effizienz sind Beteiligungsquoten oder abstrakte Sanktionsmöglichkeiten unwichtig. Im Prinzip betrachten sich alle als Brüder und Schwestern in der gleichen Familiennation (shingaku); wobei in Asien die Stellung des „älteren Bruders" (hier das Großunternehmen) immer Respekt erheischt, während der „jüngere Bruder" (hier das Kleinunternehmen) immer sicher vor seiner Auslöschung sein darf (3).

Dies bedeutet eine fest definierte Rolle des Kleinbetriebes: Er befindet sich weder im Durchgangsstadium zu einem Großbetrieb noch ist er vom Verschwinden bedroht. Die Entwicklung des Elektromotors für Kleinantriebe und die moderne Elektronik, die beide nur einen moderaten Kapitaleinsatz erfordern, haben die Stellung des Kleinbetriebes gestärkt und insbesondere seine Anpassungsfähigkeiten vergrößert.

Inaba (4) sieht die Rolle der japanischen Klein- und Mittelindustrie indessen recht negativ. Bezüglich ihrer technischen Ausrüstung konstatiert er, daß die maschinelle Ausrüstung knapp sei und vor allem Vielzweckmaschinen umfasse. Er kritisiert die unzureichende Wartung der Maschinen, ihre übernormale Abnutzung sowie relativ geringe Produktivität und das Fehlen rationeller Abstimmungsprozesse. Die fehlende technische Leistungsfähigkeit der Anlagen muß durch Geschicklichkeit und Auffassungsgabe der Arbeiter ausgeglichen werden; jedoch mangelt es gerade in Kleinbetrieben an Facharbeitern und für die Ausbildung der Beschäftigten fehlt es an Zeit und finanziellen Mitteln. Statt rationaler Ordnungsprozesse greift der Inhaber fortwährend und impulsiv nach Erfahrungswerten in die Fertigungsprozesse ein.

Aus Sicht der Arbeitnehmer werden niedrige Löhne, mangelnde Sozialleistungen und geringe Sicherheit im Betrieb beklagt. Die Fluktuation ist deshalb beträchtlich.

Wegen der geringen Eigenkapitalquote ist die Abhängigkeit von Finanzinstituten hoch; wegen der Integration in die Betriebsabläufe größerer Unternehmen ergibt sich auch von hier aus ein Druck im Kreislauf des Materials, das oft ohne große Vorbereitungszeit – und überteuert – angeliefert wird, wobei schnelle Bearbeitung und Rücklieferung gilt. Nur durch ein hohes Maß an Fleiß und Einsatz können diese genannten Defizite wettgemacht werden.

Neben der eigentlichen Kleinindustrie existieren auch die echten Tochterfirmen (ko-gaisha) großer Unternehmen. Wenn ein neuer Geschäftszweig für ein spezielles chemisches Produkt begründet werden soll, dann mag eine Ausgründung viele Vorteile haben. Der neue Geschäftszweig kann sich auf seine spezifischen Aufgaben konzentrieren; die Bürokratie eines Großunternehmens kann ausgeschaltet werden. Der neue Chef, vielleicht Fuku-Bucho (stellv. Hauptabteilungsleiter) im Mutterunternehmen, kann den begehrten Titel shacho auf seine Visitenkarten (meishi) drucken. Dies gibt ihm einen enormen Motivationsschub, der bis in Familie und Bekanntenkreis hineinragt. Auch die Moral der Mitarbeiter erfährt einen Schub, denn mit den Zielen eines überschaubaren kleinen Unternehmens kann man sich viel leichter als mit der riesigen Sparte „Feinchemie" eines Großunternehmens identifizieren. Das ist nicht spezifisch japanisch, es gilt im nordatlantischen Bereich ebenso; im Zuge derzeitiger Dezentralisierungsbestrebungen gewinnt dort die Erkenntnis Raum, daß hier große Motivationspotentiale und Flexibilität gewonnen werden können. In Japan kommt noch der Aspekt hinzu, daß man generell glaubt, eine Firmengruppe (kigyo keiretsu) könne sich mit allem beschäftigen; das einzelne Unternehmen solle hingegen nur auf einem spezifischen Feld tätig sein, um Konzentration und Spezialisierung zu ermöglichen (5). Diese Tochterunternehmen erhalten relativ viel Freizügigkeit, so daß sie im Firmenverband nur recht lose geführt werden.

Neben der größeren Motivation der Mitarbeiter liegt ein Vorteil vor allem im Außenbereich: Bei allen Geschäften in Nippon spielt die persönliche menschliche Beziehung eine große Rolle; je unabhängiger deshalb Tochterfirmen (oder zugeordnete Kleinunternehmen) sind, desto mehr Beziehungen auch zu untereinander rivalisierenden Firmen können aufgebaut werden.

Die Großunternehmen und ihre Töchter haben meist eine starke Stellung auf dem japanischen Markt im industriellen Sektor – mit dem Trend als Gruppe zur Monopolisierung oder Oligopolisierung – aufgebaut. Kleinunternehmen, die nicht zu ihrem Bereich gehören, werden hingegen auf die Auslandsmärkte abgedrängt, die mit all den Risiken von Modeänderungen und Wechselkursschwankungen behaftet sind. Als echte Familienunternehmen haben sie dabei nur begrenzten Zutritt zum Kapitalmarkt. Während sich im nordatlantischen Bereich häufig Partner zusammentun, um ihre Kräfte zu poolen, ist es auffällig, daß in Japan fast immer eine Familie allein den Geschäftsaufbau versucht. „Eine Partnerschaft hätte in ihrem gleichberechtigten horizontalen Aufbau, der generell vertikal ausgerichteten japanischen Sozialordnung widersprochen" (6).

Zwischenhändler

Es gibt in Japan rund 350000 Großhandelsbetriebe; 1/4 davon besteht nur aus ein oder zwei Mitarbeitern, fast 3/4 beschäftigen weniger als zehn Mitarbeiter. An der Spitze der verschiedenen Größenordnungen stehen fünf Universalhandelshäuser mit jeweils um 200,0 Mrd. DM Umsatz. Die überwältigende Mehrheit der Handelsunternehmen aber gehört zur Kategorie der Kleinunternehmen. (Die rund 1,7 Mio. Einzelhändler bleiben hierbei ausgeklammert). Nur ca. 12% der japanischen Einzelhandelsunternehmen beziehen ihre Waren über ein direktes Vertretersystem von den Herstellern (in der Bundesrepublik Deutschland liegt dieser Anteil bei fast 50%). Über 62% liefert der Großhandel, der oft über mehrere Stufen erfolgt; die Differenz von rund 26% kommt aus den Zentralen der Großfilialisten, Genossenschaften oder dem eigenen Stammunternehmen.

Typische japanische Hersteller – gleich ob im Automobilbau oder der Nahrungsmittelindustrie – umgeben sich mit einem Kranz von Großhandelsfirmen, die in Wirklichkeit meist Kleinbetriebe darstellen. Ihre Funktion besteht zuerst in der Kommunikation mit Kunden, die oft schon in der zweiten oder dritten Generation vom gleichen Dealer (japanisch: toiya oder dairiten) beliefert werden. Nicht selten hat man dem Einzelhändler (retailer) vor Jahrzehnten einmal in schwieriger Situation finanziell geholfen, was die Verpflichtung (giri) begründet hat, die es später stets zu beachten und durch Treue zu honorieren gilt. Auch Geschenke und eine üppige Party zu Neujahr im Hilton-Hotel, gehören zu den „Bindemitteln" eines Dealers, der nur DM 5,0 Mio. Umsatz aufweist.

Weitere Funktionen liegen in der physischen Distribution, im Inkasso, in der Kreditierung und in der Lagerhaltung. Die toiya, die sich selbst meist mit dem englischen Wort diera (dealer) bezeichnen, pflegen deshalb ihrerseits normalerweise ähnlich enge Kontakte mit den Herstellern, die mit dem englischen Wort meika (maker) belegt werden. Dorthin verlagern sie die Zielgewährung und oft auch das Lagerrisiko, indem sie unbekümmert Ladenhüter von Zeit zu Zeit an den Hersteller zurückgeben.

Ähnlich wie im industriellen Kleinbetrieb spricht man zwar ebenfalls von Uchi no Kaisha, doch das beschränkt sich ernsthaft nur auf den Inhaber, seine häufig beschäftigten Verwandten und die eine oder andere Vertrauensperson. Da auch hier Einkommen und vor allem soziale Leistungen deutlich hinter den Großunternehmen zurückliegen, ist die Fluktuation zumindest in urbanen Gebieten recht hoch.

Im Sinne eines konkreten Beispiels soll nachfolgend ein typischer japanischer toiya beschrieben werden. Es handelt sich um das Unternehmen von Herrn Oki*, Großhändler für Körperpflegemittel in der Provinz Tottori (0,6 Mio. Einwohner) im westlichen Teil der Japansee, nicht weit vom shintoistischen Heiligtum Izumo. Er residiert und arbeitet in der Stadt Yonago (140 000 Einwohner) und vertritt dort 10 Hersteller mit ihren Marken; drei davon sind ausländische Marken, sieben japanische.

Auf drei dieser Marken entfallen 85% seines Umsatzes. Die Zahl seiner Kunden beläuft sich auf 410 und diese werden von 8 Vertretern besucht. Bereits Okis Vater handelte in der Stadt mit Kräutern, Arznei- und Körperpflegemitteln. Aus dem Großen Pazifischen Krieg kehrte Oki zweiundzwanzigjährig ohne berufliche Ausbildung zurück und arbeitete zunächst als „Mädchen für alles" in einer örtlichen Pharmazie-Großhandlung. Durch Höflichkeit und Fleiß brachte er es nach 1 1/2 Jahren zum Vertreter. Während seiner Tätigkeit beobachtete er zwei Trends, die sich allmählich entwickelten:

1. Die Großhandlung, die ihn beschäftigte, konzentrierte sich zunehmend auf den Vertrieb von Arzneimitteln, die gute Preise erzielten und praktisch ohne großen Aufwand für Verkaufsförderung abgekauft wurden;

---

*Name geändert.

2. bei den Körperpflegemitteln wuchs unter dem Einfluß von Hollywood-Firmen die Nachfrage nach modernen Kosmetika wie Make-up und modischen Haarfarben, die beratungsbedürftig waren.

Mit 28 Jahren heiratete Oki ein Mädchen, das gemeinsam mit seiner Mutter ca. 400 m vom Bahnhof ein eigenes kleines Haus bewohnte. Er kündigte seinem Arbeitgeber und gründete eine spezielle Großhandlung für Körperpflegemittel. In das neue Geschäft brachte er seine Kontakte zu Herstellern und Kunden aus dem früheren Arbeitsverhältnis ein. Seine junge, modisch interessierte Frau hielt eine Reihe von internationalen Mode-Zeitschriften; daraus destillierte er Argumente für eine fachliche Beratung. Mit dem Fahrrad besuchte er Mitte der fünfziger Jahre an sieben Tagen in der Woche, täglich bis zu 14 Stunden, seine Kunden. Für sie war er allgegenwärtig; er verschmähte auch Kleinaufträge nicht und schaffte schon einmal eine einzelne Farbnuance herbei, die gerade fehlte. Wo notwendig, half er mit Forderungsstundung und lernte langsam die privaten Sorgen und Nöte seiner Klienten kennen. Dann stellte er nach und nach Vertreter ein, jedoch kaum mehr als einen für rund 40 Kunden (zum Vergleich: in der Bundesrepublik Deutschland bearbeitet ein Vertreter in vergleichbarer Branche zwischen 200 und 300 Kunden).

Seine Vertreter verfügten über ausreichend Zeit, um sich intensiv jedem einzelnen Abnehmer zu widmen; da sie zumeist noch jung und unerfahren waren, benötigten sie in starkem Maße die Unterstützung ihres Dienstherren (shacho), die er auch willig und in nimmermüdem Einsatz gewährte. Bei wichtigen Familienanlässen – freudigen wie traurigen – war er zur Stelle. Einmal im Jahr lud er 50 seiner besten Kunden in einen Bus und fuhr mit ihnen ins ferne Hiroshima oder Kyoto zu besonderen, fachlich bezogenen Veranstaltungen. Im Sommer zum O-Bon-Fest verteilte er persönlich kleine Geschenke an alle und schließlich gab es Ende Januar einen Höhepunkt mit der Neujahrs-Party, bei der sich 500 Gäste im größten Hotel der Umgebung an erlesenen Leckereien delektierten. Gestaffelt nach ihren Umsätzen, erhielten sie im geschlossenen Kuvert (also steuerunschädlich) ein nennenswertes Geldgeschenk. Die Kosten der Veranstaltung erreichten eine Größenordnung von DM 200000,–. Später wurden gar Auslandsreisen veranstaltet. Dazwischen befaßten er und seine Frau sich mit Ehestiftungen zwischen den Kindern der einzelnen Kunden.

In das so entstehende dichte Beziehungsgeflecht konnten weder Hersteller noch andere toiya eindringen, selbst dann nicht, wenn sie ihre Waren etwas preisgünstiger anboten; sie prallten an den vielfältigen menschlichen Beziehungen ab, die – typisch in Japan – auch alle geschäftlichen Interaktionen durchdringen.

Im Rhythmus von 2–4 Wochen erhält Oki von seinen drei großen Lieferanten Ware, die er per Wechsel mit Laufzeiten zwischen 60 und 90 Tagen bezahlt. Die sieben kleineren Hersteller liefern auf seine Anforderungen hin unregelmäßig an; im Regelfalle zwischen drei und vier Monaten. Okis Lagerreichweite beträgt zwischen 1 und 1 1/2 Monaten; Ladenhüter gibt er getreulich an seine Lieferanten zurück, da diese ja für eine etwaige geringe Attraktivität ihrer Waren verantwortlich sind.

Das von seiner Frau eingebrachte Haus dient dabei weniger als Wohnstätte, sondern vornehmlich als Geschäftsstützpunkt, wo die Waren auf allen Treppenstufen lagern und das Kleinauto nachts im Wohnzimmer steht.

In Yonago liefert ein Gehilfe per Dreirad die Waren aus, die von vier Vertretern abgesetzt werden. Die vier Vertreter in den umliegenden ländlichen Bezirken verkaufen hingegen nicht nur, sondern nehmen selbst mit ihren Kleinwagen die Auslieferung vor und führen auch immer wichtige Artikel zur sofortigen Abgabe mit sich. Alle acht Vertreter kassieren auch die Rechnungen; dieses immer flexibel in Abstimmung mit dem shacho. Da es wegen der notorischen Kapitalknappheit der Kleinunternehmen um die Zahlungsmoral in Japan oft schlecht bestellt ist, begeben sich Oki und seine erfahrenen Vertreter am Monatsende zu den Kunden und versuchen in ebenso höflicher wie hartnäckiger Weise ihr Geld zu erhalten. Dieses Treiben gewinnt seinen Höhepunkt zur Jahreswende, die eine günstige Gelegenheit für das Inkasso ergibt, da alle Japaner traditionell schuldenfrei ins neue Jahr gehen wollen. Noch immer ist bargeldloser Zahlungsverkehr zwischen Dealern und Einzelhändlern ungebräuchlich.

Okis Kunden liegen kreuz und quer über Stadt- und Landgebiet verstreut; das liegt erstens an den gewachsenen Kundenstrukturen, die jeden Gebietsschutz obsolet machen, und zweitens daran, daß Oki als Senior unter den lokalen Dealern sich die besten Kunden herausgepickt hat. Da die Hersteller keinen Gebietsschutz garantieren können, plagt ihn die Konkurrenz nicht nur mit Produkten dritter, sondern auch seiner eigenen Hersteller. Dieser Kampf erfolgt äußerlich zumeist höflich – man sitzt in den gleichen Großhandelsvereinigungen – doch in der Substanz hartnäckig, ja unerbittlich. Grundsätzlich möchte man jedem seine Existenzchance belassen, doch darüber hinaus möchte jeder am meisten Gewinn für sich einfahren.

Der Kleinflughafen von Yonago wird täglich von Tokyo und Osaka mit nur einer 40sitzigen Turbopropmaschine YS II nationaler Herkunft bedient, die zudem bei schlechtem Wetter noch ausfällt. Die Eisenbahnverbindung ist trotz der kaum 1000 km Entfernung nach Tokyo so mühsam, daß sie für Hin- und Rückfahrt drei Tage und eine Übernachtung unterwegs in Okayama erfordert.

PKW-Reisen sind bei den japanischen Straßenverhältnissen absolut unüblich.

Die zumeist aus den Distributionszentren der Hersteller, aus dem Raum Osaka, angelieferte Ware, benötigt einen langen Fahrttag von ca. 14 Stunden.

Da die meisten Bewohner Yonagos in eigenen Häusern wohnen und Nahrungsmittel weit preiswerter als in Tokyo sind, besitzen sie – trotz eines nur halb so hohen Pro-Kopf-Einkommens wie in Tokyo – doch genügend Liquidität, um auch anspruchsvolle Kosmetika kaufen zu können. Oki und alle seine Kunden betrachten sich als der Mittelklasse zugehörig. Seine Frau zählt zu den elf Beschäftigten (einschließlich Oki-san selbst). Sie erledigt Buchhaltung, Kassenführung und Telefonanrufe der Kunden. Mit dem Gehilfen besorgt sie auch die Zusammenstellung der Lieferungen, die bei DM 120,- Volumen pro Auftrag oft 30 Artikelnummern in sechs verschiedenen Gruppen umfassen. Traditionelle Verhaltensweisen führen dazu, daß an Parfümerien nur in Zwölferpackungen ausgeliefert werden darf, während Friseurläden auf Zehnerpackungen bestehen.

Neben Frau Oki versorgt ihre Mutter – die nicht zum Betrieb zählt – Küche und Kinder. Der Gehilfe ist ein zwanzigjähriger elternloser Bursche vom Lande, der um DM 1000,- pro Monat Lohn (im Jahresdurchschnitt) erhält. Von den acht Vertretern sind zwei über 28 Jahre alt und gehören zu entfernten Verwandten des Ehepaares. Sie erhalten etwa DM 2000,- im Monat. Von den weiteren sechs Mitarbeitern im Verkauf, die alle zwischen 18 und 23 Jahre alt sind, befindet sich noch ein entfernter Verwandter von Frau Oki, während von den restlichen fünf einer körperlich behindert ist, vier nur Mittelschulausbildung haben (also bildungsmäßig zum unteren Siebtel der Bevölkerung zählen), während der sechste Philosophie studiert hat, frisch von einer lokalen Hochschule kommt und keine andere Anstellung finden konnte. Sie verdienen zwischen DM 1200,- und 1600,- im Monat. Von den insgesamt neun angestellten Mitarbeitern nehmen fünf regelmäßig eine Mittagsmahlzeit im Hause ein und insgesamt sechs wohnen im hinteren, oberen Zimmer des Hauses, erhalten also auch Abendessen und Frühstück. Nur drei der Verkäufer wohnen in der Stadt in eigenen Wohnungen oder bei ihren Eltern. Für Logis und Verköstigung werden etwa 30% des Einkommens einbehalten.

Dafür fallen oft noch Botengänge und Lagerarbeiten bis kurz vor Mitternacht an. Von den acht Vertretern werden voraussichtlich ein oder zwei später in der gleichen oder einer nahe verwandten Branche Selbständigkeit anstreben. Zwei weitere werden von sich aus kündigen (so der Philosophie-Absolvent), und sich um andere Stellungen bemühen. Einer wird der Vertraute Okis und damit eine Art Geschäftsführer (banto) werden; den restlichen Dreien wird Oki nach ihrem 26. Geburtstag bedeuten, sich in Ruhe auf jeden Fall eine andere Stelle zu suchen: Erstens werden sie ihm nach dem Senioritätsprinzip langsam zu teuer und zweitens treibt ihn die Sorge, daß ihre Kundenbeziehungen zu eng werden und ihm daher eines Tages unwillkommene Konkurrenz droht.

Toiya vom Schlage Okis passen nicht in das Marketing-Konzept moderner Markenunternehmen. Doch im Distributionsbereich stehen sie räumlich und emotional nahe zum Kunden. Sie sind willig, auch Wünschen nach Kleinstaufträgen rasch nachzukommen und arbeiten generell unvergleichlich kostengünstiger als es ein Tokyoter Hersteller je könnte. Wollte jedoch ein solcher Hersteller Oki-san und andere toiya in Yonago an die Seite schieben, dann könnte er dies nur wagen, wenn seine Produkte einen sehr hohen Bekanntheitsgrad in Japan und rund 35% Marktanteil haben sowie die Mittel für 20% Media-Werbung vom Umsatz für die 400 lokalen Fernsehstationen vorhanden wären.

Sind solche Voraussetzungen nicht gegeben, dann wird Oki die früheren Kunden überwiegend mit den verbliebenen Hersteller-Marken beliefern und eine dritte, neue große Marke im Laufe der Zeit hinzugewinnen – eventuell von einem Unternehmen, das nach schmerzlichen Erfahrungen gerade das Direktvertriebs-Konzept aufgegeben hat. Aus Anhänglichkeit sowie wegen der starken Stellung Okis und seines Service werden die Einzelhändler weiter bei ihm kaufen. Ohne PKW und mit dem Baby auf dem Rücken hat die japanische Hausfrau nur einen kleinen Einkaufsradius und bleibt zumeist ihrem Einzelhändler treu. Da sie traditionell dazu neigt, auf Autoritäten zu hören, fällt es dem Apotheker, Drogisten oder Friseurmeister leicht, ihr Ohr für neue Produkte zu gewinnen.

Hätte der Hersteller dennoch das Experiment Direktvertrieb in Yonago gewagt, müßte er ein teures Geschäftsgebäude dort bauen, da es Entsprechendes nicht zu mieten gibt. Das neue Lager wäre dreimal so groß wie das von Oki (bei gleichem Warenumschlag), da penible Bestandsführung wegen monatlicher Erfolgsrechnungen und aus anderen betriebswirtschaftlichen Zwängen notwendig wird. Auch würden keine Familienmitglieder in ihrer Freizeit nach temporär unauffindbaren Artikeln fahnden. Letztlich sorgte die örtliche Brandaufsicht für die Einhaltung weiter Gänge im Lager, den Bau von Brandmauern, den Einbau von Sprinklern und spezielle Auflagen für die Lagerung von Aerosolen und Alkoholen.

Alle Lieferwagen müßten fortan aus Image-Gründen repräsentativ wirken und laufend gewaschen werden. Im Büro gäbe es zwei zusätzliche Kräfte für die Rechnungslegungsbedürfnisse der Zentrale, diese müßten in Tokyo trainieren und wären später der Konzernrevision unterworfen. Ein neuer Niederlassungsleiter müßte nach Yonago versetzt werden, was hohe Kosten für Mietwohnung, Umzug und Repräsentation verursacht. Da er sich nicht 100 Stunden in der Woche für das Unternehmen einsetzen würde, könnte er von den Mitarbeitern ebenfalls nicht ähnliche Zeitopfer verlangen. Die Vertreter verlören ihr Logis im Hause und ihre Gehälter würden sich verdoppeln. An die Stelle von 10% Lohnnebenkosten würden 50% treten, die Firmengewerkschaft würde ihren Einfluß bis in die Provinz geltend machen.

Deshalb verbleibt der Hersteller bei Oki & Co.; er versucht ihn jedoch auf seine Seite – zu Lasten der anderen Hersteller – zu ziehen. Man lädt ihn zu Meetings nach Tokyo ein, die mit ausgedehnten Barbesuchen verbunden sind. Er wird in Yonago besucht und erhält aufwendige Geschenke, die sein Ansehen steigern. Je höher das Preisniveau des Herstellers liegt, desto eher wird Oki bei ihm bestellen: Erstens wegen der erfreulichen Marge und zweitens wegen des Prestige, das ihm viel bedeutet. Aus der attraktiven Handelsspanne bestreitet er außerdem lokale Werbung und Verkaufsförderung, auf die der Hersteller nur wenig Einfluß nehmen kann, so daß zu seinem Bedauern anspruchsvolle Marketing-Konzepte verwässert werden.

Okis wichtigstes Bestreben ist die Erhaltung seiner Selbständigkeit. Ein Hersteller kann zwar zur „namba wan" bei ihm werden, doch zu dessen Kummer hält Oki alle zusammen in einem gewissen Gleichgewicht. Gewährt der Hersteller höhere Margen, dann benutzt Oki sie gelegentlich zur Subventionierung der schwächeren Wettbewerber. Übernimmt er direkte Werbeanstrengungen ohne Okis Assistenz, dann verliert dieser klagende Worte über nachlassende Qualitäten, die schnell zu Umsatzeinbußen führen. Uno (7) führt dazu aus, daß in den nachfragestarken sechziger Jahren die Hersteller mit ihrer „Pull-Technique" großen Erfolg hatten, wenn sie über starken Media-Einsatz die Vorzüge ihrer Produkte großen Käuferkreisen bekannt machten. Zwischenzeitlich ist das Warenangebot in Nippon jedoch erheblich größer als die Nachfrage und hat daher Okis Stellung gestärkt.

Oki ist deshalb ständig bemüht, seine Spanne vom Hersteller zu maximieren. Teilweise gibt er sie in Form von allerlei Vergünstigungen an den Einzelhändler weiter, was seine Stellung, aber nicht die des Herstellers stärkt. Da der traditionelle, soziale und psychologische Druck in Japan zur Fortführung einmal geschlossener Partnerschaften zwingt, richten sich seine Anstrengungen ebenso auf die Erhaltung der Freundschaft mit den Mitarbeitern der Hersteller; Geschenke, Reisen, Partys und Hochzeiteinladungen stärken die Bande. Der Hersteller wirkt dem wieder mit Gruppeneinladungen von Okis besten Kunden nach Frankfurt oder Los-Angeles entgegen, an denen er aber und seine wichtigen Mitarbeiter teilnehmen müssen.

In unserem Beispiel hat Oki übrigens inzwischen ein riesiges modernes Geschäftsgebäude errichtet, sich dabei finanziell übernommen und ist unter den Einfluß eines großen überregionalen Dealers gelangt.

Abhängige Dienstleistungsbetriebe

Neben die horizontale Integration von Klein- und Großbetrieben tritt in Japan häufig die vertikale Desintegration der klassischen Unternehmensfunktionen wie Beschaffung, Fertigung, Instandhaltung, Logistik, Marketing, Vertrieb, Kundendienst, Finanzen und Rechnungswesen. Vorstehend wurde die Verlagerung der Vorproduktion und des Vertriebes dargestellt. Insbesondere Stabs- und Dienstleistungsfunktionen werden gern in Japan ausgegliedert. Westeuropäische oder nordamerikanische Unternehmen würden sehr besorgt sein, wenn sie keine unmittelbare Kontrolle über die Kernfunktionen wie Fertigung oder Vertrieb hätten.

In Japan tritt an die Stelle von Kontrolle meistens das Prinzip des Vertrauens. Dabei geht es nicht um ein laissez faire im Sinne eines naiven Vertrauens, daß alles sich von selber richten möge. Vielmehr dient der Aufbau langer menschlicher Beziehungen der Sicherung der Unternehmensziele auch bei der Delegation wichtiger Funktionen an spezialisierte und qualifizierte, freundschaftlich verbundene Dritte. Die Prinzipien von Seniorität und die gemeinschaftlichen Wertvorstellungen zu Harmoniebestrebungen sichern einen relativ reibungsfreien Prozeß bei den Management-Aufgaben. Die Desintegration wichtiger unternehmerischer Funktionen geht in Japan nicht im Widerspruch zu den anerkannten Unternehmenszielen, sondern sichert sie im Gegenteil erst ab.

Auch große Unternehmen besitzen keine eigene Abteilung für Werbung oder Recht. Das gleiche gilt meistens für den Fuhrpark, das Lagerwesen, die Kommissionierung (Zusammenstellen versandfertiger Sendungen), Instandhaltung, Reparaturen, oft auch für EDV und Steuern. Es erstaunt in Büros japanischer Unternehmen zu sehen, wie ständig Unternehmensfremde über die Gänge eilen. Eine Sekretärin muß einen Flug buchen: Sie tut dies nicht selbst, sondern läßt jemand vom Reisebüro kommen, der dann diesen Dienst verrichtet. Ähnliches spielt sich beim Versand eines Paketes ab, das man sich fachmännisch von einer Spedition packen und versenden läßt. Nicht einmal eine Glühbirne schraubt man selbst ein, sondern läßt stattdessen zwei Mitarbeiter eines Elektrohandwerksbetriebes anrücken. PKW's werden kaum selbst gesteuert, sondern ein Mietwagen chauffiert die Herren zu wichtigen dienstlichen Zielen.

Dies führt dazu, daß sich um das Unternehmen ein Kranz von Spezialisten – und oft auch Schmarotzern – legt. Offiziell wird dazu oft verlautet, die Dinge müßten professionell getan werden und man könne nicht selber amateurhaft herumwerkeln. Weniger offiziell klingt jedoch häufig an, daß auch die kleinen Unternehmen etwas verdienen müßten. Die Fürsorgepflicht des Stammunternehmens gebietet eine angemessene Beschäftigung von Satellitenfirmen, die vielleicht einmal von großer Hilfe waren oder es künftig wieder werden könnten.

Für das Kleinunternehmen ist es deshalb wichtig, stets gute und enge Kontakte zu den entscheidenden Personen eines Großunternehmens zu halten. In der Bundesrepublik Deutschland gibt es zwar zunehmend Programmierer, Kfz.-Leasing, Fensterputzer und Hydrokulturpfleger von außerhalb, doch halten sich noch vielfach eigene Schreiner-Werkstätten, Druckereien oder Graphik-Abteilungen.

Während man in der patriarchalisch gefärbten Fürsorge für viele qualifizierte Dienstleistungsbetriebe sehr viel Positives bezüglich Elastizität des eigenen und angemessener Beschäftigung eines dritten Kleinunternehmens erblicken kann, darf man nicht ohne große Bedenken auf das ausgedehnte Leiharbeiter-Wesen hinweisen (8).

Menschen, die von der Gesellschaft mit einem Stigma behaftet sind (Ausländer, Eta, Kriminelle, Personen ohne Schulausbildung, Kranke, Trinker) und keine feste Arbeit mehr finden, heuern bei sogenannten Labor-Bossen an. Dies sind meist Mitglieder von Syndikaten, die in Holzbaracken einige Hundert Hilfsarbeiter unterbringen und dann in Gruppen „vermieten". Dies kann zu relativ regelmäßigen Aufgaben, aber auch zu Gelegenheitsarbeiten sein, häufig im Baugewerbe, aber auch zu Hilfsdiensten in den verschiedensten anderen Unternehmen. Diese Leiharbeiter-Kolonnen sind verhältnismäßig billig; da zudem die Labor-Bosse noch einmal kassieren, bleibt für die unterprivilegierten Arbeitnehmer nur ein sehr mageres Entgelt für ihre meist schmutzige, unangenehme und schwierige Arbeit übrig. Auch diese Menschen bilden einen der Puffer, vermittels dessen die arrivierten Unternehmen schlank und gesund bleiben können.

Laut Inaba (9) hat sich die „Tendenz zur Erziehung monopolistischer Gewinne aus beherrschten Unternehmen vergrößert."

Kigyo Keiretsu: Die japanische Unternehmensgruppe

Die sechs großen Unternehmensgruppen Japans haben alle mehrere hundert Milliarden DM Umsatz. Dennoch stellen sie keine unflexiblen Dinosaurier dar. In einigen Punkten bündeln sie ihre Kräfte zum Nutzen der gesamten Gruppe; in den meisten Fragen belassen sie ihren Mitgliedern ausgedehnte Freiheiten. Ihre hohe Flexibilität teilen sie mit biologischen

Systemen, die nie in der fachlichen Methode, sondern immer in der thematischen Aufgabe spezialisiert sind. Statt starrer technokratischer Organisation bevorzugen sie kybernetische Regelungen, bei denen der Mensch mit seiner Kreativität und Phantasie zum Zuge kommt.

Struktur der Keiretsu

Im Finanzbereich, im Universal-Großhandel, in der Unterhaltungselektronik, in der Chip-Produktion sowie einigen anderen Gebieten, stehen japanische Unternehmen an der Spitze der Weltrangliste – sowohl bezüglich der Umsätze als auch der Gewinne. Doch auch die Großunternehmen sind wiederum nur Mitglieder viel größerer Konglomerate, die nicht in den Listen des Magazins Fortune bei den 50 oder 500 größten Firmen der Welt stehen, da sie die Kriterien der Konsolidierung international anerkannter Konzerne nicht erfüllen. Die sechs größten unter ihnen kontrollieren nicht nur die Hälfte von Japans Außenhandel, sondern übertreffen noch deutlich die gelisteten größten Unternehmen der Welt, wie General Motors oder Exxon. Sie werden kigyo keiretsu (etwa Unternehmensverband) genannt und im generellen Verständnis betreiben sie viele Geschäfte – wenn auch nicht ausschließlich – innerhalb ihrer Gruppe.

Der Begriff kigyo keiretsu wird überlagert von dem Begriff kinyu keiretsu, was bedeutet, daß alle Unternehmen von der gleichen Stammbank, die meist der Gruppe ihren Namen gibt, ihr Betriebskapital und ihre Langfristdarlehen – wenn auch nicht ausschließlich – ausleihen.

Das klassische Konglomerat zeichnet sich zudem durch kreuzweise Kapitalbeteiligungen – wenn auch keineswegs ausschließlich untereinander – aus. Hier wird der Begriff shihon keiretsu eingesetzt.

Vor allem die größeren Konglomerate entwickelten sich aus den alten zaibatsu nach dem Großen Pazifischen Krieg. Die zaibatsu waren ihrem Charakter nach Finanzkonglomerate, die vor allem auch Holding-Charakter aufwiesen. Alle klassischen zaibatsu – oder zumindest wichtige Mitglieder von ihnen – stammten aus der frühen Meiji-Periode oder der Zeit davor. Sie waren ursprünglich echte Familienunternehmen, die von charismatischen Führernaturen gegründet wurden. Im Falle von Mitsui (Gründer Mitsui, Sokubei) und Sumitomo (Gründer Sumitomo, Masatomo) gehen ihre Ursprünge auf die ersten Jahre der Tokugawa-Zeit (nach 1600) zurück. Der Gründer von Mitsubishi (Iwasaki, Yataro) lebte von 1834–1885. Alle drei Unternehmer stammten aus West-Japan – Mitsui aus Matsuzaka bei Ise, Sumitomo aus Kyoto und Iwasaki aus Tosa/Shikoku – und waren Samurais mit festen Geschäftsgrundsätzen, die ihre Management-Prinzipien durch Jahrzehnte und Jahrhunderte zu transformieren wußten.

Charakteristika der zaibatsu waren:
1. Starker finanzieller Hintergrund mit eigener Bank
2. Starke Aktivitäten im Außenhandel (wenn auch bei Sumitomo weniger ausgeprägt) und der Besitz eines großen Handelshauses (sogo shosha)
3. Starke Stellung in der Grundindustrie (Bergbau, Stahl)
4. Dominierung durch eine Familie
5. Herausragende Rolle in der Industrialisierung Japans seit der Meiji-Zeit
6. Intime Beziehungen zu den Top-Mitgliedern aus Politik und Administration
7. Holding-Charakter.

Die 15 größten zaibatsu brachten Fremdkapital nach Japan sowie knowhow und komplexe Investitionsgüter, wodurch sie Japans Wachstum ankurbelten. Durch Produktion und teilweisen Export der gefertigten Güter ermöglichten sie die notwendigen Importe, die der Devisenbeschaffung dienten.

Alle zaibatsu zogen Vorteile aus den Kriegen ihrer Zeit, mit Ausnahme des Großen Pazifischen Krieges, in dem sie selber zu Opfern wurden: Der Taiwan-Krieg (1895), der mit der Annexion der Insel endete; der Krieg mit Rußland (1905), der die Hälfte der rohstoffreichen Insel Sachalin und verschiedene Rechte in der Mandschurei bescherte; der Korea-Krieg (1910), der mit der Annexion der koreanischen Halbinsel endete; der Erste Weltkrieg mit riesigen Lieferungen an die alliierten Streitkräfte und der fast unauffälligen Übernahme deutscher Kolonien in Tsingtao und einer Reihe pazifischer Inseln; die Kriege mit China (1894/95 und 1931), die in der Schutzherrschaft über die Mandschurei und Ehol (1933) resultierten. Reischauer (10) merkt hierzu an: „Besonders während des Ersten Weltkrieges ermutigten die zaibatsu die Regierung in ihrer Forderung, Eisen, Kohle und andere Rohstoffe von China zu erhalten." 1938 proklamierte Nippon eine Groß-Asiatische Prosperitäts-Sphäre (Dai Toa Kyoeiken), die alle Länder in dem Dreieck zwischen Japan, Indien und Neuseeland umfassen sollte.

Nach dem Zweiten Weltkrieg zogen die Nachfolger der zaibatsu große Vorteile aus den Lieferungen an die US-amerikanischen Truppen im Korea-Krieg (1950/51) und im Vietnam-Krieg (1962–1975).

1945 wurden alle zaibatsu von den US-amerikanischen Besatzungsbehörden aufgelöst. Sie formierten sich jedoch alsbald wieder, wobei sie heimlich oder nachdrücklich von MITI (Tsusansho) unterstützt wurden. Die vorher führenden Familien verloren ihren Einfluß und der Charakter der zaibatsu (Finanzkonglomerate) veränderte sich in die kigyo keiretsu (Industriekonglomerate), deren Aufbau heute noch weitergeht.

Als die großen Sechs gelten die kigyo keiretsu von Mitsubishi, Sumitomo, Mitsui, Fuyo (Fuji), Daiichi-Kangyo und Sanwa.
Charakteristika der kigyo keiretsu sind:
1. Finanzielle Einbettung durch Gruppierung um eine Bank
2. Überragende Stellung im Außenhandel um ein oder mehrere Handelshäuser (sogo shosha) herum
3. Starke Stellung in den Hauptindustrien (Metall, Chemie, Elektro, Elektronik)
4. Kapital im Streubesitz; Steuerung durch Präsidenten-Clubs
5. Pionierrolle in der Forschung und Entwicklung (Biotechnik, Atomkraft, neue Werkstoffe) sowie Datenbanken
6. Einfluß über ihre Industrieverbände auf die Politik und in geringerem Maße auf die Administration
7. Weitgehend operative Unabhängigkeit ihrer Mitglieder.

Mitsubishi präsentiert mit rund 420,0 Mrd. DM Umsatz und über 500000 Beschäftigten die größte Gruppe. Man sagt ihr den größten Zusammenhalt und die stärkste Identifikation ihrer Mitglieder nach. Bank und Handelshaus sowie etwas weniger die Schwerindustrie und eine immer reichere Grundstücksgesellschaft spielen die führende Rolle in der Gruppe.

Auch Sumitomo gilt als sehr kohärente Gruppe und sie wächst von allen derzeit am schnellsten. So hat ihr Handelshaus unlängst die zweite Stelle im Umsatz und die erste im Ertrag unter den sogo shosha erreicht. Mit Schwerpunkten bei Stahl, Chemie und in der Elektro-Industrie ist alleinige Machtzentrale jedoch die Bank in der Mitte.

Mitsui hielt knapp 300 Jahre lang eine führende Stellung in Japan, wurde durch die Entflechtungen der Alliierten jedoch am härtesten getroffen. Etliche Mitglieder wandten sich anderen Gruppierungen zu oder blieben unabhängig. In Schiffbau, Bergbau, der Petrochemie sowie Schiffahrt und Einzelhandel und anderen Zweigen, spielt dieser keiretsu aber weiterhin eine bedeutende Rolle. Die sogo shosha belegte 1989 den ersten Platz im Umsatz und nach der Fusion mit der Taiyo Kobe Ginko steuert auch die Bank den vordersten Platz an.

Die Fuyo-Gruppe formierte sich erst ab 1966 mit dem alten Yasuda-Konzern als Kern. Die Solidarität innerhalb der Gruppe ist noch relativ schwach; Bank und Handelshaus (Marubeni Corp.) streiten um den größeren Einfluß. Wichtige Unternehmen wie Nissan, Hitachi und Sapporo Bier sind dem keiretsu nur relativ lose verbunden.

Noch komplexer ist die Daiichi-Kangyo-Gruppe zusammengesetzt. Die größte Geschäftsbank der Welt, die durch die Fusion der Daiichi Bank mit der Nippon Kangyo Bank entstand, bildet mit der selbstbewußten Handelsgesellschaft C. Itoh den Kern eines noch relativ losen Konglomerates, das erst seit 1972 existiert. Die Daiichi Bank brachte Teile der alten zaibatsu Furukawa, Kawasaki und Shibusawa sowie Nachfolger der bereits 1929 fallierten Suzuki Co. ein. Die weltgrößte Werft Ishikawajima-Harima, die Computerfirma Fujitsu, der Körperpflegegigant Shiseido, die zweitgrößte Werbeagentur der Welt Dentsu, die Seibu-Warenhäuser (inzwischen unter dem Namen Saison gruppiert), die renommierte Baufirma Shimizu u. a. gehören zum Kreis von Daiichi-Kangyo.

Die Sanwa-Gruppe entwickelte sich seit 1965 um die strikt führende Sanwa-Bank herum, die in Osaka und Kobe ihre geschäftlichen Schwerpunkte besitzt. Ihre beiden Handelshäuser Nissho-Iwai und Nichimen üben nur einen relativ geringen Einfluß in der Gruppe aus. Mit Hitachi Schiffsbau, der Maruzen Oil, Teijin Textilien und der Elektrofirma Sharp u. a. zählt sie gleichfalls machtvolle Unternehmen in ihren Reihen.

Die Tokai Bank (mit Daiei Supermarkt, Ricoh, Tomen, Nikko Securities, Toyota Motors) und die Industrial Bank of Japan = IBJ (mit Riken, Fuji Heavy Industries, Taihei Chemicals, Toyo Menka) sind derzeit auf dem Wege, sich ebenfalls zu machtvollen keiretsu zu entwickeln.

Beispielhaft soll Mitsubishi als Prototyp eines kigyo keiretsu in ihrer Kapitalzusammensetzung dargestellt werden. 44 Hauptfirmen und rund 2500 weitere verbundene Unternehmen umfassen auch prominente Namen ohne den Zusatz „Mitsubishi" in der Firmenbezeichnung: Tokyo Marine & Fire Insurance, Kirin Bier, Asahi Glas, Nippon Yusen (Schiffahrt). An der Spitze stehen die Mitsubishi Bank (27000 Aktionäre), das Mitsubishi Handelshaus (52000 Aktionäre), Mitsubishi Heavy Industries (200000 Aktionäre), die Nippon Yusen (78000 Aktionäre) und Mitsubishi Real Estate (69000 Aktionäre). Rund 50% des Kapitals des keiretsu liegen innerhalb der gesamten Gruppe; die größte Einzelbeteiligung überschreitet nicht 6,5%. Die Bank darf gesetzlich nicht mehr als 5% Beteiligungen an einem Unternehmen halten. Die größten 5 Aktionäre der Top-Fünf gliedern sich wie folgt:

Mitsubishi Bank	%
Meiji Mutual Life Insurance	6,1
Tokyo Marine & Fire Insurance	4,7
Daiichi Mutual Life Insurance	3,9
Mitsubishi Heavy Industries	3,5
Nippon Life Insurance	3,3
Mitsubishi Handelshaus	
Tokyo Marine & Fire Insurance	6,5
Mitsubishi Bank	5,6
Meiji Mutual Life Insurance	5,2
Bank of Tokyo	4,3
Mitsubishi Trust & Banking	4,1

Mitsubishi Heavy Industries

Mitsubishi Bank	4,8
Meiji Mutual Life Insurance	4,0
Tokyo Marine & Fire Insurance	2,8
Nippon Life Insurance	2,6
Mitsubishi Trust & Banking	2,3

Nippon Yusen

Tokyo Marine & Fire Insurance	5,5
Mitsubishi Heavy Industries	5,2
Meiji Mutual Life Insurance	4,3
Mitsubishi Bank	3,4
Nippon Life Insurance	3,1

Mitsubishi Estate

Meiji Mutual Life Insurance	4,7
Mitsubishi Bank	4,7
Mitsubishi Trust & Banking	4,2
Tokyo Marine & Fire Insurance	4,2
Taisei Construction	3,7

Die Eigenkapitalquoten aller Mitsubishi-Unternehmen werden recht gering gehalten, da die Gruppen-Solidarität die Risiken minimal hält.

Diese Kapital-Konfiguration ist typisch auch für den Rest der japanischen keiretsu. Von den 1078 Unternehmen der 1. Sektion an der Tokyoter Börse besitzen weniger als 3% Aktienanteile über 10% und nur 0,5% solche über 20%. Nur ganz wenige (wie Matsushita) halten mehr als 49,9%. Einerseits gehört die große Mehrheit der 1078 Unternehmen zu den sechs großen keiretsu, andererseits gibt es in Japan gesetzlich keine Vorzugsaktien (nicht stimmberechtigt), keine Depot-Rechte sowie keinen Aufsichtsrat bei Aktiengesellschaften und nur die letztere Gesellschaftsform existiert bei allen großen Unternehmen Nippons. Dies erlaubt eine verhältnismäßig große Freiheit aller Gruppenmitglieder bei ihren operativen Geschäften.

Holdings wurden mit einem Zusatz 1977 zum Antimonopoly Law verboten. Das wirft die Frage auf, auf welche Weise die keiretsu gelenkt werden. Neben dem faktischen Einfluß der Banken und Großhandelshäuser (sogo shosha) geschieht dies in den sogenannten Präsidenten-Clubs. Wiederum soll Mitsubishi herangezogen werden: 27 wichtige Unternehmen sind mit ihren 27 presidents in einem vierzehntäglichen Meeting, dem Kinyo-Kai, vertreten, wo die wichtigsten Leitlinien der Geschäftspolitik ohne formale Tagesordnung, ohne offizielles Protokoll und ohne formelle Sanktionen gegenüber Abweichlern diskutiert werden. Dies zeigt deutlich die Vorliebe japanischer Manager für persönliche Beziehungen und Gruppen-Loyalität und ihren Abscheu vor formaler Organisation und Majoritäts-Entscheidungen.

Von den 27 Spitzenunternehmen bilden ihrerseits zehn einen „inneren Kreis", den Sewanin-Kai. Sie denken über die Grundstrategien der gesamten Gruppe nach, wobei Datenbeschaffung, Know-how-Vermittlung, Kommunikationsnetze (gruppeneigener Satellit), Forschung und Entwicklung sowie Übersee-Strategien im Vordergrund stehen.

An der Spitze sowohl des Kinyo-Kai als auch des Sewanin-Kai stehen jeweils die Bank und das Großhandelshaus, flankiert von Heavy Industries, der Nippon Yusen und Mitsubishi Estate.

Diese elastische Management-Konfiguration kommt den Anforderungen moderner ökonomischer Prozesse entgegen: Sie erlaubt große Kraft-Zusammenballungen und Bündelungen von Energien bei Finanzierung, weltweitem Absatz, Forschung und Kommunikation mit Kosten-Degressionen (economy of scale) sowie den Austausch einer Vielzahl von Erfahrungen, während eine Bürokratisierung verhindert wird und das gesamte System offen für Initiativen, Wechsel und die notwendigen Anpassungen bleibt.

Den entscheidenden Rückhalt bilden hierbei Bank und Großhandelshaus, auf deren Funktionen im nächsten Absatz noch näher eingegangen wird. Doch der Stolz auf Ansehen und Kraft des eigenen Unternehmens (Uchi no Kaisha) der Mitarbeiter bleibt nicht nur auf die großen keiretsu beschränkt.

Zur Dynamik japanischer Unternehmen

Neben den großen keiretsu sorgt eine Anzahl weiterer Großunternehmen – oft mit eigenem Satellitenkranz von verbundenen Unternehmungen – für Wettbewerb und Bewegung. So behält die japanische Unternehmenslandschaft insgesamt die notwendige Stärke sowohl durch Konzentration einerseits als auch einen genügenden Grad an Flexibilität, durch starke Spezialunternehmen sowie eine leistungsfähige Klein-Unternehmerschaft andererseits.

Die treibenden Kräfte des japanischen Wirtschaftswachstums sind (12):

1. Sensibilität für neue Technologien
2. Risikofreudigkeit
3. Qualitätsbewußtsein
4. Strategische Gruppen-Orientierung.

Diese vier Kräfte sorgen dafür, daß die Dynamik ökonomisch-technologischer Prozesse nicht durch die Statik eines traditionellen, soziokulturellen Verhaltens aufgehoben wird.

Basierend auf einem reichen Fundus an Know-how, hat sich Hitachi KK national und global in eines der führenden Unternehmen der Felder Elektroindustrie und Elektronik entwickelt. Allein das Mutterhaus setzt mit 76000 Mitarbeitern rund 45,0 Mrd. DM um. Unter Einbezug der zahlreichen, recht streng kontrollierten, verbundenen Unternehmen mag der Umsatz das doppelte Volumen erreichen. Doch die Beteiligungen wie Hitachi Koki (26%), Shinmeiwa Industries (36%), Hitachi Cable (54%), Hitachi Chemical (55%), Hitachi Maxwell (55%), Hitachi Credit (53%), Hitachi Metal (53%), Hitachi Plant & Engineering (57%), Hitachi Sales (59%) u. a. weisen keine Beteiligung der Mutter-Gesellschaft über 60% auf, obgleich sie zum Teil nur aus dem Stammhaus ausgegliederte Funktionen darstellen.

Hitachi KK's größte Aktionäre sind Nippon Life Insurance (3,9%), Daiichi Mutual Life Insurance (2,8%), Industrial Bank of Japan (2,6%) und Sanwa Bank (2,4%).

Generell wird Hitachi der Fuyo-Gruppe zugerechnet; doch obgleich ihr Präsident im Fuyo-Kai sitzt, dem obersten Gremium der 29 Spitzen-Unternehmen dieses keiretsu, werden auch die Daiichi-Kangyo Bank, die Industrial Bank of Japan und die Sanwa-Bank als Haupt-Bankreferenzen ausgewiesen. Wie viele moderne Unternehmen (NEC, Honda, Sony, Toyota, Fujitsu, Ricoh und Matsushita / National / Panasonic) möchten sie die Vorteile eines keiretsu genießen, gleichzeitig aber ein Optimum an Unabhängigkeit bewahren. Schon wegen ihrer schieren Größe zeigt Hitachi die Tendenz, selber ein kleines keiretsu zu werden, wozu ihr freilich noch die eigene Bank und das eigene Handelshaus fehlen.

Bemerkenswert ist das Wachstum der newcomer wie Toyota, Sony, Matsushita und Honda, deren Ertragswachstum das der klassischen kigyo keiretsu übertrifft. In allen vier Fällen wurden die Unternehmen von dynamischen Pionier-Unternehmerpersönlichkeiten gegründet, die in neuen Technologie-Feldern begannen und von Anbeginn weitreichende Visionen über die Zukunft ihrer Unternehmen aufzeigten. Von den vier Gründern Toyota, Sakichi (Toyota-Motors); Ibuka, Masaru (Sony); Matsushita, Konosuke (Matsushita Electric) sowie Honda, Soichiro (Honda-Motors) leben Ibuka und Honda noch. Toyota begann mit automatischen Webstühlen 1926, Ibuka – zusammen mit seinem Assistenten Morita – gründete die Tokyo Tsushin Kogyo (als Vorläufer von Sony) 1946, im gleichen Jahr organisierte Honda seine Gesellschaft, während Matsushita mit einer kleinen elektrischen Reparatur-Werkstatt 1918 in Osaka begann, aber erst 1933 die erste Fabrik baute.

Von diesen großen Vier graduierte nur Ibuka von einer Universität (Waseda), die aber nicht zu den kaiserlichen zählt. Alle drei Unternehmer zeichneten sich durch ihre technologischen Initiativen, ihren innovativen Geist und eine überzeugende Geschäftsphilosophie aus, die noch heute ihre rasch wachsenden Unternehmen auszeichnen. Ohne den gehörigen akademischen Hintergrund, in kein keiretsu fest integriert und in der Befolgung unorthodoxer Wege, bleiben sie trotz aller Anerkennung noch ein wenig Außenseiter des japanischen Establishments.

Das Ministry of Industry and Trade (MITI) sah lange Zeit die Entwicklung einer starken Automobilindustrie als Irrweg für Nippon an und es dauerte viele Jahre, bis schließlich sein Vize-Minister Yamamoto, Shigenobu in den Vorstand von Toyota überwechselte. Alle vier Unternehmen gingen aggressiv ausländische Märkte an, wo sie heute nahe 50% ihrer Produkte absetzen, während die gesamte japanische Industrie um 15% Export liegt. Toyota, Matsushita und Honda besitzen keinen Einzelaktionär über 5% Anteil am Eigenkapital; nur Sonys größter Aktionär (Moxley & Co.) hat 25% in seinem Portefeuille und ist zugleich Ausländer (USA). Im Falle von Toyota decken sich die drei Hauptbanken Sanwa, Tokai und Mitsui mit den drei Hauptkapitaleignern und zwar jeder mit 5%; die ursprüngliche Mutter Toyota Automatic Loom verfügt nur noch über 4,3% Anteile. Bei Matsushita steht die Sumitomo Bank (4,7% Anteil) an der Spitze, gefolgt von zwei weiteren Finanzinstituten dieser Gruppe (mit zusammen 8,6%). Bei Honda sieht es ähnlich aus: Mitsubishi Trust 4,9%; Mitsubishi Bank 4,2% und Tokyo Marine & Fire Insurance 3,6%. Es ist zu vermuten, daß diese Unternehmen später unter den Einfluß der beiden keiretsu Sumitomo bzw. Mitsubishi geraten werden.

Überraschenderweise liegen 42,6% der Anteile von Sony, 22,5% von Matsushita und 15,2% von Honda bei ausländischen Investoren, was MITI's Unwillen erregt, jedoch nachweist, daß eine strikte „Japan Incorporation", wie sie oft im Ausland postuliert wird, so nicht existiert.

Zur Dynamik der japanischen Wirtschaft haben seine Finanzinstitutionen sehr wesentlich beigetragen und sie sind noch immer Träger dieser Entwicklung. Die hohe Sparquote des japanischen Volkes, die niedrigen Gemeinkosten der Banken (die nur relativ wenig individuelles Publikumsgeschäft für ihre Bürger betreiben) sowie ihre geringen Eigenkapitalquoten (im Durchschnitt 3,2% gegenüber den US- und UK-Banken von 5,5%) trugen dazu bei, daß sie im Ausland die lokalen Banken unterbieten konnten. In den USA halten sie jetzt rund 10% allen Bankvermögens und in Großbritannien fast schon 25%.

Mit Aggressivität und großem unternehmerischem Mut haben sie es dahin gebracht, daß sie von den zehn Spitzenplätzen unter den Weltbanken neun besetzen, darunter die ersten sechs. „Japanische Banken entwickeln sich rasch zur größten internationalen Präsenz in jedem größeren Finanzzentrum der Welt" (13).

Eher noch temperamentvoller gehen die vier großen Broker-Häuser (Japan kennt kein Universal-Bankensystem) voran: Nomura Securities, Nikko Securities, Daiwa Securities und Yamaichi Securities. Nomura ist auf ihrem Feld unangefochten Nummer Eins in der Welt. Neben der Plazierung von Aktien und Optionen werden diese Broker-Häuser zunehmend stärker im Geschäft der „mergers & aquisitions", wozu ihre immense Liquidität ihnen enorme Kraft verleiht. Mergers, also Firmenzusammenschlüsse, haben eine lange Tradition in Japan; hingegen bilden Übernahmen, insbesondere feindlicher Art, ein neues Geschäftsfeld. 1989 besaß Japan jedoch bereits die größten Investitionen im Ausland, deutlich vor den US-amerikanischen Firmen.

Daran sind auch die großen japanischen Versicherungsgesellschaften beteiligt, die neben Aktien vor allem auch in Grundstücke und Liegenschaften in USA und Europa investieren.

Ein wichtiges dynamisches Element haben die sogo shosha (Generalhandelshäuser) in die japanische Wirtschaft gebracht. Eli (14) ist überzeugt, „daß in den Leistungen der sogo shosha einer der wichtigsten Erklärungsansätze für die Wirtschaftserfolge der Japaner zu sehen ist."

Nach den Positionen in den Ministerien strebt die Elite der japanischen Universitätsabgänger gern in die sogo shosha. In Abstimmung mit ihrer jeweiligen Großbank im kigyo keiretsu bestimmen sie Konzeptionen und Strategien ganzer Geschäftszweige in Japan, wobei sie sich in ständiger Suche nach wachstumsstarken Vorhaben befinden. Sie beherrschen einen erheblichen Teil der Distributions- und Lagerwirtschaft in Japan und die Top Neun bestreiten 50% des japanischen Außenhandels.

In fast allen Ländern der Welt unterhalten sie Niederlassungen, die enge Verbindungen zu den lokalen Absatz- und Beschaffungsnetzen geknüpft haben. Ein japanischer Mittelständler weiß in Memphis, Bahrein oder Madagaskar immer, an wen er sich vor Ort wenden kann und wer ihm bei der ersten Kommunikation hilft. Das im Ausland trainierte Personal der sogo shosha spricht alle im Handel gebräuchlichen Sprachen in der Welt, darunter über 25000 Personen Chinesisch; jedoch sehr viele auch Russisch und Arabisch.

Die sogo shosha beherrschen vornehmlich den Dritthandel, wobei ihnen vor allem die Verfügung über die Kommunikationsnetze ihrer keiretsu entgegenkommt. Gerade in der heutigen Zeit, wo barter trade (Kompensationsgeschäfte) im Geschäft mit den Staatshandelsländern fröhliche Urständ feiert, bilden ihre Arrangement-Möglichkeiten einen kaum aufholbaren Wettbewerbsvorsprung. Sie bilden darüber hinaus eine ideale

Plattform für Konsortien, in denen sich Ingenieurgesellschaften, Bauunternehmen, Schwerindustrie und Finanzinstitute zu Erschließung von Goldvorkommen in Neuguinea oder dem Bau einer Brücke über den Bosporus zusammenfinden.

Die besonders dynamische C. Itoh ist im Geschäftsjahr 1986/87 mit über 180,0 Mrd. DM Umsatz zur Verblüffung der alt-etablierten sogo shoshain Führung gegangen; auf den Plätzen folgten Sumitomo Corp., Marubeni Iida, Mitsui & Co. sowie Mitsubishi Corp., die alle noch über 150,0 Mrd. DM Umsatz tätigen. Inzwischen hat sich Mitsui wieder auf den 1. Platz vorgeschoben.

Im Bereich von Finanzierung und Kredit zeigt sich in besonders deutlicher Weise, wie pragmatisch und flexibel japanische Unternehmensgruppen vorgehen. Da die sogo shosha ihre Kunden lange und genau kennen, können sie ihnen maßgeschneiderte Finanzierungsangebote anbieten. Das ist zum Beispiel im Anlagenbau sehr wichtig, wo die Partner gern ein Gesamtpaket von Leistung, Service und Finanzierung diskutieren. Bei der Bank ihres keiretsu erhalten sie dabei ihrerseits beinahe unbegrenzte Darlehensmöglichkeiten. Für alle Mitarbeiter und Manager bildet es so ein stolzes und sicheres Gefühl, für Uchi no Kaisha, die sogo shosha, zu arbeiten.

Wettbewerbsverhalten

Bezüglich des Wettbewerbsverhaltens Einzelner finden wir in Japan die Dichotomie vor, daß man fast alle vom Kindergarten an darauf trainiert, die namba wan (number one) zu werden und zur gleichen Zeit die Harmonie zwischen Mensch und Natur, Mensch und Mitmensch sowie Mensch und Gruppen zum Ideal erhebt.

Ein entsprechendes Equilibrium ist wohl auch das Modell für die gesamte Wirtschaft des Landes. Das Verhalten der sechs großen keiretsu (rokudai kigyo shudan) gibt darüber schon interessante Aufschlüsse: In ihren Verbänden und bei übergeordneten Interessen (Rohstofferschließung im Ausland, komplexe Forschungsvorhaben) arbeiten sie sehr kooperativ zusammen. Im alltäglichen Konkurrenzkampf geht es auf der Ebene der größeren und vor allem kleineren Unternehmen − besonders im Vertrieb − sehr hart zu. Nicht nur ausländische Unternehmen erfahren diesen zupackenden Wettbewerb, sondern die große Zahl ehrgeiziger Unternehmen auf einem Inselmarkt liefert sich erbitterte Verdrängungsschlachten. Der äußerlich höfliche und gelassene Umgang miteinander täuscht. Hier gilt das Bild des stolz und ruhig über die Wasseroberfläche gleitenden Schwans, dessen Schwimmfüße sich jedoch unter dem Wasser in heftigster Bewegung befinden. „Die Kaisha werden typischerweise als unbarmherzige Preisunterbieter betrachtet, die willig ihre kurzfristigen Gewinne opfern, um ihre hartnäckige Besessenheit nach Wachstum und langfristigen Gewinnen zu befriedigen" (15).

An dieser Stelle soll ein Bild des japanischen Kampfsportes Sumo gezeigt werden, der nur in Nippon betrieben wird. Die Männer legen Gewicht zu, bis sie über 150, ja 200 Kilogramm wiegen (in einem Land magerer, kleinwüchsiger Menschen). Sodann veranstalten sie einen Wettstreit unter den Wenigen im Lande, die dafür körperlich gerüstet sind. Mit formalem Gepränge und unter Beachtung traditioneller Riten steuert man schließlich nach langer Vorbereitung auf den Kampf der zwei Besten im Ring zu.

Diese bemühen sich minutenlang um ihre innere Contenance, die Beruhigung des Atems und das Gefühl absoluter Balance ihrer Glieder. Gleichzeitig versuchen sie durch Aufstampfen mit säulenartigen Beinen und fixierenden Blicken den Gegner einzuschüchtern. Sieger ist, wer den anderen zuerst zur Berührung „des Schmutzes" (Bodens) mit einem anderen Körperteil als den Fußsohlen zwingt – oder ihn aus dem Ring wirft. Das heißt: entweder Demütigung im Angesicht des Gegners oder Eliminierung aus dem Ring. Es gibt kein Untentschieden, sondern nur den Sieg. Der eigentliche Kampf währt in der Regel nur wenige Sekunden bis zu einer halben Minute, da der Anprall der Kolosse meist einem einen gewichtigen Vorteil verschafft, indem er entweder den anderen aus dem Gleichgewicht oder seine Hände innerhalb dessen breiten Gürtels bringt, was ein Ausheben ermöglicht. Ein Wettbewerber ohne große Kampfmasse ist dabei chancenlos. Nach dem Sieg zeigt der Kämpfer keinen Triumph und weiterhin ein unbeteiligtes Gesicht, während er sich vor Wettkampfgericht und Publikum bescheiden verbeugt. Er kann zwei Monate später durchaus gegen einen anderen Champion verlieren, der ebenfalls zur Spitze gehört.

Bekannt ist das Beispiel von Honda im japanischen Motorradmarkt, der in den fünfziger Jahren noch über fünfzig Wettbewerber zählte. Von den zwei Hauptwettbewerbern erntete der eine, Tohatsu mit 22% Marktanteil, schon frühzeitig Früchte, das heißt Erträge von 8% vom Umsatz nach Steuern. Der andere, Honda mit 20% Marktanteil, legte weiter an Gewicht zu in Technologie und Distributionsnetzen. 1986 betrug Hondas Gewinn nach Steuern 5,1%; es waren nur noch 3 Wettbewerber (Yamaha, Suzuki, Kawasaki) verblieben; Hondas Marktanteil betrug über 40%, nach einem neuen zähen Kampf mit Yamaha Anfang der achtziger Jahre, bei dem dessen Präsident Koike 1983 mit der Aussage einlenkte, von nun an nur noch seinen „relativen Platz" bewahren zu wollen (das heißt, die führende Stellung Hondas anzuerkennen). Tohatsu war bereits in den sechziger Jahren vom Markt verschwunden.

Ähnlichen Verdrängungsschlachten werden natürlich auch ausländische Wettbewerber zunächst in Japan, dann aber auch auf den überseeischen Märkten ausgesetzt.

Die Vorteile liegen dabei auf japanischer Seite in originellen Produkt-Innovationen, Kostenvorteilen in der Produktion durch radikale Rationalisierung sowie die Auslegung auf hohe Stückzahlen mit Kostenvorteilen, die im Markt weitergegeben werden; hierbei ist der Verweis auf die niedrigen Vertriebspreise mancher Produkte im Ausland im Vergleich zu den höheren in Japan mit dem Dumping-Vorwurf nicht ohne weiteres zulässig, da viele Produkte im Inland durch die enormen Distributionskosten und eine hohe Umsatzsteuer verteuert wurden. Ein weiterer wichtiger Vorteil liegt in der größeren Leistungsbereitschaft (nicht im Arbeitsfleiß) der Japaner, die durch höhere Zeitopfer besser in der Kommunikation und ganz allgemein ihrer Umsetzungsgeschwindigkeit sind. Entscheidend jedoch wird kolossale Größe (bei hoher Flexibilität).

Die Worte von den „überlegenen Strategien der Japaner" klingen gewiß etwas zu emphatisch. Es handelt sich beim Vorgehen ihrer Unternehmen schlicht um die pragmatische Haltung, Vorteile auszunutzen, wo immer man sie hat, auch gemeinsam mit anderen zu gehen, wenn dies Ressourcen schont und schließlich auf den wichtigen menschlichen Faktor zu setzen, der Begeisterung für und Identifikation mit Uchi no Kaisha produziert und der sich in hoher Innovationsfreude und größeren Geschwindigkeiten niederschlägt.

Generell gilt, daß japanische Produkte im Weltmarkt um so erfolgreicher sind, je mehr Teile sie enthalten. Bei den Funktionen dieser Teile lassen sich viele Verbesserungen durchführen, was auch für die Zusammenarbeit der Teile gilt. Der Zusammenbau von Teilen kann dann wieder zu Innovationsvorteilen im Fertigungsprozeß führen. Dies gilt für Uhren und Kameras, Klaviere und Autos, Fernseher und Videorecorder. Sowohl manuelle Geschicklichkeit als auch eine Einübung in strategische Spiele wie Go und Shogi (japanisches Schach) weisen in Nippon eine lange Tradition auf.

Doch über den traditionellen heimischen Wettbewerb hinaus lernen die kaishain derzeit, wie man sich international bewegt.

Kaum ein größeres japanisches Unternehmen bekennt sich nicht zur Internationalisierung Japans; während allerdings die Ausländer (gaijin) glauben, daß damit für sie die Dinge in Japan einfacher werden, haben die Japaner eher den Ausbau ihrer Stellungen auf den Weltmärkten im Auge. Im internationalen Wettbewerb jedoch zählen starke Währungen und hohe Liquidität. „Der Kapitalvorteil ist in der Zukunft der Wettbewerbsvorteil", sagt Burstein (16) und beklagt, daß die USA durch die freiwillige Absenkung ihres Dollar-Wertes internationale Wettkampfstärke eingebüßt haben. Er fährt fort: „Die globalisierte Wirtschaft wird von denen dominiert werden, die am besten jeden individuellen Markt durchdringen, darin die Produktion und die Distribution der Produkte kontrollieren und Nutzen aus den gegebenen besonderen finanziellen Möglichkeiten ziehen." Eine brillante japanische Strategie ist hier nicht zu erkennen; wohl aber der rasche japanische Zugriff auf die von den US-Amerikanern angebotenen oder geschaffenen Möglichkeiten. Wie bei den Wettkampfsportarten Sumo oder Judo sind es weniger die eigenen geschickten Attacken, die den Gegner besiegen, sondern die Ausnutzung von dessen Schwachpunkten. Im flexiblen Zurückweichen kann die Kraft des Gegners so gelenkt werden, daß er in die vorbereitete Niederlage fällt.

Der Wettbewerb mit dem Gegner soll die eigenen Anliegen durchbringen – er soll nicht den Gegner a priori schädigen oder vernichten. Deshalb darf man gelegentlich auch zurückweichen, abwarten und Kräfte sammeln, um im geeigneten Moment vorzustoßen. Trotz aller Etikette und Humanität bleibt das Leben – und insbesondere das Wirtschaftsleben – ein harter Wettbewerb; das paßt zum wettbewerbsfreudigen Charakter des Mannes und seiner Gruppe. Schließlich heißt ein japanisches Sprichwort „shobai ada ga teki" (beim Handel ist jeder des anderen Feind). Da hilft es, insbesondere dem ausländischen Unternehmen, Freunde zu gewinnen und Insider im Markt zu werden. Dies sollte durch ein Hochqualitäts-Image mit Innovationsanspruch gestützt werden (17).

Globales Agieren

Seit Japan in der Meiji-Zeit die globale Wettbewerbsarena betreten hat, hängt es nolens volens von Techniken und Stoffen ab, die von kaigai (von Übersee) kommen. Um Rohstoffe und Absatzmärkte zu sichern, wurden nahe Nachbarn wie Taiwan, Korea, halb Sachalin, die Mandschurei, Punkte in China und einige Pazifik-Inseln angeschlossen.

Die Länder Südostasiens galten aus gleichem Grunde als der natürliche Hinterhof Japans. In neuerer Zeit werden Neuguinea, Australien, Neuseeland und die Weiten des Pazifischen Ozeans unter gleichem Gesichtspunkt gesehen. Sie alle sollen Rohstoffe, Nahrungsmittel und Energien für Nippon sichern. Deshalb hat sich die Kaisha dorthin begeben. Die Neonlichter der bekannten japanischen Unternehmen beherrschen die Nachthimmel zwischen Bangkok und Sydney. Die steigenden Löhne in Japan erfordern zudem die billige Produktion von Teilen und Komponenten offshore. Immer weiter greifen die Groß- und Kleinunternehmen, an ihrer Spitze die sogo shosha, nach Beschaffungs- und Absatzmärkten aus; der arabisch-iranische Golf und Mexiko für Öl, Zaire, Brasilien, Sibirien und Nordamerika für seltene Metalle und Holz sowie letztere auch für Nahrungsmittel. Trotz politischer Rückschläge werden langfristige Investitionen in China vorgenommen. In Dutzenden von chinesischen Städten eröffneten die keiretsu ihre Verbindungsbüros und Niederlassungen, durch die tausende junger Männer geschleust werden, um sich mit Sprache, Land und Leuten vertraut zu machen. Nach der Wende zum 3. Jahrtausend werden sich China und Japan als Nachbarn mit gleichem kulturellen Hintergrund langsam näher kommen: auf der einen Seite finden wir Rohstoffe und große menschliche Reserven, auf der anderen Seite einen hohen industriellen Standard und ein dichtes globales Handelsnetz, womit diese beiden Volkswirtschaften in idealer Weise komplementär sind.

Bisher ging der Löwenanteil der Kapitel-Investitionen in die Vereinigten Staaten von Nordamerika, da sich dort wichtige technologische Zentren sowie der noch größte Konsumenten-Markt der Welt befinden. Die sogo shosha sorgen bereits für einen erheblichen Teil der US-amerikanischen Exporte.

Recht moderat waren bisher die japanischen Anstrengungen in Europa. Das wird sich mit der Liberalisierung in Westeuropa ab 1993 ändern, da viele Grenzen wegfallen, steuerliche und gesetzliche Unterschiede allmählich eingeebnet werden und auch ein sprachlicher Konzentrationsprozeß einsetzen dürfte. Für die dann bereits angesiedelten japanischen Kaisha wird Europa sozusagen auf einem silbernen Tablett serviert, das dann auch durch hinreichende Volumina wirtschaftlich interessant wird. Dazu kommen nach der jüngsten Öffnung Verlockungen aus Osteuropa, wo japanische Unternehmen bisher wenig aktiv waren. Es darf angenommen werden, daß die vier kargen Kurilen-Inseln nicht immer den vielversprechenden wirtschaftlichen Möglichkeiten zwischen der UdSSR und Japan im Wege stehen werden. Sobald das Problem − zum Beispiel durch Verkauf − elegant gelöst ist, wird Japan eine große Rolle bei der Entwicklung Sibiriens spielen. Auf der letzten Konsumgütermesse in Moskau (Anfang 1990) traten eine Reihe japanischer Unternehmen bereits mit interessanten Ständen und einer kleinen Armee russisch-sprechender kaishain auf, wobei sie klar alle übrigen Aussteller in den Schatten stellten.

Japan sieht sich selbst zuallererst als pazifische Nation. Als pazifisches Becken wird heute ein Dreieck Rangoon, Vancouver und Wellington gesehen: Der nordwestliche Rand (mit Japan) schließt die ost- und südostasiatischen Länder ein; den nordöstlichen Rand bilden die Pazifikküsten Nordamerikas bis hinunter nach Mexiko; im Süden liegt Australien mit den pazifischen Inseln. Hier bestehen fast überall ausgeprägte Ressentiments gegen Nippon, das auch politisch dort nicht sehr erfolgreich ist. Jedoch in wirtschaftlicher Hinsicht sieht dies anders aus. Schnelle Jumbo-Jets und rasche Container-Schiffe lassen den Pazifik zum japanischen Meer werden. Seit fast einem Jahrzehnt übertreffen die Güterströme über den Nord-Pazifik die über den Nord-Atlantik und die Linie zwischen der Wissenschaftsstadt Tsukuba (bei Tokyo) und dem Silicon-Valley in Kalifornien darf als die stärkste technologische Achse der Welt bezeichnet werden. Das Ost-West-Zentrum in Honolulu, von Präsident Johnson gegründet, setzt sich für die Gründung einer pazifischen Gemeinschaft, ohne politische Organe, ein.

Zahlreiche Konferenzen wurden von Banken und Geschäftsleuten aus diesem Raum seit 1980 bereits zu diesem Zweck abgehalten, wobei Japan und Australien die treibenden Kräfte sind, während die USA sich derzeit unentschlossen verhalten. Die keiretsu und ihre kleinen Satellitenunternehmen schaffen durch ihre Aktivitäten jedoch bereits ökonomische Fakten in der Über-Region, denn eine alte Seefahrerweisheit gilt auch heute: Letztlich folgt die Flagge dem Handel (Geschäft).

In diesen Jahren befindet sich das Geflecht großer und kleiner Unternehmen Japans in einer Phase der Internationalisierung, wobei sich in globaler Sicht die vormals eher „koloniale" Attitüde in mehr partnerschaftliche und offene internationale Kooperationen verwandelt. In den Zentralen der keiretsu wurde Ohmaes (18) Buch „Die Macht der Triade" zu einer Art Bibel, die als Eckpfeiler internationalen Managements die USA, Japan mit den Kanji-Ländern und Europa ansieht. Führende Hersteller im Bereich des Automobilbaus und der Elektronik zwischen den USA und Japan sind bereits in engem Austausch miteinander verwoben. Die Konzentration auf nur eines dieser drei Beine hat langfristig keine Zukunft.

Für die Mitarbeiter von Uchi no Kaisha brechen unsichere Zeiten an. Zehntausende von ihnen müssen im Ausland arbeiten. Solche Versetzungen werden mit Beklommenheit gesehen; man verliert abseits vom Stammhaus (honsha) schnell Einfluß und Information; außerdem ist es in Japan mit dem gewohnten Essen (für Männer) viel gemütlicher. „Viele Übersee-Japaner stärken ihren Glauben an ihre Überlegenheit und die ihrer Kultur, wenn sie auf fremde Kulturen treffen und Schwierigkeiten mit lokaler Anpassung, interkultureller Kommunikation und gegenseitigem Verständnis erfahren" (19).

Das Endziel für die japanische Unternehmung im Ausland bleibt wohl eine hundertprozentige Kapitalbeteiligung oder doch zumindest die komplette Kontrolle. Doch mit dem üblichen Pragmatismus und der gewohnten Flexibilität kann am Beginn auch eine kleine Beteiligung oder ein Joint Venture mit anteiligen Kapitalverhältnissen stehen.

Es kommt dabei auf den verfolgten Zweck an. Marktzutritt und Anteil am know-how eines Partners können auch durch vertragliche Kooperation mit allenfalls geringen symbolischen Kapitalanteilen erreicht werden. Das Prinzip des give and take wird von japanischen Unternehmen besonders gut begriffen: Im Austausch für know-how-Beschaffung in Europa, kann dem ausländischen Partner in einem Joint Venture in Japan dort der schwierige Marktzutritt erleichtert werden.

Die Grundvorstellung der japanischen Kaisha bildet jedoch ein Mutterhaus in Tokyo und Osaka, mit einem Kranz verbundener Töchter in Japan, dem Pazifik und dem Rest der Welt. In den japanischen Unternehmenssystemen finden wir starke hierarchische Beziehungen zwischen dem Stammhaus und seinen Niederlassungen. Im Kontext des japanischen Familien-Konzeptes wird eine Niederlassung als Nebenfamilie angesehen, die nicht aus der direkten Linie stammt und daher immer dem Stammhaus zugeordnet werden muß (20).

Schicksalsgemeinschaft Japan

Die Meiji-Reform mit ihrer Hinwendung zur westlichen Zivilisation kam nicht aus Begeisterung für das Fremde zustande, sondern weil ihr oberstes Ziel – Japan einen freien und geachteten Platz unter den Völkern zu sichern – nur mit Hilfe der modernen Technologie möglich war.

Um dieses Ziel zu erreichen, galt es schnell alle Kräfte anzuspannen. Die kleinen traditionellen Unternehmen waren ebenso wichtig wie die neuzugründenden Industriegiganten. „Die Meiji-Industriealisierungsstrategie bestand darin, einerseits die überlieferten Wirtschaftszweige zu reorganisieren und weiter zu entwickeln und andererseits westliche moderne Großbetriebe aufzubauen und Produktionstechniken einzuführen" (21). Dies hat zur dualen Wirtschaftsstruktur (niju kozo) Japans geführt, die auch heute noch ihre Leistungsfähigkeit beweist. Koexistenz unterschiedlicher Systeme und Prinzipien sind in Japan üblich.

Solange sie nützlich sind für das allgemeine Wohl, kann man mit Widersprüchen gut leben. „Die Kunst der Harmonie liegt nicht in dem Versuch Gegensätze aufzulösen, sondern sie in polare Paare zu verwandeln, die einander rhythmisch anregen. Unversöhnlichkeit von Gegensätzen ist der Lebensphilosophie Japans wesensfremd und unsympathisch" (22).

Die soziale Staats-Pyramide gibt allen Japanern die geistige Heimat und ein brüderlichers Verständnis. Sie ist jedoch auf Hierarchie gegründet und statt eines westlichen Paradigmas der sozialen Geometrie, steht sie dem nahe, was Granet (23) für den chinesischen Kulturraum als die „elastische Logik der Stufenordnung" bezeichnet. Das gilt auch für die

Einordnung der Unternehmen, die nicht nur sich selbst als Familie betrachten, sondern ihrerseits wiederum zur großen, gesamtjapanischen Familie gehören, in der sie je nach Bedeutung einen unterschiedlichen Platz einnehmen.

„Die in der Tokugawa-Zeit vorherrschenden Ideen über Geschäft und Handel waren vom Konfuzianismus) inspiriert" (24). Arbeit für die Gemeinschaft galt als verdienstvoll und hier gingen die Samurais mit gutem Beispiel voran. Sie erkannten zuerst die strategische Bedeutung der Wirtschaft, auch wenn diese noch mit dem Stigma der persönlichen Bereicherung verbunden war. Das Ideal dieser Zeit waren die Genügsamkeit und Frugalität der Samurais; größere kriegerische Handlungen gab es über 250 Jahre hinweg nicht. Aus allen diesen Gründen war auch das Geschäftsleben von Ruhe und Stetigkeit gekennzeichnet, zumal die Bevölkerung nicht wuchs. Es reichte aus, Firmen zu gründen, die von einer erweiterten Familie gemanaged werden konnten. In ihnen gab es gleichwohl keine hohe Arbeitsmotivation.

Als dann um die Mitte des 19. Jahrhunderts westliche Schiffe nach Japan kamen, erkannte man an deren militärtechnischer Überlegenheit, daß die Stärke einer Nation vor allem auch in der Entwicklung ihrer Industrie lag. Während der Konfuzianismus die individualistischen Ideen des Westens und den Gedanken privaten Gewinns verabscheute, wurde doch offiziell die Gründung neuer Industrien zum Dienst am Vaterland.

Aktiengesellschaften nach westlichem Muster konnten gegründet werden. Die Manager, oftmals Samurai, hatten eine hohe Arbeitsmoral, während die Mitarbeiter zwar lange arbeiten mußten, dies jedoch ohne sonderliche Motivation taten.

Die Zeit nach 1945 setzte große Kräfte im Volk durch eine gewisse Demokratisierung frei. Es galt in gemeinsamer Anstrengung Japan aus Niederlage und total zerschlagener Wirtschaft wieder aufzurichten. Neben den Führungskräften zählten jetzt auch die Stamm-Mitarbeiter zu den hoch motivierten Kräften. Dienst im Unternehmen wurde zugleich zum Dienst an der Schicksalsgemeinschaft des Volkes. Die Hymne des Automobilherstellers Toyota lautet:

Kommt heran!
Schulter an Schulter.
Das Land unserer Väter
ist immer fortschrittlich gewesen.
Toyota! Toyota!

Seit einem Jahrzehnt etwa sind diese Einstellungen bei jungen Menschen ambivalent geworden:

1. Als Mitsubishi in den siebziger Jahren in ihrer Gruppe begann, in großem Maße auch Stammbelegschaften in obsoleten Industriezweigen wie Textilien, Bergbau und Stahlindustrie freizusetzen, erhielt das System von daher einen kräftigen Stoß.
2. Viele junge Menschen bevorzugen eine echte Partnerschaft mit ihrer Freundin oder Frau, denen statt der Firma ihre erste Zuwendung gilt.
3. Ein allgemeiner Wertewandel in der jüngeren Generation geht in die Richtung, mehr Freizeit zu genießen.

Inzwischen wird dem Establishment klar, daß dies an den Grundlagen des japanischen Wirtschaftserfolges rüttelt.

Zwar begrenzte sich aisha seishin = die Liebe zum Unternehmen, zu Uchi no Kaisha, immer schon auf ein gutes Drittel der Belegschaft (25), namentlich die Führungskräfte, Festangestellten und älteren Firmenangehörigen, doch der Blick über die Grenzen nach Europa und USA (rund 10 Millionen Japaner reisten 1989 ins Ausland) (26) entfacht das Begehren nach mehr Freizeit und Muße. Mit der Betonung nationaler Eigenheiten soll hier wieder gegengesteuert werden.

Die teilweise rüden Zurechtweisungen Japans durch die USA etwa oder auch Frankreich, fachen den Nationalstolz an. Man ist der Belehrung und Bevormundung von dieser Seite her überdrüssig. Das äußert sich in zwei Richtungen:

1. Man behauptet eine Einmaligkeit der eigenen Kultur, die nicht von Ausländern zu verstehen und auch nicht preiszugeben sei und unbedingt rein erhalten werden muß. „Die Frage ist, warum die Japaner ihre Einmaligkeit (uniqueness) so laut lärmend verkünden müssen? Die Antwort auf diese Frage sollte jedoch offensichtlich sein. Die Internationalisierung Nippons hat eine Identitätskrise in Nihon von massiven Ausmaßen hervorgebracht. Der Anspruch auf Einmaligkeit ist die Antwort darauf" (27).
2. Man möchte sich von den USA abwenden und auf den asiatisch-pazifischen Bereich zurückziehen. „Jetzt gehen wir in das neue pazifische Zeitalter; wir Japaner benötigen Asien mehr als Amerika, ohne Asien können wir uns nicht entwickeln" (28). Subtil läßt Ishihara einfließen, daß zum Beispiel schon heute sowjetische Kampfflugzeuge japanische Keramikteile verwenden (Sibirien gehört auch zu Asia-Pazifik). Der Ko-Autor Morita betont hingegen die unauflösliche Verflechtung der Industrie-Nationen in der Weltwirtschaft.

Hier liegt der Antagonismus der Standpunkte in Japans gegenwärtiger öffentlicher Diskussion, der ebenso bereits in der Meiji-Zeit virulent war. Läßt sich eine Maxime des „Vom Westen lernen, aber Chinesen bleiben" (chinesischer Slogan) in der Interdependenz der heutigen globalen Zusammenhänge aufrecht erhalten?

Die Antwort auch für patriotische Japaner kann nur „nein" lauten. Deshalb ist es aber legitim, eine eigene − wenngleich modifizierte − Identität zu bewahren. Im Bereich der Kaisha ist darauf hinzuweisen, daß die Geschichte moderner Unternehmen in Japan wie im nordatlantischen Bereich weniger als 150 Jahre beträgt. In dieser Zeit konnten gültige Formen für diese gesellschaftliche Gruppierung noch nicht gefunden werden. Japan wird sicherlich seine eigene, ihm gemäße Lösung finden. Sie wird zunehmend westliche Elemente enthalten, aber auch eigene, bewährte Traditionen einbringen. Der Westen wird auch davon lernen können.

Die Betonung des menschlichen Faktors im allgemeinen Wirtschaftsprozeß wie im Management des modernen Unternehmens prädestiniert die Kaisha für die Aufgaben von Spezialisten, die vom Team abhängig sind. Die hohe Flexibilität im Denken wie in den organisatorischen Formen der Unternehmen in Japan präpariert diese für den stets gebotenen raschen Wandel. Die traditionelle Beachtung des Kleinen und Feinen ist im Zeitalter der Mikro-Prozesse ein richtiger Weg. In dem ressourcenarmen Nippon hat eine aus einem reiskorngroßen Elfenbeinstückchen geschnitzte Kindergruppe immer schon die gleiche Bewunderung wie der Kölner Dom erregt.

„Der japanische Traum führte vom Tischrechengerät zum Armbanduhr-Rechner und jetzt finden wir uns in der Zeit des Mikro-Computers. Das Herzstück dieser Reduzierungstechniken (reduction technology) bildet der noch kleinere elektronische Schaltkreis" (29).

Die zivilisatorische Beglückung von Milliarden Menschen mit Konsumgütern, von denen früher die oberen Zehntausend kaum träumen konnten, wurde angesichts begrenzter Rohstoffressourcen und vor allem der Abfallbeseitigungsprobleme erst durch die Miniaturisierung möglich. Früher verbrauchte ein Tischrechner mehrere Kilo von Eisen und Kupfer sowie mehrere Kilowatt Strom im Betrieb, wobei er unangenehm rasselte. Wenige Gramm Aluminium und Silicium führen heute zu einem geräuschfreien, fast energielosen und viel schnelleren Betrieb.

Letztlich ist auch die japanische Betrachtungsweise richtig, die einzelne Unternehmen nicht als eigensüchtige, auf sich gestellte Einheiten sieht, sondern diese im Zusammenhang mit Partnern, der gesamten Volksgemeinschaft und der Umwelt erkennt. Mit diesem großen nationalen Konsens, der aus Unternehmern Volkshelden und aus erfolgreichen Ingenieuren Idole macht, hat Japan sich in die Spitzengruppe der Industrieunternehmen begeben. Obgleich noch vornehmlich auf den eigenen Markt fokussiert, wachsen die Friktionen mit den anderen Weltmarktteilnehmern. Internationalisierung (Kokusaika) – wie landauf landab seit einigen Jahren propagiert – wird immer notwendiger. Dies bedeutet nicht nur Umgang mit anderen Nationalitäten, sondern auch Verständnis für deren besondere Anliegen.

Die im nationalen Management großartigen Japaner haben sich künftig auch im multinationalen und transnationalen Managment zu bewähren. Da die Stärken der Kaisha auf dem Boden japanischer soziokultureller Gegebenheiten wachsen, sind sie teilweise sicher nicht auf dritte Kulturen mit ihren anderen Mentalitäten, sozialen Strukturen und legislativen Rahmen anzuwenden. Dies sind drängende Fragen der Zukunft.

Heute funktioniert die Kaisha noch als integrales Mitglied der japanischen Schicksalsgemeinschaft (shokoku).

Schlußbemerkung

Uchi no Kaisha – ein ganzheitlicher Unternehmensansatz

Die Ausführungen bisher zeigen, daß Unternehmen in Japan grundsätzlich gleiche Aufgaben wie überall zu bewältigen und ähnliche Führungsprobleme wie auch im nordatlantischen Bereich zu lösen haben. Unterschiede liegen im „wie" und sind gradueller Natur. Die europäisch-amerikanische Unternehmensidee ist eng und sieht vornehmlich schnelle Kapitalverzinsung auf rationale Art mit Maschinen und Arbeitskräften, wobei Teilaspekte isoliert, analysiert und dann ohne große Beachtung von Zusammenhängen gelöst werden. Der Manager greift clever in die Schatzkiste der Natur.

Die japanische Unternehmensidee ist ganzheitlich. Umwelt, Gesellschaft und die Menschen sowie die Aggregate im Unternehmen sind miteinander vernetzt. Die einzelnen Probleme werden ebenfalls herausgelöst und genauen analytischen Verfahren unterworfen, die Ziele werden jedoch langfristig verfolgt. Der Manager trägt die Verantwortung gegenüber dem Ganzen.

Popper (1) formuliert, daß das Universum keine Ansammlung von Dingen darstellt, sondern als eine Menge von in Wechselwirkung stehenden Prozessen angesehen werden muß. Der Japaner trachtet danach, die grenzenlose Freiheit aller Prozesse, vor allem der von Menschen beeinflußten, in eine Ordnung – oft in der hierarchisch einfachen Form – zu bringen, um chaotische Zustände abzuwehren. An die Stelle von Befehl, Zwang und Sanktion treten dabei (idealerweise) Mitwirkung und elastische demokratische Erscheinungen.

Auf der ausführenden Ebene treten dabei neben die linearen operativen Prozesse bereits Regelung sowie Elemente der Planung und Lenkung. Da die ausführende Ebene bis zu neunzig Prozent der Volksgemeinschaft ausmacht, deren Wohl letztlich vor allem die Ergebnisse der wirtschaftlichen unternehmerischen Anstrengungen gelten, bedürfen die Gefühle, Normen, Werte und Verhaltensweisen dieser Schichten einer informativen Artikulation. Benedict (2) führt aus, daß giri (menschliche

Verpflichtung) in Japan zu einer extremen Identifikation des Menschen mit seiner Arbeit führt — aber auch jede Kritik von Handlungen oder der Kompetenz derselben automatisch zur Kritik an ihm selbst wird.

Auf der unteren Führungsebene, die lenkt und im Entscheidungsprozeß auch „bottom-up" plant, liegt die Verantwortung für die ausführende Ebene und deren möglichst perfektes Funktionieren. Dabei bedarf sie auch anderer als rein materieller Motivations-Anreize. Vom eigenen Standpunkt aus gesehen, fragen ihre Mitglieder sehr wohl nach der Langfristperspektive und bringen damit strategische Anregungen zu Gehör. Der kacho (etwa Abteilungsleiter) steht hierbei an der Schnittstelle von Organisation und Management. „Kein Merkmal einer Wirtschaft bezieht sich enger auf ihren sozialen und historischen Kontext als die Organisation und das Management in ihren Unternehmungen. Aus diesem Zusammenhang heraus entspringt die Motivation bei geschäftlichen Entscheidungen sowie die Fähigkeit von Unternehmen, Chancen und Bedrohungen zu begreifen sowie Pläne auszuführen; Faktoren die von zentraler Bedeutung für das Verhalten von Industrien und die Leistung der Wirtschaft sind. Ökonomen, die es gewohnt sind, in Kategorien von gut definierten Produktionsfunktionen und determinierten Beziehungen zu denken, mögen es schwer finden, solche Gebiete als Qualitäten für unternehmerische Talente und die Effektivität der Management-Praktiken sowie der Geschäftsorganisation einer Nation anzusehen" (3).

Der gehobene Leitungskreis (bis zum Vorstand hin) verfolgt in Japan vor allem das Ziel der Zukunftssicherung des Unternehmens, wozu auch die nachhaltige Gewinnerzielung gehört. Seine Mitglieder denken vorzugsweise an die künftigen Strategien, wobei dem Aufspüren und Umsetzen neuer Technologien entscheidende Bedeutung zukommt. Dieses erfordert dynamischen strukturellen Wandel, der nachhaltig nur in Zusammenarbeit mit allen Mitarbeitern durchzuziehen ist; das bedeutet vor allem die Information von und die Kommunikation mit den nachfolgenden Ebenen. Schmiegelow (4) beklagt, daß die neoklassische und keynesianische Ökonomie im wesentlichen von Gleichgewichtszuständen ausgehen; diese stellen jedoch nur Zustände dar, während in der Wirklichkeit Prozesse ablaufen, die des dynamischen Wandels bedürfen. Es gilt für das Management, ein Klima zu schaffen, in dem entsprechende Prozesse gedeihen; bei der wachsenden Komplexität des betrieblichen Geschehens läuft die Attitüde des alles wissenden Chefs ins Leere. Als Koordinator, Vernetzer und Anreger hingegen wachsen die Ansprüche an ihn.

Die Unternehmensspitze (etwa president und chairman) symbolisiert das Unternehmen nach innen und außen. Dort weiß man, daß die Mitarbeiter den Erfolg erarbeiten. Aber alle Prozesse und die Menschen in ihnen benötigen eine Richtung. Deshalb wird von der Spitze erwartet, daß sie als Kompaß für das Unternehmen wirkt; sie leistet die normative Führung. Dabei handelt es sich um Verhaltensweisen sowie Wertvorstellungen und Moral, letztlich um die Sinngebung der gesamten Veranstaltung Unternehmen. Deshalb müssen Unternehmensführer in Japan vorzüglich eine gute Bildung (auch in philosophischer Hinsicht) sowie fortschrittliche Ideen haben. Gewerkschaftliche Ideologien oder staatliche Doktrinen sind vom lebendigen, leistungsorientierten Unternehmens-Organismus fernzuhalten. Jedoch müssen die Männer an der Spitze gute nihonjin (Japaner) sein. Ihre Loyalität leitet sich aus paternalistischer Anteilnahme an allen Mitarbeitern und dem konfuzianischen Prinzip der Seniorität ab (5). Der forcierte dynamische Wandel muß im Einklang mit den allgemein gültigen Wertvorstellungen, die sich nur sehr langsam ändern, bleiben. Hier schließt sich der Kreis, denn die Unternehmensspitze muß sich mit der zahlenstarken ausführenden Ebene stets rückkoppeln, um die aktuellen Wertvorstellungen abzugleichen. Die Autorität gründet sich so auf gemeinsame Einstellungen; und „auf Werten basierende Autorität ist gewöhnlich stabiler als funktionale Autorität" (6).

Ein Konsensus zwischen den beschriebenen vier Ebenen läßt sich schematisch wie folgt darstellen:

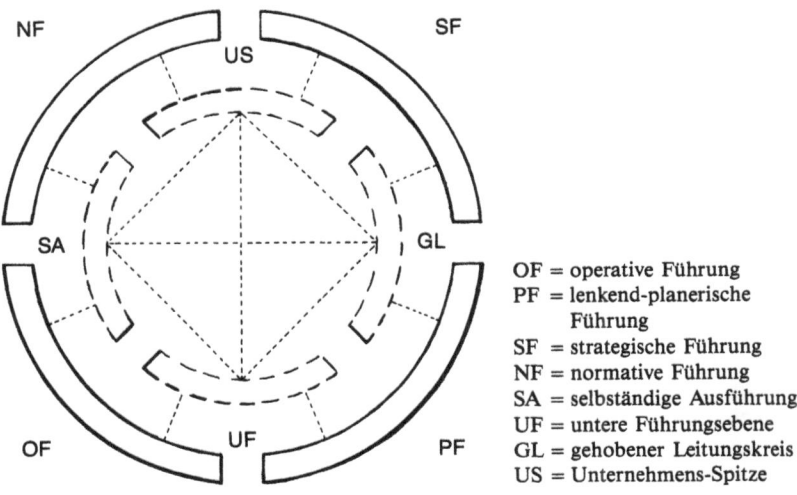

OF = operative Führung
PF = lenkend-planerische Führung
SF = strategische Führung
NF = normative Führung
SA = selbständige Ausführung
UF = untere Führungsebene
GL = gehobener Leitungskreis
US = Unternehmens-Spitze

Dieses Schema wird etwa von dem Satz von Ulrich und Probst (7) wiedergegeben: „Die Vielfalt von Aufgaben, die im Rahmen einer ganzen Unternehmung zu erfüllen sind, und deren Veränderung im Zeitablauf ergeben eine ebenso große, dynamische Vielfalt von Problemsituationen, mit denen sich die Führungskräfte insgesamt zu befassen haben." Im japanischen Unternehmen wird zudem auch der ausführenden Ebene, die ja autonom in der Gruppe wirkt, eine beträchtliche Mitwirkung eingeräumt.

Dabei sieht sich die Ganzheit Unternehmen in Nippon in die umfassende Ganzheit der Nation eingebettet.

Hier liegt der Stoff für Friktionen mit dem globalen Unternehmens-Universum: Bisher berücksichtigt Nippons Unternehmenselite bei der normativen Führung weitgehend nur lokale Wertvorstellungen, was in Übersee als nationaler Egoismus ausgelegt wird.

Von japanischen Unternehmen leergefischte Walgründe stellen aber ein Problem des globalen ökologischen Gleichgewichtes dar. Hierzu bemerkt der US-amerikanische Wissenschaftler David Bohm (8): „Der wahre Zustand der materiellen Welt ist Ganzheit", was er natürlich auf das gesamte Universum bezieht.

Japanische Manager zeichnet ein besonderes Geschick aus, komplexe Zusammenhänge zu ordnen, da sie auf überfüllten Inseln groß werden. Im Hinblick auf internationale Beziehungen begegnen sie jedoch noch immer beträchtlichen Schwierigkeiten mit fremden Ländern zu kommunizieren und die Welt um sich herum zu verstehen. Sprache und Kultur tendieren zur Selbstisolation Japans; die Welt wird vieles von Japan lernen, jedoch kaum je allein nach japanischen Regeln funktionieren (9).

Für das japanische Unternehmen und für alle anderen gilt auch Bohms Aussage (10): „Ordnung ist Wahrheit". Auf die wirtschaftliche Entwicklung ist jedoch lenkend einzuwirken, sonst führt sie ins Chaos. „Der Sinn der Entwicklung ergibt sich dabei zunehmend aus der Einhaltung der Gesetzmäßigkeiten. Damit wird der Manager in den modernen sozioökonomischen Prozessen zu einem wichtigen Faktor der Evolution: Er wacht über die Einhaltung der Gesetzmäßigkeiten und erwirkt − wie auch der Künstler − durch schöpferische Bewegung neue Schichten und Stufen" (11).

Bei diesen Prozessen ist Fantasie wichtig, die in der Pluralität wächst. Hierzu bemerkt der Urenkel des Mitsubishi-Firmengründers (12): „Es ist der freie Handel, der es den Ländern mit unterschiedlichen historischen, ethnischen, kulturellen und ideologischen Hintergründen erlaubt, gegenseitig von den unterschiedlichen Erfahrungen zu profitieren. Den Schlüssel zu diesem Erfolg bildete die uneingeschränkte Anerkennung von Unterschieden ohne die Notwendigkeit, interne Änderungen erzwingen zu müssen."

Es gibt weiterhin viel zu tun in Nihon; vom westlichen individuellen Wohlstand ist man im Durchschnitt noch entfernt. „Auf dem individuellen Niveau müssen die meisten japanischen Familien noch ringen, um mit ihrem knappen Budget auszukommen. Wenige von ihnen wissen, was Luxus oder Überfluß bedeutet" (13). Doch läßt sich objektiv größere Fröhlichkeit bei subjektiv geringerem Besitzstand erkennen. Und für seine Festangestellten bietet das japanische Unternehmen keinen kalten Job, sondern eine Heimat. Sie können mit großem Recht sagen: Wir sind das Unternehmen – Uchi no Kaisha!

Literaturhinweise

Vorbemerkung – Der Gesamtorganismus Nihon

(1) Mori, M. (1985), Die Buddha-Natur im Roboter, Freiburg, S. 37
(2) siehe Busse v. Colbe, W., Laßmann, G. (1975), Betriebswirtschaftstheorie, Bd. 1, Berlin Heidelberg New York, S. 2
(3) Albach, H. (1985), Betriebswirtschaftslehre als Wissenschaft – als Wissenschaft vom Management, in: G. Probst, S. Siegwart (hrsg), Integriertes Management, Bern Stuttgart, S. 28

Unternehmen und Volkswirtschaft

(1) vgl. Schinzinger, R. (1983), Japanisches Denken, in: OAG-Reihe, Japan modern, Bd. 5, Berlin, S. 10
(2) Schwade, A. (1975), Die Religionen, in: H. Hammitzsch (hrsg), Japan, Nürnberg, S. 150
(3) vgl. Antoni, K. (1987), Yasukuni und der „Schlimme Tod" des Kriegers, in: Bochumer Jahrbuch zur Ostasienforschung 1987, Bochum, S. 165/166
und
Der himmlische Herrscher und sein Staat; in: Blick durch die Wirtschaft, 25.11.1988
(4) vgl. Kitagawa, Y., M., Ludwig, Th., M., Shinto, in: H. Hammitzsch, a. a. O., S. 1636
(5) vgl. Erlinghagen, H. (1975), Japan, Stuttgart, S. 229
(6) Tsunoda, R., Bary, Th. de, Keene, D. (1965), Sources of Japanese Tradition, New York, London, S. 346
(7) Tsunoda, R., Bary, Th. de, Keene, D., a. a. O., S. 429–433
(8) Schwind, M. (1967), Das japanische Inselreich, Bd. 1, Berlin, S. 229
(9) vgl. Benedict, R. (1965), The Chrysanthemum and the Sword, Rutland Tokyo, S. 222/223
(10) vgl. Tsurumi, Y. (1982), Entering the Japanese Market, in: B. M. Richardson, T. Ueda (hrsg), Business and Society in Japan, Tokyo, S. 287
(11) Wolferen, K. von (1989), Vom Mythos der Unbesiegbaren, München, S. 486
(12) Kosaka, M. (hrsg), Japanese Thought in the Meiji Era, Tokyo, S. 6
(13) Yano, H. (1983), Gewerkschaften Japans, unveröffentlichte Seminararbeit, bei Prof. W. Kraus, Ruhr-Universität, Bochum, S. 3
(14) Ishida, I. (1973), Einfluß der Unternehmerverbände auf den politischen Entscheidungsprozeß der Regierung, in: K. Okochi, Y. Tamanoi (hrsg), Gesellschaft Japans, Düsseldorf, S. 273

(15) Yanaga, Ch. (1968), Big Business in Japanese Politics, New Haven London, S. 43
(16) Yanaga, Ch., a.a.O., S. 7
(17) Wolferen, K. von, a.a.O., S. 80
(18) Vos, G.A. de (1975), Apprenticeship and Paternalism, in: E. Vogel (hrsg), Modern Japanese Organization and Decision-Making, Los Angeles London, S. 214

Unternehmensziele und Entscheidungsprozesse

(1) Sumiya, M., Taira, K. (hrsg) (1979), An Outline of Japanese Economic History 1603–1940, Tokyo, S. 199
(2) Horie, Y. (1965), Modern Entrepreneurship in Meiji Japan, in: The State and the Economic Enterprise in Japan, W.W. Lockwood (hrsg), Princeton, S. 198/199
(3) vgl. Lockwood, W.W., Japan's New Capitalism, in: W.W. Lockwood, a.a.O., S. 514
(4) Economic Planning Agency (1966), Economic Survey of Japan (1965–1966), Tokyo, Vorwort
(5) Luhmer, K. (1972), Schule und Bildungsreform in Japan, Tokyo, S. 208
(6) Schneidewind, D. (1962), Beobachtungen über den Widerstand bei Arbeitsplatzwechsel, Dissertation, Düsseldorf, S. 3
(7) Peters, Th., Waterman, R.H. (1982), In Search of Excellence, Cambridge, S. 12
(8) Imai, M. (1986), Kaizen, New York
(9) Okakura, K. (1956), The Book of Tea, Tokyo, S. 78
(10) Mori, M., a.a.O., S. 107/108
(11) Hofstätter P.R. (1957), Gruppendynamik, Hamburg, S. 116
(12) Schwalbe, H. (1972), Japan, München, S. 262
(13) Schneidewind, D. (1982), Harmonie als Ideal in den zwischenmenschlichen Beziehungen in Japan, in: Japan – Rätsel oder Vorbild, Zeitschrift für Kulturaustausch, 2. Vj., Stuttgart, S. 86–89
(14) Rindl, P. (1968), Die gehorsamen Rebellen, Zürich, S. 15
(15) vgl. Drucker, P. (1987), Die ideale Führungskraft, Düsseldorf, S. 141
(16) vgl. Wiener, N. (1968), Kybernetik, Düsseldorf, S. 9
(17) Mori, M., a.a.O., S. 212
(18) vgl. Schneidewind, D. (1980), Entscheidungsprozesse in japanischen Unternehmen, in: Reihe Japanwirtschaft, Heft 8, Düsseldorf
(19) Noda, K., Big Business Organization, in: E. Vogel (hrsg), a.a.O., S. 144
(20) Noda, K., a.a.O., S. 144
(21) Hasegawa, K. (1986), Japanese-Style Management, Tokyo, S. 1
(22) Ouchi, W. (1981), Theory Z – How American Business Cand Meet the Japanese Challenge, Reading, S. 97
(23) Pascale, R., Athos, A.G., The Art of Japanese Management, New York, S. 136
(24) Ouchi, W., a.a.O., S. 15
(25) Fürstenberg, F. (1981), Erfolgskonzepte der japanischen Unternehmensführung, Zürich, S. 67
(26) Yoshino, M.Y. (1968), Japan's Managerial System, Massachusetts, S. 274

Mensch und Organisation

(1) Dreyfack, R. (1982), Making it in Management – The Japanese Way, New York, S. 108

(2) Hirschmeier, J. (1983), Corporate History, in: Kodansha Encyclopedia of Japan, Vol. 2, Tokyo, S. 29
(3) Hayashi, Sh. (1988), Culture and Management in Japan, Tokyo, S. 68
(4) Yamamura, K. (1974), A Study of Samurai Income and Entrepreneurship, Harvard, S. 80
(5) Fukutake, T. (1982), The Japanese Social Structure, Tokyo, S. 30
(6) Fukutake, T., a.a.O., S. 32
(7) Murayama, M. (1971), "Kazokushugi" and "Shudanshugi" Management Approach, in: IMRI Research Report 3, Chiba, S. 4
(8) vgl. Murayama, M., a.a.O., S. 9
(9) Murayama, M., Shudanshugi Management Approach – Management-System der Gruppenkräfte, in: IMRI Research Report, a.a.O., S. 9
(10) Hayashi, Sh., a.a.O., S. 67–72
(11) Hanami, T. (1979), Labor Relations in Japan Today, New York Tokyo San Francisco, S. 51
(12) Abegg, L. (1936), Yamato – Der Sendungsglaube des japanischen Volkes, Frankfurt, S. 100/101
(13) Minami, H. (1971), Psychology of the Japanese People, Tokyo, S. 167
(14) Benedict, R., a.a.O., S. 99
(15) Hasegawa, K., a.a.O., S. 41
(16) Hasegawa, K., a.a.O., S. 50
(17) Abegglen, J.C. (1973), Management and Worker – The Japanese Solution, Tokyo New York, S. 137
(18) Hirschmeier, J. (1986), Die japanische Unternehmung, in: W. Kraus, E. Louven (hrsg), Schriften aus dem Nachlaß, Hamburg, S. 152
(19) Doi, T. (1981), The anatomy of dependence, Tokyo New York San Francisco, S. 75
(20) Hirschmeier, J., Die japanische Unternehmung, a.a.O., S. 132/133
(21) vgl. Hayashi, Sh., a.a.O., s. 98
(22) Sun Tzu (1982), On the Art of War, Nachdruck Taipei, S. 57
(23) Heuß, Th. (1951), Was ist Qualität?, Tübingen Stuttgart, S. 80
(24) Morita, A. (1987), Made in Japan, Reading, S. 284
(25) Imai, M., a.a.O., S. 5–8
(26) Frankfurter Allgemeine Zeitung (2.4.1986), Ein historisch bedeutsames Gesetz für Japanerinnen?, Frankfurt
(27) Shinotsuka, E. (29.9.1987), Gründe weshalb Frauenarbeit auf dem Arbeitsmarkt wenig gilt, in: Frankfurter Allgemeine Zeitung, Frankfurt
(28) vgl. Herold, R. (1980), Halb so viel wie die Männer – Die berufstätige Japanerin, in: G. Hielscher (hrsg), Die Frau, Berlin, S. 154/155
(29) Fujimoto, M., Jo, T. (2.4.1984), Business Have Reactions to Proposed Equal Employment Law, in: Japan Times, Tokyo
(30) Cole, R.E. (1973), Japanese Blue Collar, Berkeley Los Angeles London, S. 37
(31) Cole, R.E., a.a.O., S. 193
(32) Abegglen, J.C., Management and Worker – The Japanese Solution, a.a.O., S. 84
(33) Schmidt, R.B. (1984), Kigyo wa hito nari – Das Wesen eines Unternehmens sind Menschen, in: Keizai Kagaku, Tokyo, S. 97
(34) Hasegawa, K., a.a.O., S. 8
(35) Shimabukuro, Y. (1983), Consensus Management in the Japanese Industry, Tokyo, S. 202
(36) Chamberlain, B.H. (1971), Japanese Things, Tokyo, S. 157
(37) Hasegawa, N. (1966), The Japanese Character, Tokyo Palo Alto, S. 12 u. 112

(38) Caudill, W., Scarr, H. A. (1974), Japanese Value Orientations and Culture Change, in: T. S. Lebra, W. P. Lebra (hrsg), Japanese Culture and Behaviour, Honolulu, S. 75
(39) Tsurumi, K. (1970), Social Change and the Individual, Princeton, S. 299
(40) Morita, A., a. a. O., S. 203
(41) Gibney, F. (1982), Miracle by Design, New York, S. 136
(42) Moritani, M. (1982), Japanese Technology, Tokyo, S. 144/145
(43) Gradmann, H. (1963), Die Rückkoppelung als Urprinzip der Lebensvorgänge, München, S. 115
(44) Riedl, R. (1986), Die Strategie der Genesis, München Zürich, S. 311
(45) Popper, K. R. (1974), Objektive Erkenntnis – Ein evolutionärer Entwurf, Hamburg, S. 166
(46) Davies, P. (1988), Prinzip Chaos, München, S. 37
(47) Davies, P., a. a. O., S. 277
(48) Sambursky, Sh. (1977), Naturerkenntnis und Weltbild, Zürich, München, S. 117
(49) Gutenberg, E. (1973), Die Produktion, in: E. Gutenberg, Grundlagen der Betriebswirtschaftslehre Bd. I, Berlin Heidelberg New York, S. 3–7
(50) siehe Ulrich, H. (1968), Die Unternehmung als produktives soziales System, Bern Stuttgart
(51) Ulrich, H., Krieg, W., Malik, F. (1976), Zum Praxisbezug einer systemorientierten Betriebswirtschaftslehre, in: H. Ulrich (hrsg), Zum Praxisbezug der Betriebswirtschaftslehre, Bern Stuttgart, S. 135
(52) Wiener, N., a. a. O., S. 32
(53) Ulrich, H. (1968), Organisations-Brevier, Bern, S. 5
(54) Fester, F. (1989), Ökologisches Management, in: G. Probst, H. Siegwart (hrsg), Integriertes Management, Bern Stuttgart, S. 307 u.f.
(55) Malik, F. (1986), Strategie des Managements komplexer Systeme, Bern Stuttgart, S. 190
(56) Voss, R. F. (1988), Fractals in nature; From characterization to simulation, in: H. O. Peitgen, D. Saupe (hrsg), The Sciences of Fractal Images, New York Berlin Heidelberg, S 23

Strategisches Zentrum: Absatz und Marketing

(1) Sun Tzu, a. a. O., S. 24/25
(2) König, R. (1957), Das Interview, in: R. König (hrsg), Praktische Sozialforschung I, Köln, S. 10
(3) Sato H. (1977), Strukturwandlungen des Warenhandels insbesondere neue Formen des Einzelhandels, in: K. Ichihara, S. Takamiya (hrsg), Die japanische Unternehmung, Opladen, S. 180
(4) vgl. Laumer, H. (1979), Die Warendistribution in Japan, Hamburg, S. 40/41
(5) Tanaka, Y. (1987), Kristall Kids, Frankfurt, S. 67
(6) Fields, G. (1983), From Bonsai to Levi's, New York, S. 65
(7) Fields, G., a. a. O., S. 164
(8) Imai, M., a. a. O., S. 13
(9) Gutenberg, E. (1960), Über japanische Unternehmungen, Wiesbaden, S. 20
(10) Schneidewind, D. (1986), Das Unternehmen im Markt, in: R. Herold (hrsg), Das Industrieunternehmen in Japan, Berlin, S. 178
(11) Yoshino, M. Y. (1979), The Japanese Marketing System: Adaptions and Innovations, Cambridge/Mass., S. 168

Zugeordnete Kernfunktionen

(1) vgl. Ballon, R., Tomita, I., Usami, H. (1976), Financial Reporting in Japan, Tokyo New York San Francisco, S. 128
(2) Paysen, L. (1986), Rechnungslegung der Aktiengesellschaft in Japan, Tokyo, S. 90
(3) Mizoguchi, K., Entwicklung und Kostenrechnung zu einem Instrument der Unternehmensführung, in: K. Ichihara, S. Takamiya (hrsg), Die japanische Unternehmung, a.a.O., S. 253
(4) Kobayashi, T. (1988), Die Verteilung von zentralen Unternehmensgemeinkosten auf die Geschäftsbereiche in japanischen dezentralisierten Industrieunternehmen, in: W. Busse v. Colbe, K. Chmielewicz, E. Gaugler, G. Laßmann (hrsg), Betriebswirtschaftslehre in Japan und Deutschland, Stuttgart, S. 13–26
(5) Kotler, Ph. (1986), Die asiatische Herausforderung, Landsberg, S. 15
(6) Abegglen, J.C., Stalk, G. (1985), Kaisha – The Japanese Corporation, New York, S. 69
(7) Lee, O.Y. (1984), Smaller is Better – Japanese Mastery of the Miniature, Tokyo New York San Francisco, S. 20
(8) Ballon, R. (1969), The Japanese Employee, Rutland Tokyo, S. 57 u. 59
(9) Gutenberg, E., Die Produktion, a.a.O., S. 12/13
(10) Colbe, W.B. v., Laßmann, G. (1975), Betriebswirtschaftstheorie Bd. I – Grundlagen, Produktions- und Kostentheorie, Berlin Heidelberg New York, S. 69
(11) vgl. Nakane, J., Hall, R.W. (1984), Kanban – Produktion ohne Zwischenlager, in: Harvard Manager, II. Quartal 1984, S. 46
(12) Schonberger, R. (1982), Japanese Manufacturing Techniques, Nachdruck Taipei, S. 15
(13) Briel G. v. (26.5.1983), Mehr Dankanstoß als praktische Lösung – Kanban in der Automobilindustrie, in: Blick durch die Wirtschaft, Frankfurt
(14) Nakajima, S. (1981), Zero Defect Programme and Movement, unveröffentlichtes Vortrags-Manuskript, Tokyo, S. 57
(15) Nakajima, S., a.a.O., S. 76
(16) Abegglen, J.C., Stalk, G., a.a.O., S. 75
(17) Laumer, H. (1984), Forschung in Japan, Düsseldorf, S. 5
(18) Laumer, H., a.a.O., S. 11/12
(19) Botskor, I. (1985), Wissenschaft und Technologie in Japan, in: G. Heiduk (hrsg), Japan als führende Wirtschaftsmacht in einem zukünftigen pazifischen Weltwirtschaftszentrum, Baden Baden, S. 81
(20) vgl. Gregory, G. (1985), Japanese Electronics Technology; Enterprise and Innovation, Tokyo, S. 45/46
(21) Obi, K. (1980), The Theory of Labour Supply, in: N. Nishikawa (hrsg), The Labor Market in Japan, Tokyo, S. 47
(22) Bairy, M., Motivational Forces in Japanese Life, in: R.J. Ballon (hrsg), The Japanese Employee, a.a.O., S. 51
(23) Hirono, R., Personal Management in Foreign Corporations, in: R.J. Ballon (hrsg), The Japanese Employee, a.a.O., S. 255

Zur Dualität japanischer Unternehmen

(1) Hax, K. (1961), Japan – Wirtschaftsmacht des Fernen Ostens, Köln Opladen, S. 226/227

(2) Kraus, W., Die Doppelstruktur der japanischen Wirtschaft: Großkonzerne – Kleinbetriebe, in: Japan – Rätsel oder Vorbild, Zeitschrift für Kulturaustausch, a. a. O., S. 109
(3) vgl. Schneidewind, D. (1989), Structure and Organization of Big Business in Japan and its Trends Towards Internationalization, in: W. Klenner (hrsg), Trends of Economic Development in East Asia, Berlin Heidelberg, S. 228
(4) vgl. Inaba, N., Mittel- und Kleinunternehmen in Japan, in: K. Ichihara, S. Takamiya (hrsg), Die japanische Unternehmung, a. a. O., S. 64/65
(5) vgl. Clark, R. (1987), The Japanese Company, Tokyo, S. 82
(6) Böttcher, S. (1961), Lebensverhältnisse in der japanischen Kleinindustrie, Frankfurt Berlin, S. 8
(7) Uno, M., Verkaufs-System japanischer Unternehmungen, in: K. Ichihara, S. Takamiya (hrsg), Die japanische Unternehmung, a. a. O., S. 167
(8) Bennet, J. W., Ishino, I. (1963), Paternalism in the Japanese Economy, Minneapolis, S. 40–107
(9) vgl. Inaba, N., a. a. O., S. 60
(10) Reischauer, E. O., Fairbank, J. K., Craig, A. M. (1968), East Asia – The modern Transformation, Boston Tokyo, S. 565 u. f.
(11) vgl. Schneidewind, D., Structure and Organization of Big Business in Japan and its Trends Towards Internationalization, a. a. O., S. 232/233
(12) vgl. Kono, T. (1984), Strategy and Structure of Japanese Enterprises, London Basingstoke, S. 137/138
(13) Viner, A. (1988), The Emerging Power of Japanese Money, Tokyo, S. 208
(14) Eli, M. (1988), Japans Wirtschaft im Griff der Konglomerate, Frankfurt, S. 128
(15) Abegglen, J. C., Stalk, G., Kaisha – The Japanese Corporation, a. a. O., S. 42
(16) Burstein, D. (1988), Yen!, New York London Tokyo, S. 152
(17) vgl. Ohmae, K. (1988), Beyond National Borders, Tokyo, S. 32/33
(18) Ohmae, K. (1985), Triad Power, Tokyo
(19) Befu, M. (1983), Internationalization of Japan and Nihon Bunkaron, in: H. Mannari, H. Befu (hrsg), The Challenge of Japan's Internationalization: Organization and Culture, Tokyo, S. 255
(20) vgl. Hirschmeier, Y., Yui, T. (1975), The Development of Japanese Business, Cambridge, S. 38–40
(21) Park, S. J., Die Wirtschaft seit 1868, in: H. Hammitzsch (hrsg), Japan, a. a. O., S. 130
(22) Schneidewind, D., Harmonie in den zwischenmenschlichen Beziehungen in Japan, a. a. O., S. 88
(23) Granet, M. (1980), Das chinesische Denken, München, S. 322
(24) Clark, R., a. a. O., S. 25
(25) vgl. Linhardt, S. (1976), Arbeit, Freizeit und Familie in Japan, Wiesbaden, S. 265–272
(26) Blick durch die Wirtschaft (6. 2. 1990), 10 Millionen Japaner im Ausland, Frankfurt
(27) Befu, M., a. a. O., S. 259
(28) Ishihara, Sh., Morita, A. (1989), Nippon wa Ajia shokoku to no kyozon o hakare (Japan soll gemeinsam mit Asien leben), in: A. Morita, Sh. Ishihara, No to ieru Nippon (Das Japan, das Nein sagen kann), Tokyo, S. 158
(29) Lee, O. Y., a. a. O., S. 156/157

Schlußbemerkung

(1) Popper, K.R., Eccles, J.C. (1990), Das ich und sein Gehirn, München, S. 26
(2) Benedict, R., a.a.O., S. 152
(3) Caves, R., Uekusa, M. (1976), Industrial Organization, in: H. Patrick, H. Rosovsky (hrsg), Asia's New Giant – How the Japanese Economy Works, Washington, S. 463/464
(4) Schmiegelow, M. (1989), Japans Antwort auf Krise und Wandel in der Weltwirtschaft, Hamburg, S. 356
(5) vgl. Sakudo, Y., Okamoto, Y. (1979), Traditional Labor Management in Japan, in: K. Nakagawa (hrsg), Labor and Management, Tokyo, S. 142
(6) Daito E., The Evolution of Employer – Employee Relation, in: K. Nakagawa, a.a.O., S. 9
(7) Ulrich, H., Probst, G. (1990), Anleitung zum ganzheitlichen Denken und Handeln, Bern Stuttgart, S. 278/279
(8) Bohm, D., Weber, R. (1980), Implizite und explizite Ordnung, in: K. Wilber (hrsg), Das holographische Weltbild, Bern München Wien, S. 79
(9) vgl. Krause, L., Sekiguchi, S. (1976), Japan and the World Economy, in: H. Patrick, H. Rosovsky (hrsg), a.a.O., S. 397 u. 451
(10) Bohm, D., a.a.O., S. 78
(11) Schneidewind, D. (1987), Management-Perspektiven für die Zukunft und kritische Einschätzung des japanischen Beispiels, in: zfbf Heft 7, Düsseldorf, S. 553/554
(12) Iwasaki, H. (1991), Ist ein Yen-Block möglich? in: D. Schneidewind, A. Töpfer (hrsg), Der asiatisch-pazifische Raum: Strategien und Gegenstrategien von Unternehmen, Landsberg
(13) Sugawara, M. (26.3.1989), Affluence – for some, in: Japan Times, Tokyo

Index

Abegg, Lily 203
Abegglen, J. C. 203, 205, 206
after service 116–118
Albach, Horst 3, 201
amae, amaeru 79/80
Antony, K. 20, 201
Athos, A. G. 202
autonomes (Management) 95, 161, 200

Bairy, M. 205
Ballon, R. 205
banto 66, 172
barter trade 185
Bary, Th. d. 201
Befu, M. 206
Benedict, Ruth 197, 201, 203, 207
Bennet, J. W. 206
biologisch, Biologie 2, 50, 94, 95, 176
Bohm, D. 200, 207
Botskor, I. 205
Böttcher, S. 206
Briel, G. v. 144, 205
bucho = Hauptabteilungsleiter 54, 71, 73, 167
Buddha, Buddhismus, buddhistisch 7–9, 48, 51/52, 76, 82, 83, 91
Burstein, D. 188, 206

Chamberlain, Basil Hall 203
Caudill, W. 203
Caves, R. 207
China, chinesisch 6, 8/9, 40, 53, 67/68, 82/83, 91, 98, 165, 177, 189/190, 192, 194
Chmielewicz, K. 3, 205
chu = Loyalität 9
clan 2, 7

Clark, R. 206
Colbe, W. B. v. 201, 205
Cole, R. E. 203
Craig, A. M. 206

daihyo, daihyo-ken 54, 70/71
Daiichi-Gruppe 15, 179, 183
dairiten s. Großhändler
Davies, P. 204
Daimyo 30, 58, 75, 77, 108
dealer (diera) 106–109, 168, 171, 175
Dentsu 190
Distribution, Distributeur 98/99, 101/102, 108, 117/118, 120, 133, 144
Disziplin, diszipliniert 15, 33, 54, 66, 88
Doi, T. 79, 203
Doko, Toshiwo 31
Domei 23
dozoku 65/66
Dreyfack, R. 202
Drucker, P. 202

Eccles, J. C. 207
Eli, M. 185, 206
Entscheidung, Entscheidungsfindung 30, 50, 52–58, 117, 132, 136, 198
EPA (keizai kikaku cho) 32/33
Erlinghagen, H. 201
evolutionär 96, 113, 200
Export 117, 152, 184, 190

Fairbank, J. K. 206
Familie 45, 47, 49, 63–66, 69, 73, 85, 88/89, 156/157, 162, 165, 168, 170, 192/193
Festbeschäftigte siehe Stammarbeiter
Fester, F. 97, 204

flexibel, Flexibilität 12, 58, 80–82, 87, 96, 100, 102, 108, 119, 133, 138/139, 142/143, 161, 167, 177, 182, 188/189, 191, 195
Fields, G. 114, 204
Fraktale 43, 97
Fujimoto, M. 203
Fujitsu 180
Fukutake, T. 203
Fürstenberg, T. 202
Fuyo-Gruppe 68, 179, 183
Fuzzy-Logik 52

Ganzheit, Ganzheitsmethode 2, 39, 44, 85, 94, 96/97, 133/134, 136, 139, 143, 161, 197, 200
Gaugler, E. 205
Gibney, F. 204
gicho 70
giri, giri-ninjo 54, 76–78, 81, 88, 103, 169, 197
Gradmann, H. 204
Granet, Marcel 192, 206
Gregory, G. 205
Großhändler 99–109, 120/121, 123, 130–133, 152, 168
Gruppe, Gruppierung 23, 35, 38–40, 43–48, 63, 68/69, 72, 74–76, 87, 91–95, 99, 104/105, 123, 148, 155–157, 163, 176, 179, 182, 195
Günther, J. 3
Gutenberg, Erich 95, 204, 205

ha, habatsu = Clique 10, 74/75
hakurai 90
Hall, R. W. 205
Hammitzsch, H. 201
Hanami, T. 203
hanko 55, 71
harmonisch, Harmonie 6, 18, 26, 33, 37, 39, 41–44, 75, 87, 154, 166, 175, 186, 192
Hasegawa, K. 202/203
Hayashi, Razan 8
Hayashi, Sh. 75, 203
Hax, Karl 205
Heinemann, Gustav 126
Herold, R. 203/204
Heuß, Theodor 83, 203
Hielscher, G. 203

Hierarchie, hierarchisch 9, 21, 23, 43, 54, 58/59, 63, 70–73, 84, 94, 192, 197
hijokin 68
Hirono, R. 205
Hirschmeier, J. 79, 81, 203, 206
Hitachi 179/180, 183
Hitotsubashi 16, 67, 69, 136
Hofstätter, P. R. 202
Honda 1, 153, 183/184, 187
Horie, Y. 202

Ibuka, M. 183, 184
Ichihara, K. 204–206
ie 45, 63–66, 162
ikaku 31
image 28, 37, 48, 87, 111–114, 173
Imai, M. 84, 202–204
Inaba, N. 166, 176, 206
Industrial Bank of Japan 180, 183
Innovation 12, 32, 34–36, 111, 184, 188/189
Insider 189
Internationalisierung 115–117, 132, 152–157, 184, 188, 189
international, Internationalität 191, 194/195
Ishida, I. 201
Ishihara, Sh. 206
Itoh, C. 54, 107, 179/180
Iwasaki, Yataro 11, 30, 177

jidoka 37
Jiminto 16/17, 27
jin myaku = Beziehungsgeflecht 17
Jo, T. 203
jomu, jomukai 54–56, 71
just in time 37, 100, 139, 165

kabushiki kaisha 69
kabunushi sokai 70
kacho = Abteilungsleiter 19, 58, 69, 71, 73, 77–80, 86, 124
kaicho 70/71, 76/77
kaigi 57
kaishain 69, 87, 92, 97, 99, 101, 121, 123, 128, 141/142, 145, 148, 154, 157, 188, 190
kaizen 36/37, 80, 83–85, 110
kambu-kai 84, 121, 154
kanban 160
kanji 8, 68, 83, 161

Kankeiren 24
kanri kanryo 20, 31, 93, 163
Kansai 24, 118
kansayaku 54, 69/70
Kanto 24, 118
Kao 163
kazoku 65–66
Keene, D. 201
Keidanren 24, 27, 31
Keio 16, 67
Keizai Doyukai 26
Kensetsusho 16
kigyo keiretsu 32, 128, 167, 176–186, 190/191
Kirin 80
Kitagawa, Y. M. 201
Klenner, W. 206
know how 19, 30, 183, 192
Kobayashi, T. 205
konfuzianisch, Konfuzianismus 2, 5, 7/8, 20, 33/34, 40, 43, 47, 193, 199
König, René 99, 204
Kono, T. 206
Konsensus 1, 7, 20/21, 32, 42, 44, 55, 57/58, 76, 90, 195, 199
Korea 6, 8, 59, 73, 91, 177, 189
Kosei Torihiki Iinkai 18, 128
Kosaka, M. 201
Kotler, Ph. 205
Kraus, W. 201, 205
Krause, L. 207
Krieg, W. 204
kybernetisch, Kybernetik 2/3, 51, 94, 96/97, 177
Kyodai 16
kyodotai 57
kyoiku 14
Küpper, H. 3

Laumer, H. 204/205
Laßmann, G. 201, 205
Lebra, T. S. 203
Lebra, W. P. 203
Lee, O. Y. 205–206
Linhardt, S. 206
Lockwood, W. W. 202
loyal, Loyalität 8, 44, 46/47, 59, 63, 68, 77/78, 80/81, 86, 103, 136, 199
Lück, W. 3
Ludwig, Th. M. 201
Luhmer, K. 202

Macharzina, K. 3
Malik, M. 97, 204
Mandelbrot, Benoit 97
Marubeni 179, 186
Matsushita 9, 11/12, 109, 153, 155, 181, 183/184
Meiji-Zeit (Reform, Periode) 7, 9, 12, 30, 32, 64, 78, 82, 91, 93, 177/178, 189, 192, 194
meika (maker) 106, 112, 169
Meissner, H. G. 3
mibun 79
Minami, H. 203
Miniaturisierung, miniature 5, 122, 140, 195
Mitsubishi 11, 15, 30, 32, 54, 68, 87, 148, 161, 177–186, 194
Mitsui 11, 30, 32, 54, 64, 184, 186, 194
MITI (Tsusansho) 3, 16, 26, 128, 178, 184
Mizoguchi, K. 205
Mori, M. 3, 52, 201/202
Morita, A. 83, 93, 153, 183, 203/204, 206
Moritani, M. 204
motiviert, Motivation 13, 22, 37, 40, 44, 60, 75, 87, 96, 141/142, 145, 147, 156, 160, 167, 193, 198
mura 75/76
Murayama, M. 74, 203

Nakagawa, K. 207
Nakajima, S. 205
Nakane, J. 205
namba wan (Nummer Eins) 28, 34, 38, 127, 174, 186
nemawashi 57, 79
Nichimen 180
niju kozo 192
Nikkeiren 24
Nippon Yusen 182
Nissan 1, 179
Nissho 25, 180
Noda, K. 202
Noevir 103
Nomura 93, 185
Noseisho 16

Obi, K. 205
Ogyo, Sorai 9

Ohmae, K. 206
Okakura, K. 202
Okochi, K. 201
ökologisch 2, 11, 200
Okurasho 16
on 77, 81, 102
Ouchi, W. 202
oyabun-kobun 65

Park, S.J. 206
Pascale, R. 202
paternalistisch, Paternalismus 9
Patrick, H. 207
Pausenberger, E. 3
Peters, Th. 202
Peitgen, D. 204
Popper, K.R. 204, 207
Probst, G. 200/201, 207
Produkt 19, 92, 99, 104, 106, 109–117, 120–125, 131, 138, 150, 152, 155, 162, 174, 188
Prozeß 1/2, 6, 22, 26, 35–39, 50–53, 56, 60, 85, 93/94, 101, 108, 116, 129, 136–147, 155, 159, 167, 182/183, 197/198

Qualität 46, 60, 78, 80, 85, 96, 99, 110/111, 115/116, 119, 126, 133, 136–138, 142–145, 147, 154, 182, 198

rei 9
Reischauer, E.O. 206
Riedl, R. 204
Rindl, P. 202
ringi, ringisho, ringi seido 55–58
Rosovsky, H. 207
rückkoppeln, Rückkoppelung 2, 50–53, 94/95, 100, 115/116, 199

Sakudo, Y. 207
Sambursky, Sh. 95, 204
Sanken 24
Sanwa 179/180, 183/184
Sato, H. 204
Saupe, D. 204
Scarry, H.A. 203
Schinzinger, R. 201
Schmidt, R.B. 203
Schmiegelow, M. 198, 207
Schneidewind, D. 202, 204, 206/207

Schonberger, R. 205
Schwade, A. 201
Schwalbe, H. 202
Schwind, M. 201
seishido = behördliche Führung 13
Sekiguchi, S. 207
Senmu 71
Siegwart, S. 201
shacho 46, 49, 55, 61, 70–73, 76, 89, 105, 115, 117, 147, 167, 170/171
Shibusawa, Eiichi 25
Shimabukuro, J. 203
Shinotsuka, E. 203
shintoistisch, Shinto 2, 5–7, 28, 82
shonin (Händler) 9
shunto 25
shushin koyo 59
Shutoken seibi linkai 18
sogo shosha 107, 178/179, 181, 185/186, 189
Sony 80
sozio-kulturell 2, 5, 7, 28, 58, 183, 196
Sumitomo 32, 68, 80, 106, 148, 161, 177–179, 184, 186
Sumiya, M. 202
Sun Tzu 203/204
Stammarbeiter 22/23, 39, 42, 46/47, 58, 60, 66/67, 72, 89, 121, 160, 193

Taira, K. 202
Takamiya, S. 204–206
Tamanoi, Y. 201
Tanaka, Kakuei 74
Tanaka, Y. 204
technologisch, Technologie 1, 19, 26, 35, 62, 78, 97, 132, 140, 156, 161/162, 182–184, 190, 192, 198
Tenno 6/7, 10, 20/21
Todai 16
toiya (tonya) siehe Großhändler
Tokai Bank 180, 184
Tokugawa, Ieyasu 8, 165
Tokugawa-Zeit 19/20, 30, 63/64, 106, 177, 193
Tomita, R. 205
torishimariyaku 54, 70–72
Toshiba 134, 148, 168
Toyota 2, 108, 142, 183/184, 193
Trommsdorff, V. 3
Tsunoda, R. 201

Tsurumi, K. 203
Tsurumi, Y. 201
Tsusansho (MITI) 15/16, 26

Uekusa, M. 207
Ulrich, Hans 200, 204, 207
Uno, M. 206
Unterlieferanten 100, 108, 139–144, 165
Usami, H. 205

Viner, A. 206
Vogel, E. 202
Vos, R. F. d. 28, 202, 204

Wandel 3, 16, 35, 43, 51, 61/62, 90–93, 102, 108, 132, 155, 194/195, 198/199
Waseda 16, 67, 184
Weber, R. 207

Wechsel 17/18, 43, 51, 68, 87, 90, 97, 157, 163
Wertvorstellungen 2, 16, 35, 38, 40, 89, 91/92, 99, 163, 199, 200
Wiener, N. 202
Wilbur, K. 207
Wolferen, K. v. 201/202

Yakuin 70, 84
Yamamura, K. 203
Yanaga, Ch. 202
Yano, H. 201
Yoshino, M. Y. 128, 202, 204
Yuseisho 16

zaibatsu 31, 177/178
zaikai 27
zero defect (ZD) 145/146, 149, 151, 160
Zulieferer 140, 166

M. Kulessa, Berlin (Ed.)
The Newly Industrializing Economies of Asia
Prospects of Co-operation

1990. XII, 360 pp. 13 figs. 17 tabs. (Europe-Asia-Pacific Studies in Economy and Technology) Hardcover DM 120,– ISBN 3-540-52578-5

This volume deals with the Newly Industrializing Economies (NIEs) of Asia, namely Hong Kong, Korea, Singapore and Taiwan. Based on an international conference held in Berlin in September 1989, the book contains contributions by active economists, politicians, and government officials from Asia and Europe.
In Part One, country-related issues and questions of the Asia-Pacific region are presented and discussed. In Part Two, the relations between the NIEs and other regions, especially Europe, are critically examined.
Against the background of recent developments in both continents, perspectives on future cooperation are analysed and discussed.

T. Leuenberger, St. Gallen (Ed.)
From Technology Transfer to Technology Management in China

1990. VIII, 283 pp. 6 figs. 20 tabs. (Europe-Asia-Pacific Studies in Economy and Technology) Hardcover DM 98,– ISBN 3-540-52478-9

This book deals with the Chinese economy and ways in which modern technology can improve its efficiency. Access to technology, especially the new technologies, will be crucial if China's modernisation efforts are to succeed. But access is only the first barrier. What is then needed is its thorough assimilation throughout the economy. China's science and technology resources are considerable but are very ineffectively utilised. A major constraint to an effective use of imported technology is the still largely planned nature of Chinese industry, the role of the defence-oriented sector and the lack of demand for technology by Chinese enterprises. The book analyses the difficulties in respect to the assimilation of modern technology and proposes ways to overcome them.

H. Hax, W. Kraus, T. Matsuda, T. Nakamura (Eds.)

Pacific Cooperation from the Japanese and the German Viewpoint

With contributions by numerous experts

1990. XIV, 175 pp. 16 figs. 46 tabs. Hardcover DM 59,–
ISBN 3-540-51694-8

The Pacific Rim includes highly industrialized countries like the USA and Japan and a number of developing countries ranging from South Korea to Indonesia. This economic region has over the last decade shown the highest dynamic growth of any region in the world. The consequences for the world economy are far reaching, and affect not only Japan as a part of the region but also the countries of the European Community.

The papers in this volume are the result of a Japanese-German seminar. They deal with some of the most important aspects of the new situation, such as the reaction of commodity markets and corresponding trade flows, the impact of regional cooperation upon free international trade, the role and development of financial markets, and management problems arising in connection with direct investments. Each of these points is examined by a Japanese and a German expert. Their partly contrasting views result in a comprehensive survey of the whole set of problems.

GPSR Compliance
The European Union's (EU) General Product Safety Regulation (GPSR) is a set of rules that requires consumer products to be safe and our obligations to ensure this.

If you have any concerns about our products, you can contact us on

ProductSafety@springernature.com

In case Publisher is established outside the EU, the EU authorized representative is:

Springer Nature Customer Service Center GmbH
Europaplatz 3
69115 Heidelberg, Germany

www.ingramcontent.com/pod-product-compliance
Ingram Content Group UK Ltd.
Pitfield, Milton Keynes, MK11 3LW, UK
UKHW030632050526
12271UKWH00001B/3